高新技术企业认定管理与税收优惠政策

应用指引

主　编：冯国跃
副主编：费爱华　杨　琴

科学技术文献出版社
SCIENTIFIC AND TECHNICAL DOCUMENTATION PRESS
·北京·

图书在版编目（CIP）数据

高新技术企业认定管理与税收优惠政策应用指引 / 冯国跃主编. — 北京：科学技术文献出版社，2022.1（2024.5重印）

ISBN 978-7-5189-8907-2

Ⅰ.①高… Ⅱ.①冯… Ⅲ.①高技术企业—认定—研究—中国 ②高技术企业—税收政策—优惠政策—研究—中国 Ⅳ.① F279.244.4 ② F812.422

中国版本图书馆 CIP 数据核字（2022）第 003984 号

高新技术企业认定管理与税收优惠政策应用指引

策划编辑：崔　静　责任编辑：李　鑫　责任校对：张永霞　责任出版：张志平

出 版 者　科学技术文献出版社
地　　址　北京市复兴路15号　邮编　100038
编 务 部　（010）58882938，58882087（传真）
发 行 部　（010）58882868，58882870（传真）
邮 购 部　（010）58882873
官方网址　www.stdp.com.cn
发 行 者　科学技术文献出版社发行　全国各地新华书店经销
印 刷 者　北京虎彩文化传播有限公司
版　　次　2022 年 1 月第 1 版　2024 年 5 月第 3 次印刷
开　　本　710×1000　1/16
字　　数　256千
印　　张　17.5
书　　号　ISBN 978-7-5189-8907-2
定　　价　68.00元

序

科技创新对企业的生存和发展将起着决定性作用，发展高新技术产业和战略性新兴产业是推进产业结构优化、加快经济转型发展的必由之路。发展高新技术产业和战略性新兴产业、促进产业结构调整和实现经济发展方式转变的主体力量必须依靠企业，特别是具有科技创新潜力和核心竞争能力的高新技术企业。目前，我国高新技术企业已经达到27.5万家，2020年高新技术企业总的营业收入已经达到51.3万亿元，高新技术企业在我国是市场经济的主力军，高新技术企业对我国高新技术产业发展、经济的发展都起到了十分重要的作用。

《中华人民共和国国民经济和社会发展第十四个五年规划和2035年远景目标纲要》提出：我们要提升企业技术创新能力，完善技术创新市场导向机制，强化企业创新主体地位，促进各类创新要素向企业集聚，形成以企业为主体、市场为导向、产学研用深度融合的技术创新体系；激励企业加大研发投入，实施更大力度的研发费用加计扣除、高新技术企业税收优惠等普惠性政策，完善激励科技型中小企业创新的税收优惠政策。这充分表明，我们国家将继续大力推进高新技术企业的发展。

要成为高新技术企业并得到国家税收优惠政策的支持，必须要通过高新技术企业认定，需要全面系统地了解、掌握高新技术企业认定与管理和各项税收优惠政策及其财务会计处理政策规定。这些政策规定的应用政策性、系统性很强，事务的操作性也很强。各级科技部门应当协同当地财政、税务等有关部门切实做好高新技术企业认定辅导，贯彻落实好高新技术企业税收优惠政策，指导并服务好高新技术企业用准、用足、用好各项税收优惠政策。

《高新技术企业认定管理与税收优惠政策应用指引》一书全面、系统、直观地汇集了截至2021年9月现行有效的高新技术企业认定管理与税收优惠政策及其应用指引，凝聚整合了科技、财政、税务部门干部和多年从事管理会计师事务、科技中介服务专业人员在高新技术企业认定管理、税收优惠政策执行等方面长期积累的工作实践经验，具有很强的实用性，能让申报认定高新技术企业的管理者全面系统地了解高新技术企业认定条件、申报程序、操作流程，方便、快捷地实现自主申报；帮助高新技术企业全面、充分了解、掌握、应用好我国高新技术企业各项税收优惠政策，更好地推动高新技术企业实施科技创新，加大科技投入，推进企业蝶变跃升、跨越发展；对各级科技、财政、税务等有关部门切实做好高新技术企业认定辅导，贯彻落实好高新技术企业税收优惠政策等实际工作将会有很好的指导作用。

中国技术市场协会名誉会长 杨柏龄
中国科学院原副院长

2021年10月27日

前　言

企业是市场经济的主体，高新技术企业是科技创新的排头兵，是创新发展的先行军。

创新是引领发展的第一动力，科技创新是创新驱动发展的核心，是每一个企业转型升级的“发动机”。深入实施创新驱动发展战略，强化创新资源集聚，大幅提升创新效能，着力破解科技投入特别是研发投入不足、人才集聚能力不强、创新平台和激励政策碎片化、科技成果就地转化率不高等实施创新驱动发展战略中突出的问题，最大限度地激发科技创新潜能，加快培育发展高新技术企业，是我国实现高质量发展的必由之路。

为了支持高新技术企业发展，培育创造新技术、新业态和提供新供给的生力军，促进经济升级发展，国家制定了包括对高新技术企业实行减按 15% 的税率征收企业所得税；高新技术企业开发新技术、新产品、新工艺发生的研究开发费用，可以在计算应纳税所得额时加计扣除等税收优惠政策。2016 年 1 月，科技部、财政部、国家税务总局为适应新形势的发展，对《高新技术企业认定管理办法》进行了修订完善，2016 年 6 月颁发了《高新技术企业认定管理工作指引》，进一步明确了高新技术企业的认定条件、规范了操作程序、监督管理工作职责。

为了使拟申报认定高新技术企业的科技型企业管理人员、研发人员、财务人员等全面系统地了解高新技术企业认定条件、申报程序、操作流程，方便、快捷实施自主申报；帮助高新技术企业全面、充分地了解、掌握、应用好我国高新技术企业各项税收优惠政策，我们编著了《高新技术企业认定管理与税收优惠政策应用指引》一书。

《高新技术企业认定管理与税收优惠政策应用指引》以科技部、财政部和国家税务总局《高新技术企业认定管理办法》、《高新技术企业认定管理工作指引》、《中华人民共和国企业所得税法》及有关税收法规和地方规范性文件为依据，本着“全面、准确、方便、实用”的原则，编录了截至2021年9月30日国家现行有效的各项高新技术企业认定管理与税收优惠政策及应用指引。为了让各位读者在应用时能方便、及时地了解有关高新技术企业认定管理与税收优惠政策，我们还开发了《高新技术企业认定管理与税收优惠政策应用指引》电子书，可扫描封底二维码下载。

我们衷心希望本书能成为广大高新技术企业用足、用好高新技术企业税收优惠政策，实施科技创新、加大科技投入、实现科技进步，收获创新带来的“利润最大化”的好秘书、好帮手；能成为政府科技、财政、税务等部门管理者实施高新技术企业认定管理、贯彻落实高新技术企业税收优惠政策的好工具和扎实推进政府服务的好载体。

鉴于编者对政策法规掌握的局限性和对高新技术企业认定管理和税收优惠政策认知的个性化等原因，书中可能会有疏漏、不足或错误之处，敬请广大读者批评指正。最后，向在本书编写中给予指导的领导、学者一并表示衷心的感谢。

编者

2021年10月

目录 CONTENTS

第1章
高新技术企业概述

一、高新技术企业的定义

高新技术企业是指在国家重点支持的高新技术领域内，持续进行研究开发与技术成果转化，形成企业核心自主知识产权，并以此为基础开展经营活动，在中国境内（不包括港、澳、台地区）注册的居民企业。（《高新技术企业认定管理办法》第二条规定）

高新技术企业必须经过各省（自治区、直辖市、计划单列市）科技行政管理部门会同本级财政、税务部门组成的高新技术企业认定管理机构审核认定。

高新技术企业的定义解读：

（1）企业生产的产品或从事的服务在《国家重点支持的高新技术领域》内，是指申报认定"高新技术企业"的企业生产的产品或从事的服务应当符合国家重点支持的高新技术八大领域。

①电子信息，包括软件、微电子技术，计算机产品及其网络应用技术，通信技术，广播影视技术，新型电子元器件、信息安全技术，智能交通和轨道交通技术；

②生物与新医药，包括医药生物技术，中药、天然药物、化学药研发技术，药物新剂型与制剂创制技术，医疗仪器、设备与医学专用软件、轻工和化工生物技术，农业生物技术；

③航空航天，包括航空技术、航天技术；

④新材料，包括金属材料、无机非金属材料、高分子材料、生物医用材料、精细和专用化学品、与文化艺术产业相关的新材料；

⑤高技术服务，包括研发与设计服务、检验检测认证与标准服务、信息技术服务、高技术专业化服务、知识产权与成果转化服务、电子商务与现代物流技术，城市管理与社会服务、文化创意产业支撑技术；

⑥新能源与节能，包括可再生清洁能源、核能及氢能、新型高效能量转换与储存技术，高效节能技术；

⑦资源与环境，包括水污染控制与水资源利用技术，大气污染控制技术，固体废弃物处置与综合利用技术，物理性污染防治技术，生态环境建设与保护技术，清洁生产技术，资源勘查、高效开采与综合利用技术；

⑧先进制造与自动化，包括工业生产过程控制系统、安全生产技术，高性能、智能化仪器仪表、先进制造工艺与装备、新型机械、电力系统与设备、汽车及轨道车辆相关技术，高技术船舶与海洋工程装备设计制造技术，传统文化产业改造技术。

（2）企业持续进行研究开发与技术成果转化，形成企业核心自主知识产权。申报认定“高新技术企业”的企业研发活动应该是持续的、不间断性的，不同年度内都应当有符合规定以上的研发活动强度，每年要有一定的技术成果产出，形成企业核心自主知识产权，并产业化。所以，科技部、财政部、国家税务总局《关于修订印发〈高新技术企业认定管理工作指引〉》明确规定，“按Ⅱ类评价的知识产权在申请高新技术企业时，仅限使用一次。”鼓励企业持续实施研发活动，加大研发投入，不断地挖掘企业的关键、核心技术，然后继续申请知识产权，不断完善知识产权体系。

（3）企业以核心自主知识产权为基础开展经营活动，是指申报认定“高新技术企业”的企业实施的研究开发活动形成的核心自主知识产权是与企业的主营业务直接关联，与企业的经营范围、应税产品或服务一致。具体数据在“上年度高新技术产品（服务）情况表［按单一产品（服务）填报］”中反映。

（4）在中国境内（不包括港、澳、台地区）注册的居民企业，是指依法在中国境内（不包括港、澳、台地区）成立，或者依照外国（地区）法律成立但实际管理机构在中国境内的企业。

二、高新技术企业的发展现状

科技部火炬高新技术产业开发中心《中国火炬统计年鉴 2020》数据显示，2010—2019 年，我国高新技术企业数量不断快速增长，特别在“十三五”期间，数量增速均在 25% 以上。科学技术文献出版社出版的《中国科技双创工作发展报告 2020》反映，截至 2020 年底，全国认定的高新技术企业达 27.5 万家，高新技术企业以 22.8% 的全国规模以上工业企业数量占比，贡献了 40.8% 的利润总额、44% 的发明专利，以及 90% 以上的科创板上市公司，提供了 3784 万个就业岗位。高新技术企业不仅数量不断快速增长，主要经营指标也是高速增长，研发投入不断加大，企业创新能力全面提升形成整体发展新格局，在推动我国经济高质量发展进程中高新技术企业创新主体地位不断凸显，发挥了市场主体的关键力量。

（一）高新技术企业数量不断快速增长

2010—2019 年，我国高新技术企业数量不断快速增长，年增速基本维持在 15% 以上，特别在“十三五”期间，数量增速均在 25% 以上。2019 年，全国高新技术企业为 21.85 万家，同比增长 26.9%，2020 年，全国高新技术企业达 27.5 万家，同比增长 25.8%（图 1–1）。

（二）主要经营指标连年高速增长

在企业数量高速增长的同时，我国高新技术企业的主要经营指标也是高速增长。

1. 总体情况

2019 年，全国高新技术企业共实现营业收入 45.10 万亿元，同比增长 15.9%；实现工业总产值 32.41 万亿元，同比增长 12.3%；实现净利润 2.73 万亿元，同比增长 4.6%；实现上缴税额 1.80 万亿元，同比持平；实现出口创汇 0.71 亿美元，同比增长 4.4%（图 1–2）。

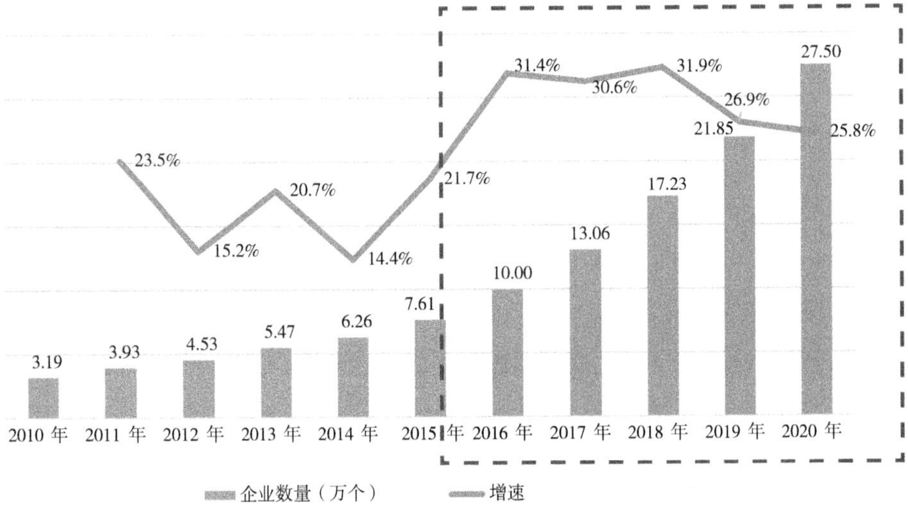

图 1-1　2010—2020 年中国高新技术企业数量增长趋势

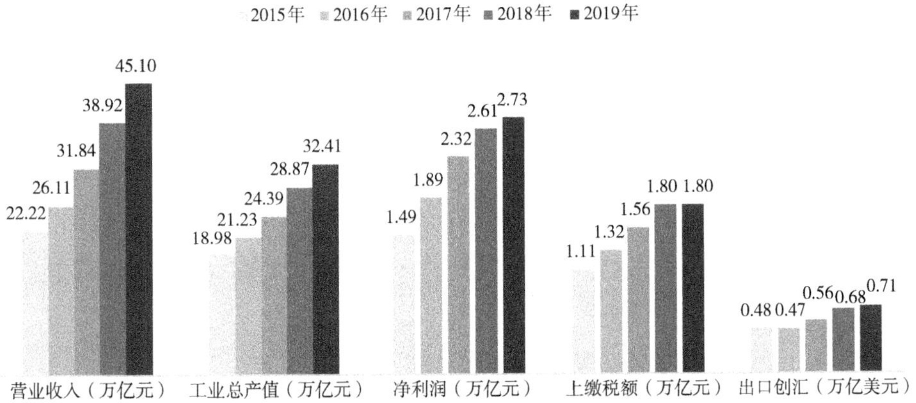

图 1-2　2015—2019 年中国高新技术企业主要经营指标增长情况

除上缴税额以外，其余各项指标近年来均有非常明显的增长，反映了国家对于科技创新创业支持政策发挥了促进作用。而上缴税额持平的情况正是国家实施高新技术企业减税政策的反映，2020 年企业研发费用加计扣除兑现减免税额超过 3500 亿元，同比增长 25%，高新技术企业减免所得税额达 2649 亿元。

2. 营业收入结构情况

2019 年全国高新技术企业实现营业收入 45.10 万亿元，其中 36.47 万亿元来自产品销售收入，占营业收入的 80.9%；5.70 万亿元来自技术收入，占 12.6%；0.81 万亿元来自商品销售收入，占 1.8%（图 1–3）。

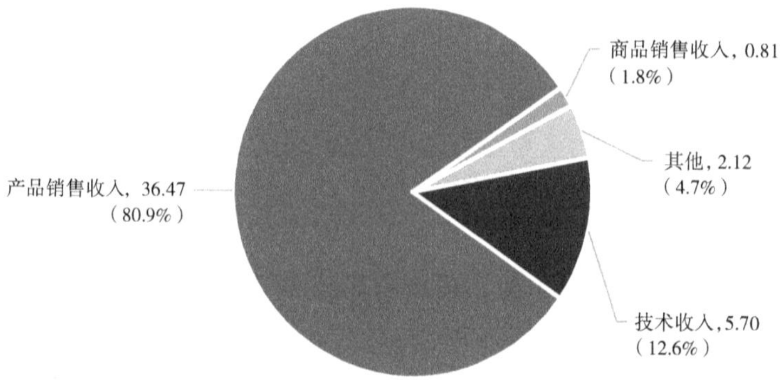

注：① 技术收入指企业全年用于技术转让、技术承包、技术咨询与服务、技术入股、中试产品收入及接受外单位委托的科研收入等；②产品销售收入指企业全年销售全部产成品、自制半成品和提供劳务等所取得的收入；③商品销售收入指企业销售以出售为目的而购入的非本企业生产产品的销售收入。

图 1–3　2019 年中国高新技术企业经营收入结构情况（单位：万亿元）

（三）高新技术企业制造业与服务业企业比较

（1）2019 年中国高新技术企业中制造业企业约 3.13 万家，实现营业收入 7.78 万亿元，同比增长 11.1%；实现工业总产值 7.87 万亿元，同比增长 11.5%，占比 14.36% 制造业企业，实现营业收入占全部高新技术企业的 17.24%；实现净利润 0.62 万亿元，同比增长 11.3%；实现上缴税额 0.34 万亿元，同比下降 3.5%；实现出口总额 1.90 万亿元，同比增长 9.3%（表 1–1）。

表 1-1　2019 年中国高新技术制造业企业主要经济指标（单位：个，万亿元）

行业类别	企业数	营业收入	工业总产值	净利润	上缴税额	出口总额
电子及通信设备制造业	15 311	4.92	4.95	0.29	0.15	1.52
医药制造业	4643	1.29	1.37	0.19	0.13	0.11
医疗仪器设备及仪器仪表制造业	8702	0.65	0.65	0.08	0.04	0.09
计算机及办公设备制造业	1880	0.55	0.55	0.03	0.02	0.16
航空、航天器及设备制造业	803	0.35	0.34	0.02	0.01	0.02
信息化学品制造业	50	0.01	0.01	0.00	0.00	0.00
制造业合计	**31 389**	**7.78**	**7.87**	**0.62**	**0.34**	**1.90**

从行业类别来看，电子及通信设备制造业的企业数量和营收规模均名列前茅，约 1.53 万家企业共实现营收 4.92 万亿元；医药制造业的营收规模居第 2 位，4643 家企业共实现营收 1.29 万亿元。

（2）2019 年，全国高新技术企业中服务业企业约 6.94 万家，共实现营业收入 5.79 万亿元，同比增长 22.64%；主营业务收入 4.46 万亿元，同比下降 3.91%，占比 31.78% 的服务业企业实现营业收入占全部高新技术企业的 12.83%，较 2018 年有所增长，实现净利润 0.56 万亿元，同比增长 7.96%；实现上缴税额 0.28 万亿元，同比下降 1.21%；实现出口总额 0.15 万亿元，同比增长 4.31%（表 1-2）。

表 1-2　2019 年中国高新技术服务业企业主要经济指标（单位：个，万亿元）

行业类别	企业数	营业收入	主营业务收入	净利润	上缴税额	出口总额
信息服务	50 904	3.89	2.96	0.43	0.20	0.09
专业技术服务业的高技术服务	2622	0.92	0.74	0.06	0.04	0.03
研发与设计服务	4844	0.42	0.37	0.03	0.01	0.02
科技成果转化服务	6250	0.22	0.13	0.00	0.01	0.00
环境监测及治理服务	2438	0.17	0.15	0.02	0.01	0.00
检验检测服务	2166	0.09	0.08	0.01	0.01	0.00
电子商务服务	88	0.07	0.03	0.00	0.00	0.00
知识产权及相关法律服务	134	0.00	0.00	0.00	0.00	0.00
服务业合计	**69 446**	**5.79**	**4.46**	**0.56**	**0.28**	**0.15**

从行业类别来看，信息服务业的企业数量和营收规模均名列前茅，5.09 万家企业共实现营收 3.89 万亿元；专业技术服务业的高新技术服务行业的营收规模居第 2 位，2622 家企业共实现 0.92 万亿元。

（3）2019 年，全国高新技术企业中，不仅服务业企业数量快速增长，服务业企业与制造业企业相比，营业总收入占比在提升，营收增长率为制造业的两倍有余，销售利润率、资产收益率均略高于制造业企业，说明服务业企业在不断发展壮大；出口总额制造业占全国高新技术企业的 38.67%，服务业仅占 2.96%（图 1–4 和图 1–5）。

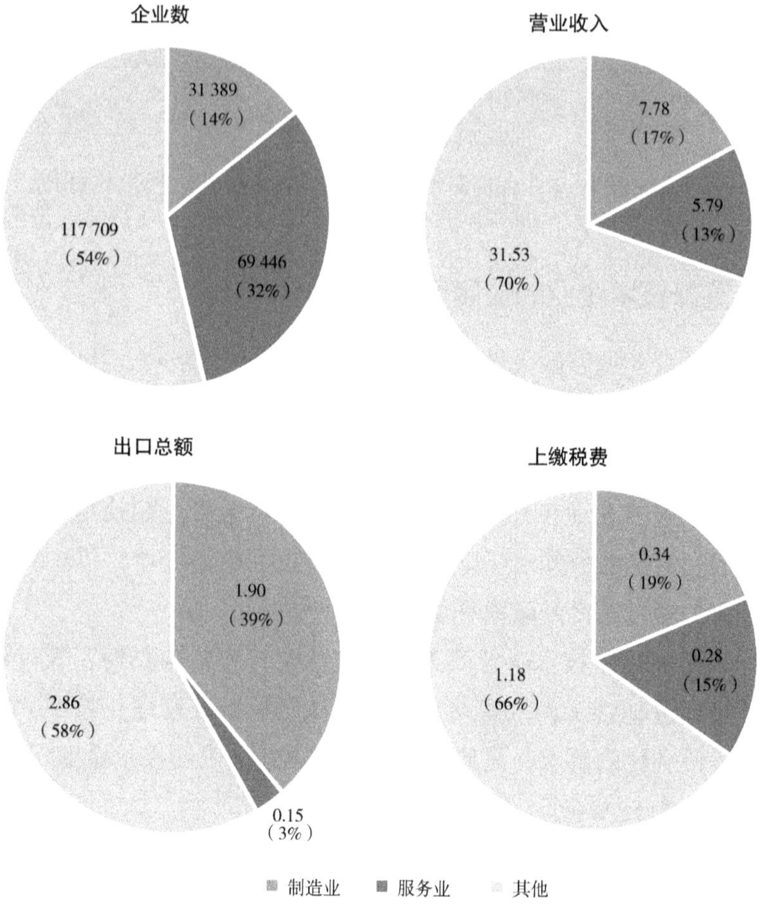

图 1–4　2019 年中国高新技术制造业与服务业企业主要经济指标占比

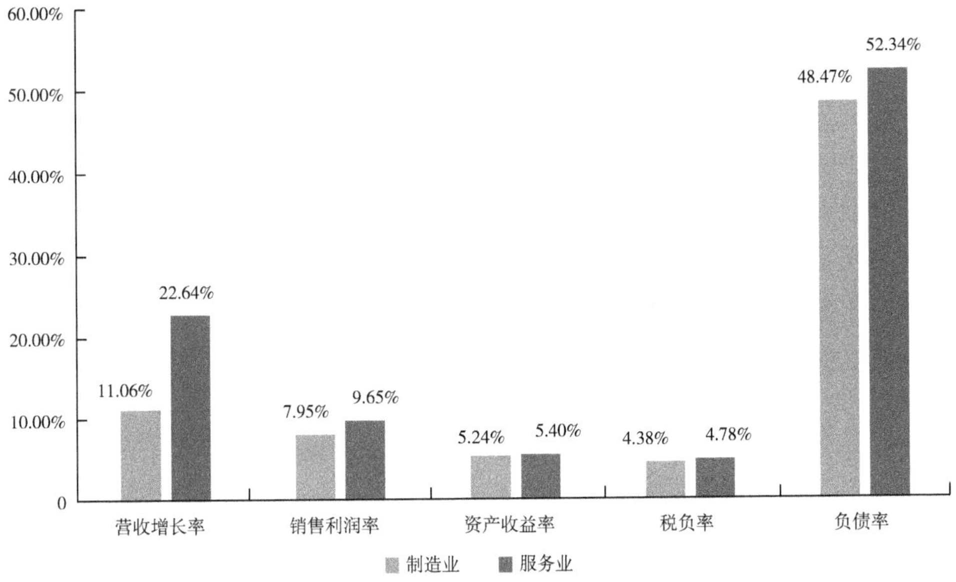

图 1-5　2019 年中国高新技术制造业与服务业企业主要财务指标

三、高新技术企业的发展目标

科技部要求各地要深入贯彻党的十九届五中全会精神，扎实做好 2021 年高新技术企业政策落实和创新服务各项工作，为“十四五”开创高新技术企业高质量发展新局面起好步。

①以高新技术企业工作为牵引，优化整合本地区企业技术创新政策服务资源，着力培育科技领军企业，大力发展科技型中小企业，进一步营造本地区科技企业创新发展良好政策环境。

②深入落实高新技术企业政策，各地认定管理机构要切实履行认定管理工作主体责任，加强工作统筹协调、严格执行标准与程序，按照“放管服”改革和服务便利化的要求，高质量组织开展本地区高新技术企业认定工作。

③强化高新技术企业工作监督机制，积极查问题、找短板，采取各种有效监督措施，把监督工作融入高新技术企业工作事中事后全链条。

④积极跟踪服务高新技术企业创新发展，加强高新技术企业政策落实情

况评估，着力引导支持服务高新技术企业强化使命担当，在产业关键技术基础研究、应用开发和产业化方面取得新突破，为新时期科技自立自强做出积极贡献。

第2章 高新技术企业认定条件

为扶持和鼓励高新技术企业发展，科技部、财政部、国家税务总局根据《中华人民共和国企业所得税法》《中华人民共和国企业所得税法实施条例》有关规定，并经国务院批准制定了《高新技术企业认定管理办法》。明确高新技术企业是指，在《国家重点支持的高新技术领域》内，持续进行研究开发与技术成果转化，形成企业核心自主知识产权，并以此为基础开展经营活动，在中国境内（不包括港、澳、台地区）注册的居民企业。

《高新技术企业认定管理办法》第十一条规定，认定为高新技术企业须同时满足以下条件。

（1）企业申请认定时须注册成立一年以上。

（2）企业通过自主研发、受让、受赠、并购等方式，获得对其主要产品（服务）在技术上发挥核心支持作用的知识产权的所有权。

（3）对企业主要产品（服务）发挥核心支持作用的技术属于《国家重点支持的高新技术领域》规定的范围。

（4）企业从事研发和相关技术创新活动的科技人员占企业当年职工总数的比例不低于10%。

（5）企业近3个会计年度（实际经营期不满三年的按实际经营时间计算，下同）的研究开发费用总额占同期销售收入总额的比例符合如下要求：

①最近一年销售收入小于5000万元（含）的企业，比例不低于5%；

②最近一年销售收入在5000万元至2亿元（含）的企业，比例不低于4%；

③最近一年销售收入在 2 亿元以上的企业，比例不低于 3%。

其中，企业在中国境内发生的研究开发费用总额占全部研究开发费用总额的比例不低于 60%。

（6）最近一年高新技术产品（服务）收入占企业同期总收入的比例不低于 60%。

（7）企业创新能力评价应达到相应要求。

（8）企业申请认定前一年内未发生重大安全、重大质量事故或严重环境违法行为。

一、注册成立的时限

企业申请认定时须注册成立一年以上。

（1）企业，是指在中国境内注册的居民企业（不包括港、澳、台地区）；

（2）申请认定时须注册成立一年以上，是指企业须注册成立 365 个日历天数以上；“当年”、“最近一年”和“近一年”都是指企业申报前 1 个会计年度；“近三个会计年度”是指企业申报前的连续 3 个会计年度（不含申报年）；“申请认定前一年内”是指申请前的 365 天之内（含申报年）。

二、知识产权的所有权

企业通过自主研发、受让、受赠、并购等方式，获得对其主要产品（服务）在技术上发挥核心支持作用的知识产权的所有权。

（1）企业通过自主研发、受让、受赠、并购等方式，获得对其主要产品（服务），是指高新技术产品（服务）中，拥有在技术上发挥核心支持作用的知识产权的所有权，且收入之和在企业同期高新技术产品（服务）收入中超过 50% 的产品（服务）。

（2）在技术上发挥核心支持作用的知识产权，是指知识产权须在中国境内授权或审批审定，并在中国法律的有效保护期内，知识产权权属人应为申请企业。不具备知识产权的企业不能认定为高新技术企业。

高新技术企业认定中，对企业知识产权情况采用分类评价方式，其中发明专利（含国防专利）、植物新品种、国家级农作物品种、国家新药、国家一级中药保护品种、集成电路布图设计专有权等按Ⅰ类评价；实用新型专利、外观设计专利、软件著作权等（不含商标）按Ⅱ类评价。

按Ⅱ类评价的知识产权在申请高新技术企业时，仅限使用一次。

在申请高新技术企业及高新技术企业资格存续期内，知识产权有多个权属人时，只能由一个权属人在申请时使用。

申请认定时专利的有效性以企业申请认定前获得授权证书或授权通知书并能提供缴费收据为准。

发明、实用新型、外观设计、集成电路布图设计专有权可在国家知识产权局网站（http://www.cnipa.gov.cn）查询专利标记和专利号；国防专利须提供国家知识产权局授予的国防专利证书；植物新品种可在农业部植物新品种保护办公室网站（http://www.cnpvp.cn）和国家林业局植物新品种保护办公室网站（http://www.cnpvp.net）查询；国家级农作物品种是指农业部国家农作物品种审定委员会审定公告的农作物品种；国家新药须提供国家食品药品监督管理局签发的新药证书；国家一级中药保护品种须提供国家食品药品监督管理局签发的中药保护品种证书；软件著作权可在国家版权局中国版权保护中心网站（http://www.ccopyright.com/）查询软件著作权标记（亦称版权标记）。

三、技术领域的范围

对企业主要产品（服务）发挥核心支持作用的技术属于《国家重点支持的高新技术领域》规定的范围。

（1）对企业主要产品（服务），是指高新技术产品（服务）中，拥有在技术上发挥核心支持作用的知识产权的所有权，且收入之和在企业同期高新技术产品（服务）收入中超过50%的产品（服务）；

（2）发挥核心支持作用的技术属于《国家重点支持的高新技术领域》（附件2-1）规定的范围，包括电子信息、生物与新医药、航空航天、新材料、高技术服务、新能源与节能、资源与环境、先进制造与自动化等八大领域。

四、科技人员的占比

企业从事研发和相关技术创新活动的科技人员占企业当年职工总数的比

例不低于 10%。

（1）企业从事研发和相关技术创新活动的科技人员占企业当年职工总数的比例，是指企业科技人员占比，是企业科技人员数与职工总数的比值。

（2）企业从事研发和相关技术创新活动的科技人员，是指直接从事研发和相关技术创新活动，以及专门从事上述活动的管理和提供直接技术服务的，累计实际工作时间在 183 天以上的人员，包括在职、兼职和临时聘用人员。

（3）企业当年职工总数，包括企业在职、兼职和临时聘用人员。在职人员可以通过企业是否签订了劳动合同或缴纳社会保险费来鉴别；兼职、临时聘用人员全年须在企业累计工作 183 天以上。

（4）统计方法：企业当年职工总数、科技人员数均按照全年月平均数计算。

$$\text{月平均数}=(\text{月初数}+\text{月末数})\div 2$$

$$\text{全年月平均数}=\text{全年各月平均数之和}\div 12$$

年度中间开业或者终止经营活动的，以其实际经营期作为一个纳税年度确定上述相关指标。

五、研究开发费用的要求

企业近 3 个会计年度（实际经营期不满 3 年的按实际经营时间计算，下同）的研究开发费用总额占同期销售收入总额的比例符合如下要求：

（1）最近一年销售收入小于 5000 万元（含）的企业，比例不低于 5%。

（2）最近一年销售收入在 5000 万元至 2 亿元（含）的企业，比例不低于 4%。

（3）最近一年销售收入在 2 亿元以上的企业，比例不低于 3%。

其中，企业在中国境内发生的研究开发费用总额占全部研究开发费用总额的比例不低于 60%。

①企业近 3 个会计年度，是指企业申报前的连续 3 个会计年度，不含申报年，实际经营期不满 3 年的按实际经营时间计算；

②研究开发费用总额占同期销售收入总额的比例，是企业近 3 个会计年度的研究开发费用总额占同期销售收入总额的比值。

1. 企业研究开发活动确定

企业研究开发活动是指，为获得科学与技术（不包括社会科学、艺术或人文学）新知识，创造性运用科学技术新知识，或实质性改进技术、产品（服务）、工艺而持续进行的具有明确目标的活动。不包括企业对产品（服务）的常规性升级或对某项科研成果直接应用等活动（如直接采用新的材料、装置、产品、服务、工艺或知识等）。

企业应按照研究开发活动的定义填写附件 3–3《高新技术企业认定申请书》中的“四、企业研究开发活动情况表”。

专家评价过程中可参考如下方法判断：

①行业标准判断法。若国家有关部门、全国（世界）性行业协会等具备相应资质的机构提供了测定科技“新知识”、“创造性运用科学技术新知识”或“具有实质性改进的技术、产品（服务）、工艺”等技术参数（标准），则优先按此参数（标准）来判断企业所进行项目是否为研究开发活动。

②专家判断法。如果企业所在行业中没有发布公认的研发活动测度标准，则通过本行业专家进行判断。获得新知识、创造性运用新知识及技术的实质改进，应当是取得被同行业专家认可的、有价值的创新成果，对本地区相关行业的技术进步具有推动作用。

③目标或结果判定法。在采用行业标准判断法和专家判断法不易判断企业是否发生了研发活动时，以本方法作为辅助。重点了解研发活动的目的、创新性、投入资源（预算），以及是否取得了最终成果或中间成果（如专利等知识产权或其他形式的科技成果）。

2. 研究开发费用的归集范围

（1）人员人工费包括企业科技人员的工资薪金、基本养老保险费、基本医疗保险费、失业保险费、工伤保险费、生育保险费和住房公积金，以及外聘科技人员的劳务费用。

（2）直接投入费用，是指企业为实施研究开发活动而实际发生的相关支出。包括：

①直接消耗的材料、燃料和动力费用；

②用于中间试验和产品试制的模具、工艺装备开发及制造费，不构成固

定资产的样品、样机及一般测试手段购置费，试制产品的检验费；

③用于研究开发活动的仪器、设备的运行维护、调整、检验、检测、维修等费用，以及通过经营租赁方式租入的用于研发活动的固定资产租赁费。

（3）折旧费用与长期待摊费用

①折旧费用是指用于研究开发活动的仪器、设备和在用建筑物的折旧费。

②长期待摊费用是指研发设施的改建、改装、装修和修理过程中发生的长期待摊费用。

（4）无形资产摊销费用，是指用于研究开发活动的软件、知识产权、非专利技术（专有技术、许可证、设计和计算方法等）的摊销费用。

（5）设计费用，是指为新产品和新工艺进行构思、开发和制造，进行工序、技术规范、规程制定、操作特性方面的设计等发生的费用。包括为获得创新性、创意性、突破性产品进行的创意设计活动发生的相关费用。

（6）装备调试费用与试验费用，是指工装准备过程中研究开发活动所发生的费用，包括研制特殊、专用的生产机器，改变生产和质量控制程序，或制定新方法及标准等活动所发生的费用。为大规模批量化和商业化生产所进行的常规性工装准备和工业工程发生的费用不能计入归集范围。

试验费用包括新药研制的临床试验费、勘探开发技术的现场试验费、田间试验费等。

（7）委托外部研究开发费用，是指企业委托境内外其他机构或个人进行研究开发活动所发生的费用（研究开发活动成果为委托方企业拥有，且与该企业的主要经营业务紧密相关）。委托外部研究开发费用的实际发生额应按照独立交易原则确定，按照实际发生额的 80% 计入委托方研发费用总额。

（8）其他费用，是指上述费用之外与研究开发活动直接相关的其他费用，包括技术图书资料费、资料翻译费、专家咨询费、高新科技研发保险费，研发成果的检索、论证、评审、鉴定、验收费用，知识产权的申请费、注册费、代理费，会议费、差旅费、通讯费等。此项费用一般不得超过研究开发总费用的 20%，另有规定的除外。

3. 企业在中国境内发生的研究开发费用

企业在中国境内发生的研究开发费用，是指企业内部研究开发活动实际支出的全部费用与委托境内其他机构或个人进行的研究开发活动所支出的费用之和，不包括委托境外机构或个人完成的研究开发活动所发生的费用。受托研发的境外机构是指依照外国和地区（含港、澳、台地区）法律成立的企业和其他取得收入的组织；受托研发的境外个人是指外籍（含港、澳、台地区）个人。

4. 企业研究开发费用归集办法

企业应正确归集研发费用，由具有资质并符合《高新技术企业认定管理工作指引》（以下简称《工作指引》）相关条件的中介机构进行专项审计或鉴证。

企业的研究开发费用是以单个研发活动为基本单位分别进行测度并加总计算的。企业应对包括直接研究开发活动和可以计入的间接研究开发活动所发生的费用进行归集，并填写附件 3-3《高新技术企业认定申请书》中的“五、企业年度研究开发费用结构明细表”。

企业应按照“企业年度研究开发费用结构明细表”设置高新技术企业认定专用研究开发费用辅助核算账目，提供相关凭证及明细表，并按《工作指引》要求进行核算。

5. 销售收入

销售收入为主营业务收入与其他业务收入之和。

主营业务收入与其他业务收入按照企业所得税年度纳税申报表的口径计算。

六、产品（服务）收入的比值

近一年高新技术产品（服务）收入占企业同期总收入的比例不低于 60%。

（1）近一年，是指企业申报前 1 个会计年度；

（2）高新技术产品（服务）收入占企业同期总收入的比例，是指高新技术产品（服务）收入与同期总收入的比值。

1. 高新技术产品（服务）收入

高新技术产品（服务）收入是指企业通过研发和相关技术创新活动，取得的产品（服务）收入与技术性收入的总和。对企业取得上述收入发挥核心支持作用的技术应属于《国家重点支持的高新技术领域》规定的范围。其中，技术性收入包括：

①技术转让收入，指企业技术创新成果通过技术贸易、技术转让所获得的收入；

②技术服务收入，指企业利用自己的人力、物力和数据系统等为社会和本企业外的用户提供技术资料、技术咨询与市场评估、工程技术项目设计、数据处理、测试分析及其他类型的服务所获得的收入；

③接受委托研究开发收入，指企业承担社会各方面委托研究开发、中间试验及新产品开发所获得的收入。

企业应正确计算高新技术产品（服务）收入，由具有资质并符合《工作指引》相关条件的中介机构进行专项审计或鉴证。

2. 总收入

总收入是指收入总额减去不征税收入。

收入总额与不征税收入按照《中华人民共和国企业所得税法》（以下称《企业所得税法》）及《中华人民共和国企业所得税法实施条例》（以下称《实施条例》）的规定计算。

七、企业创新能力评价的要求

企业创新能力评价应达到相应要求。企业创新能力评价，主要从知识产权、科技成果转化能力、研究开发组织管理水平、企业成长性等 4 项指标进行评价。各级指标均按整数打分，满分为 100 分，综合得分达到 70 分以上（不含 70 分）为符合认定要求。4 项指标分值结构如表 2-1 所示。

表 2-1　企业创新能力评价 4 项指标分值结构

序号	指标	分值
1	知识产权	≤ 30
2	科技成果转化能力	≤ 30
3	研究开发组织管理水平	≤ 20
4	企业成长性	≤ 20

1. 知识产权（≤ 30 分）

由技术专家对企业申报的知识产权是否符合《认定办法》和《工作指引》要求，进行定性与定量结合的评价（表 2–2）。

表 2–2　知识产权相关评价指标

序号	知识产权相关评价指标	分值
1	技术的先进程度	≤ 8
2	对主要产品（服务）在技术上发挥核心支持作用	≤ 8
3	知识产权数量	≤ 8
4	知识产权获得方式	≤ 6
5	（作为参考条件，最多加 2 分） 企业参与编制国家标准、行业标准、检测方法、技术规范的情况	≤ 2

（1）技术的先进程度

A. 高（7 ~ 8 分）　　B. 较高（5 ~ 6 分）

C. 一般（3 ~ 4 分）　　D. 较低（1 ~ 2 分）

E. 无（0 分）

（2）对主要产品（服务）在技术上发挥核心支持作用

A. 强（7 ~ 8 分）　　B. 较强（5 ~ 6 分）

C. 一般（3 ~ 4 分）　　D. 较弱（1 ~ 2 分）

E. 无 （0 分）

（3）知识产权数量

A. 1 项及以上（Ⅰ类）（7 ~ 8 分）

B. 5 项及以上（Ⅱ类）（5 ~ 6 分）

C. 3 ~ 4 项（Ⅱ类）（3 ~ 4 分）

D. 1 ~ 2 项（Ⅱ类）（1 ~ 2 分）

E. 0 项（0 分）

（4）知识产权获得方式

A. 有自主研发（1 ~ 6 分）

B. 仅有受让、受赠和并购等（1 ~ 3 分）

（5）企业参与编制国家标准、行业标准、检测方法、技术规范的情况（此项为加分项，加分后“知识产权”总分不超过 30 分。相关标准、方法和规范须经国家有关部门认证认可）

A. 是（1 ~ 2 分）

B. 否（0 分）

2. 科技成果转化能力（≤ 30 分）

依照《促进科技成果转化法》，科技成果是指通过科学研究与技术开发所产生的具有实用价值的成果（专利、版权、集成电路布图设计等）。科技成果转化是指为提高生产力水平而对科技成果进行的后续试验、开发、应用、推广直至形成新产品、新工艺、新材料，发展新产业等活动。

科技成果转化形式包括自行投资实施转化；向他人转让该技术成果；许可他人使用该科技成果；以该科技成果作为合作条件，与他人共同实施转化；以该科技成果作价投资、折算股份或者出资比例；以及其他协商确定的方式。

由技术专家根据企业科技成果转化总体情况和近 3 年内科技成果转化的年平均数进行综合评价。同一科技成果分别在国内外转化的，或转化为多个产品、服务、工艺、样品、样机等的，只计为一项。

A. 转化能力强，≥ 5 项（25 ~ 30 分）

B. 转化能力较强，≥ 4 项（19 ~ 24 分）

C. 转化能力一般，≥ 3 项（13 ~ 18 分）

D. 转化能力较弱，≥ 2 项（7 ~ 12 分）

E. 转化能力弱，≥ 1 项（1 ~ 6 分）

F. 转化能力无，0 项（0 分）

3. 研究开发组织管理水平（≤ 20 分）

由技术专家根据企业研究开发与技术创新组织管理的总体情况，结合以下几项评价，进行综合打分。

①制定企业研究开发的组织管理制度，建立研发投入核算体系，编制研发费用辅助账；（≤ 6 分）

②设立内部科学技术研究开发机构并具备相应的科研条件，与国内外研究开发机构开展多种形式产学研合作；（≤ 6 分）

③建立科技成果转化的组织实施与激励奖励制度，建立开放式的创新创业平台；（≤ 4 分）

④建立科技人员的培养进修、职工技能培训、优秀人才引进，以及人才绩效评价奖励制度。（≤ 4 分）

4. 企业成长性（≤ 20 分）

由财务专家选取企业净资产增长率、销售收入增长率等指标对企业成长性进行评价。企业实际经营期不满 3 年的按实际经营时间计算。计算方法如下。

（1）净资产增长率

净资产增长率 =1/2（第二年末净资产 ÷ 第一年末净资产 + 第三年末净资产 ÷ 第二年末净资产）–1

净资产 = 资产总额 – 负债总额

资产总额、负债总额应以具有资质的中介机构鉴证的企业会计报表期末数为准。

（2）销售收入增长率

销售收入增长率 =1/2（第二年销售收入 ÷ 第一年销售收入 + 第三年销售收入 ÷ 第二年销售收入）–1

企业净资产增长率或销售收入增长率为负的，按 0 分计算。第一年末净资产或销售收入为 0 的，按后两年计算；第二年末净资产或销售收入为 0 的，按 0 分计算。

以上两个指标分别对照表 2–3 评价档次（ABCDEF）得出分值，两项得分相加计算出企业成长性指标综合得分。

表 2–3　评价档次

成长性得分	指标赋值	分数					
		≥ 35%	≥ 25%	≥ 15%	≥ 5%	＞ 0	≤ 0
≤ 20 分	净资产增长率赋值≤ 10 分	A 9 ~ 10 分	B 7 ~ 8 分	C 5 ~ 6 分	D 3 ~ 4 分	E 1 ~ 2 分	F 0 分
	销售收入增长率赋值≤ 10 分						

八、重大事故或严重违法行为的界定

企业申请认定前一年内未发生重大安全、重大质量事故或严重环境违法行为。

（1）企业申请认定前一年内，是指企业申请前的 365 天之内（含申报年）。

（2）重大安全事故，根据生产安全事故（以下简称事故）造成的人员伤亡或者直接经济损失，事故一般分为以下等级：

①特别重大事故，是指造成 30 人以上死亡，或者 100 人以上重伤（包括急性工业中毒，下同），或者 1 亿元以上直接经济损失的事故；

②重大事故，是指造成 10 人以上 30 人以下死亡，或者 50 人以上 100 人以下重伤，或者 5000 万元以上 1 亿元以下直接经济损失的事故；

③重大质量事故，由于责任过失造成工程坍塌、报废和造成人员伤亡或者重大经济损失。重大质量事故分三级：一级重大质量事故，死亡 30 人，直接经济损失 1000 万元以上（特大型桥梁主体结构垮塌）；二级重大质量事故：死亡 10 ~ 29 人，直接经济损失 500 万 ~ 1000 万（不含）元（大型桥梁结构主体垮塌）；三级质量重大事故：死亡 1 ~ 9 人，300 万 ~ 500 万元（中小型桥梁垮塌）。

④严重环境违法行为：建设项目未依法进行环境影响评价，被责令停止建设，拒不执行的；违反法律规定，未取得排污许可证排放污染物，被责令停止排污，拒不执行的；通过暗管、渗井、渗坑、灌注或者篡改、伪

造监测数据，或者不正常运行防治污染设施等逃避监管的方式违法排放污染物的；生产、使用国家明令禁止生产、使用的农药，被责令改正，拒不改正的。

附件2-1

国家重点支持的高新技术领域

一、电子信息

（一）软件

1. 基础软件

服务器 / 客户端操作系统，通用及专用数据库管理系统；软件生命周期的开发、测试、运行、运维等支撑技术，以及各种接口软件和工具包 / 组、软件生成、软件封装、软件系统管理、软件定义网络、虚拟化软件、云服务等支撑技术、中间件软件开发技术等。

2. 嵌入式软件

嵌入式图形用户界面技术、嵌入式数据库管理技术、嵌入式网络技术、嵌入式软件平台技术、嵌入式软件开发环境构建技术、嵌入式支撑软件生成技术、嵌入式专用资源管理技术、嵌入式系统整体解决方案设计技术、嵌入式设备间互联技术、嵌入式应用软件开发技术等。

3. 计算机辅助设计与辅助工程管理软件

用于工程规划、工程管理 / 产品设计、开发、生产制造等的软件工作平台或软件工具支撑技术，面向行业的产品数据分析和管理软件，基于计算机协同工作的辅助设计软件，快速成型的产品设计和制造软件，专用计算机辅助工程管理 / 产品开发工具支撑技术，产品全生命周期管理（PLM）系统软件，计算机辅助工程（CAE）相关软件，分布式控制系统（DCS）、数据采集与监视控制系统（SCADA）、执行制造系统（MES）技术等。

4. 中文及多语种处理软件

中文、外文及少数民族文字的识别、处理、编码转换与翻译技术，语音识别与合成技术，文字手写 / 语音应用技术，多语种应用支撑技术，字体设计与生成技术，字库管理技术，支撑古文字、少数民族文字研究的相关技术，支撑书法及绘画研究的相关技术，语言、音乐和电声信号的处理技术，支撑文物器物、文物建筑研究的相关技术，支撑文物基础资源的信息采集、转换、记录、保存的相关技术等。

5. 图形和图像处理软件

基于内容的图形图像检索及管理软件，基于海量图像数据的服务软件，多通道用户界面技术，静态图像、动态图像、视频图像及影视画面的处理技术，人机交互技术，裸眼3D内容制作技术，3D图像处理技术，3D模型原创性鉴定技术，遥感图像处理与分析技术，虚拟现实与现实增强技术，复杂公式图表智能识别转换技术，位图矢量化技术和工程文件智能化分层管理技术，实现2D动画和3D动画的自主切换和交互技术等。

6. 地理信息系统（GIS）软件

网络环境下多系统运行的地理信息系统（GIS）软件平台构建技术，组件式和可移动应用的地理信息系统（GIS）软件包技术，基于3D和动态多维的地理信息系统（GIS）平台构建技术，面向地理信息系统（GIS）的空间数据库构建技术，电子通用地图构建技术，地理信息系统（GIS）行业应用技术等。

7. 电子商务软件

电子商务支撑/服务平台构建技术，第三方电子商务交易、事务处理、支付服务等支撑与应用技术，行业电子商务、基于云计算的电子商务、移动电子商务支撑与协同应用技术等。

8. 电子政务软件

电子政务资源、环境、服务体系构建技术，电子政务流程管理技术，电子政务信息交换与共享技术，电子政务决策支持技术等。

9. 企业管理软件

企业资源计划（ERP）软件、数据分析与决策支持的商业智能（BI）软件、基于RFID和GPS应用的现代物流管理软件、企业集群协同的供应链管理（SCM）软件、基于大数据和知识管理的客户关系管理（CRM）软件、基于互联网/移动互联网的企业资源协同管理技术、跨企业/跨区域供应链/物流管理技术、个性化服务应用技术、商业智能技术等。

10. 物联网应用软件

基于通信网络和无线传感网络的物联网支撑平台构建技术，基于先进条码自动识别、射频标签、多种传感信息的智能化信息处理技术，物联网海量信息存储与处理技术，物联网行业应用技术等。

11. 云计算与移动互联网软件

虚拟化软件，分布式架构和数据管理软件，虚拟计算资源调度与管理软件，云计算环境下的流程管理与控制软件，基于移动互联网的信息采集、分类、处理、分析、个性化推送软件，移动互联网应用软件，大数据获取、存储、管理、分析和应用软件，人工智能技术等。

12.Web 服务与集成软件

Web 服务发现软件、Web 服务质量软件、Web 服务组合与匹配软件、面向服务的体系架构软件、服务总线软件、异构信息集成软件、工作流软件、业务流程管理与集成软件、集成平台软件等。

（二）微电子技术

1. 集成电路设计技术

集成电路辅助设计技术，集成电路器件模型、参数提取及仿真工具等专用技术和工艺设计技术。

2. 集成电路产品设计技术

新型通用与专用集成电路产品设计技术，集成电路设备技术，高端通用集成电路芯片 CPU、DSP 等设计技术，面向整机配套的集成电路产品设计技术，用于新一代移动通信和新型移动终端、数字电视、无线局域网的集成电路设计技术等。

3. 集成电路封装技术

小外形封装（SOP）、塑料方块平面封装（PQFP）、有引线塑封芯片载体（PLCC）等高密度塑封技术，新型封装技术，电荷耦合元件（CCD）/ 微机电系统（MEMS）特种器件封装工艺技术等。

4. 集成电路测试技术

集成电路测试技术、芯片设计分析与验证测试技术及测试自动连接技术等。

5. 集成电路芯片制造工艺技术

MOS 工艺技术、CMOS 工艺技术、双极工艺技术、BiCMOS 工艺技术、HKMG 工艺技术、FinFET 工艺技术，以及各种与 CMOS 兼容的 SoC 工艺技术、宽带隙半导体基集成电路工艺技术、GeSi/SoI 基集成电路工艺技术、CCD 图像传感器工艺技术、MEMS 集成器件工艺技术、高压集成器件工艺技术等。

6. 集成光电子器件设计、制造与工艺技术

半导体大功率高速激光器、大功率泵浦激光器、超高速半导体激光器、调制器等设计、制造与工艺技术，高速 PIN 和 APD 模块、阵列探测器、光发射及接收模块、非线性光电器件等设计、制造与工艺技术，平面波导器件（PLC）液晶器件和微电子机械系统（MEMS）器件的设计、制造与工艺技术等。

（三）计算机产品及其网络应用技术

1. 计算机及终端设计与制造技术

台式计算机、便携式计算机、专用计算机、移动终端、终端设备及服务器的设计与制造技术等。

2. 计算机外围设备设计与制造技术

计算机外围设备及其关键部件的设计与制造技术，计算机存储设备、移动互联网设备、宽带无线接入设备的设计与制造技术，基于标识管理和强认证技术，基于视频、射频的识别技术等。

3. 网络设备设计与制造技术

无线收发技术，高性能网络核心设备、网络传输和接入设备、TD-LTE 设备等设计与制造技术，以及智能家居、可穿戴式电子设备等融合型设备设计与制造技术等。

4. 网络应用技术

基于标准协议的信息服务管理和网络管理软件的关键技术，ISP、ICP 的增值业务软件和应用平台的关键技术，网络融合技术，网络增值业务应用技术，网络服务质量与运营管理技术，可信网络管理技术，移动智能终端应用技术，TD-LTE 应用技术，数字媒体内容平台 / 内容分发网络（CDN）技术，网络资源调度管理技术等。

（四）通信技术

1. 通信网络技术

光传送网络、宽带无线移动通信网络、宽带卫星通信网络、微波通信网络、IP 承载网络的组网与规划、控制管理、交换、测试、节能等技术，三网融合通信技术，光网络核心节点和边缘节点及其关键模块 / 器件设计与制造技术，核心路由器和边缘路由器及其关键模块 / 器件设计与制造技术，软交换技术，SDN 技术，IPv6 技术等。

2. 光传输系统技术

新型光传输设备技术、新型光接入设备和系统技术、新型低成本小型化波分复用传输设备和系统技术、新型关键模块光传输系统仿真计算等专用软件技术、高速光传输技术、超大容量复用技术、可变带宽光传输技术、多业务传送平台技术、低能耗光传输技术、自由空间光传输技术、光传输测试技术、光传输关键模块 / 器件设计与制造技术等。

3. 有线宽带接入系统技术

FTTx 光纤接入技术、混合光纤同轴电缆网（HFC）接入技术、无源光网络接入技术及其控制管理技术、三网融合接入技术、新型综合接入技术、宽带有线接入测试技术、有线宽带接入关键模块 / 器件设计与制造技术等。

4. 移动通信系统技术

宽带移动通信基站技术，宽带移动系统交换、控制管理、基站互连、拉远传输、分布式覆盖、测试等技术，宽带移动通信终端技术，智能天线技术，宽带移动通信关键模块 / 器件设计与制造技术，数字集群系统的配套技术，其他基于移动通信网络的行业应用的配套技术等。

5. 宽带无线通信系统技术

宽带无线接入系统技术、宽带无线应用终端技术、低能耗宽带无线通信技术、宽带无线通信测试技术、宽带无线通信行业应用技术、无线数字集群通信技术、宽带无线通信关键模块 / 器件设计与制造技术等。

6. 卫星通信系统技术

卫星通信转发器及其控制管理与电源技术，卫星地面站系统及其控制管理技术，卫星通信天线馈线、发射接收、信道终端、测试、应用等技术，卫星通信应用终端技术，卫星定位与导航应用技术，卫星遥感数据共享与应用技术，卫星通信关键模块 / 器件设计与制造技术等。

7. 微波通信系统技术

新型微波通信系统技术，微波通信天线馈线、发射接收、测试、应用等技术，微波应急通信系统技术，微波通信系统关键模块 / 器件设计与制造技术等。

8. 物联网设备、部件及组网技术

面向物联网应用的 M2M 终端、通信模块和网关等设备和部件的设计与制造技术，物联网组网技术等。

9. 电信网络运营支撑管理技术

基于固网、宽带移动网及其混合网络的电信网络运营支撑管理技术等。

10. 电信网与互联网增值业务应用技术

基于固网、宽带移动网、互联网及其混合网络的增值业务应用平台技术及其中间件技术，电信网络增值新业务应用技术，互联网 + 的业务应用技术等。

（五）广播影视技术

1. 广播电视节目采编播系统技术

与数字电视系统相适应的广播电视节目采集、编辑、制作与播出技术，节目制播网设备与软件的关键支撑技术，面向数字媒体版权保护的加解密和密钥管理的关键支撑技术，电台、电视台自动化网络化技术，云制作技术与大数据分析技术，数字媒体内容存储转发及检索交互技术，系统规划与系统集成、音视频质量测试评估技术等。

2. 广播电视业务集成与支撑系统技术

数字电视广播业务集成系统、条件接收系统、用户管理系统等支撑技术，电子节目指南（EPG）及数据业务相关系统的支撑技术，交互数字电视业务集成和用户认证系统的支撑技术，IPTV、互联网电视、手机电视等业务集成播控平台技术，内容聚合技术、云平台技术和大数据应用分析技术，可用于多终端的自适应编码系统的支撑技术，跨域服务运营支持系统的支撑技术等。

3. 有线传输与覆盖系统技术

可用于有线电视宽带网络骨干网、城域网的新型光传输设备技术，支持高清、超高清、3D 业务的内容分发设备技术；FTTH 和 EoC 等宽带接入设备技术，数字家庭网络设备、智慧城市设备技术，多业务融合终端和智能电视操作系统与智能终端和智能家庭媒体网关技术；用户收视行为调查与分析技术；可用于有线电视宽带网络的运营支撑管理系统及大数据分析技术；网络优化、系统集成和测试评估技术等。

4. 无线传输与覆盖系统技术

地面数字电视传输系统技术，用于数字声音广播传输系统技术，调频 / 调幅同步广播系统技术，应急广播系统技术，智能接收天线和多业务融合终端技术，无线传输与覆盖频率规划、系统集成、发射台站自动化管理、电磁防护和测试评估技术，用于广播电视卫星传输系统的编码复用加扰系统技术、调制上变频及高功放系统、天馈线系统技术等，卫星直播内容分发系统和用户管理系统技术，广播电视专业卫星综合接收解码技术及测试评估技术等。

5. 广播电视监测监管、安全运行与维护系统技术

中短波广播、调频广播、有线数字电视、地面数字电视、数字声音广播、卫星直播系统等广播电视业务技术，频谱监测设备技术，IPTV、手机电视、互联网电视、互联网音视频等视听新媒体内容监管设备和内容甄别分析软件技术，广播电视节目安全播出技术服务系统及信息安全测评技术，新媒体视听节目的监测、监控、监管技术等。

6. 数字电影系统技术

数字电影专业级拍摄设备及数字成像技术，数字电影虚拟摄影、计算机图形图像制作（CG/CGI）、动作捕捉、虚拟现实与增强现实（VR/AR）制作技术，数字电影前后期制作、存储、传输与放映技术，数字电影网络化分布式协同制作云服务技术，数字电影声音制作与还原技术，电影放映信息化与智能化技术，新一代数字电影版权保护技术等。

7. 数字电视终端技术

新型数字电视系统技术、三维电视系统技术、超高清电视系统技术、移动多媒体电视系统技术、智能电视嵌入式应用技术、数字电视安全系统技术、

多种传输方式融合的数字电视终端技术、新型投影技术、数字电视终端关键模块/器件设计与制造技术等。

8. 专业视频应用服务平台技术

智能化、网络化视频监控平台技术，跨平台、跨领域数字内容服务与应用平台技术，多业务应用平台技术，高清、宽动态、低照度摄像技术，大容量、高压缩监控后端处理技术，面向视频服务的云存储系统技术，电视屏幕、手机屏幕、电脑屏幕互动与融合技术，视频应用服务内容保护技术等。

9. 音响、光盘技术

高保真音响器件与系统技术，高保真音源技术，专业数字音响系统技术，大容量、可刻录、三维播放、高保真的新型光盘技术，音响、光盘关键模块/器件设计与制造技术等。

（六）新型电子元器件

1. 半导体发光技术

高效率、高亮度、低衰耗、抗静电的外延片生长技术，大功率、高效率、高亮度、低衰耗、抗静电的发光二极管制造技术，半导体照明用、长寿命、高效率的荧光粉材料，半导体照明用、高可靠、长寿命的驱动电源技术，低衰耗、热匹配性能和密封性能好的封装树脂材料和热沉材料技术，其他高效率、高亮度、低衰耗半导体发光技术，与半导体照明相关的智能控制、光通信技术等。

2. 片式和集成无源元件

高可靠片式元器件、片式 EMI/EMP 复合元件和 LTCC 集成无源元件制造技术，片式高温、高频、大容量多层陶瓷电容器（MLCC）制造技术，片式 NTC、PTC 热敏电阻和片式多层压敏电阻技术，片式高频、高稳定、高精度频率器件制造技术等。

3. 大功率半导体器件

高可靠、长寿命、低成本 VDMOS 垂直栅场效应晶体管制造技术，绝缘栅双极型功率管（IGBT），用于大型电力电子成套装置的集成门极换流晶闸管（IGCT）制造技术，其他新机制的大功率半导体器件制造技术。

4. 专用特种器件

高可靠微波器件、抗幅照（原为“辐照”）器件制造技术，其他新机制的专用特种器件制造技术。

5. 敏感元器件与传感器

基于新原理、新材料、新结构、新工艺的敏感元器件的传感器与工艺技术，采用半导体、陶瓷、金属、高分子、超导、光纤、纳米等材料及复合材料的传感器与工艺技术，多功能复合传感器与工艺技术等。

6. 中高档机电组件

超小型、高可靠、高密度的高速连接器制造技术，新型高可靠通信继电器制造技术，小型化组合式大电流继电器制造技术，高可靠固体光 /MOS 继电器制造技术，高保真、高灵敏、低功耗电声器件制造技术，刚挠结合板和 HDI 高密度积层板技术等。

7. 平板显示器件

大屏幕液晶显示（TFT-LCD）、等离子显示（PDP）、场致发光显示（FED）、硅基液晶（LCoS）显示、有机发光二极管（OLED）显示等新型平板显示器件技术及相关的光学引擎技术，长寿命、高亮度投影技术，裸眼 3D 膜技术等。

（七）信息安全技术

1. 密码技术

加解密技术、密码认证技术、数据完整性保护技术、数字签名技术、密钥管理技术、密码芯片技术、基于密码技术的集成化应用技术、数字水印技术等。

2. 认证授权技术

电子认证技术、生物认证技术、身份管理技术、数字版权保护技术、访问控制技术、授权件安全技术管理技术、网络信任技术等。

3. 系统与软件安全技术

硬件和固件安全技术、工控系统安全技术、操作系统和数据库安全技术、可信计算技术、中间件安全技术、应用软件安全技术、云计算安全技术、大数据安全技术、密文数据库技术等。

4. 网络与通信安全技术

网络与通信攻击检测及防护技术、网络边界安全防护技术、恶意代码分析与防护技术、网络监测 / 监控技术、网络安全审计技术、网络与通信安全预警技术、网络与通信安全协议技术、安全接入技术、网络内容安全管理技术、移动通信安全技术、宽带无线安全技术、卫星通信安全技术、物联网安全技术、RFID 安全技术等。

5. 安全保密技术

网络信息防失窃泄密技术，安全隔离与交换技术，数据单向导入技术，屏蔽、抑制与干扰防护和检测技术，电子文档安全管理技术，存储介质中信息的安全防护技术，数据恢复技术，数据销毁及检测技术，安全保密检查技术，文化、文物及文物衍生产品防伪技术等。

6. 安全测评技术

网络与信息系统安全性能测试、评价与风险评估技术，安全态势评估与预测技术，安全产品测评技术，等级保护、分级保护测评技术，安全可控性仿真验证技术，认证、认可管理支撑技术等。

7. 安全管理技术

安全集中管理、控制与审计分析技术，面向网络日志、报警、流量等数据的安全综合分析与管理技术，安全策略和安全控制措施配置、分发及审核的管理技术等。

8. 应用安全技术

电子政务和电子商务应用安全技术，公众信息服务应用安全技术，数字取证、分析与证据保全技术，终端安全应用技术等。

★低水平、应用前景不明的技术除外。

（八）智能交通和轨道交通技术

1. 交通控制与管理技术

具备可扩展性的信号控制技术、可支持多种下端协议的上端控制与管理系统的软件和专用硬件技术、网络环境下交通数据综合接入设备技术、交通事件自动检测和事件管理软件技术等。

2. 交通基础信息采集、处理技术

交通量遥测技术、设施状况及交通环境感知技术、车辆身份照识别技术、营运车辆安全状态检测技术、交通基础设施状态监测技术、交通专用传感器网络技术、内河船舶交通量自动检测技术等。

3. 交通运输运营管理技术

支持多种支付方式的自动售检票系统技术、路网运行监测和应急处置技术、综合交通枢纽调度和应急指挥技术、多车道自动收费管理技术、多模式运输组织与管理技术等。

4. 车、船载电子设备技术

车、船载动态信息导航技术，车、船载安全驾驶辅助技术，车、船载信息管理技术等。

5. 轨道交通车辆及运行保障技术

轨道交通列车在途状态检测与预警技术，轨道交通车载传感网技术，轨道交通列车运行安全保障与运维支持一体化技术，轨道交通列车牵引传动、制动与控制技术，轨道交通列车安全防护与控制技术，轨道交通列车自动运行等技术，轨道交通列车关键部件设计与制造技术等。

6. 轨道交通运营管理与服务技术

轨道交通车 – 地数据传输技术，轨道交通移动通信广域网、局域网技术，轨道交通安全苛求数据可信传输技术，终端综合检测技术，新型车地一体化综合公共信息网络平台技术，轨道交通基础设施状态检测与数据管理技术，列车运行实时控制与指挥技术，轨道交通运行综合调度指挥技术，轨道交通系统运行故障检测、预警与应急处置技术等。

二、生物与新医药

（一）医药生物技术

1. 新型疫苗

新型高效基因工程疫苗、联合疫苗、减毒活疫苗研发技术，重大疾病和重大传染病治疗性疫苗技术，疫苗生产所使用新型细胞基质、培养基及大规模培养生产的装备开发技术，疫苗生产所使用的新型佐剂、新型表达载体/菌（细胞）株开发技术，疫苗的新型评估技术、稳定和递送技术，针对突发传染病的疫苗快速制备和生产技术，其他基于新机制的新型疫苗技术。

2. 生物治疗技术和基因工程药物

基因治疗技术，基因工程药物和基因治疗药物技术，基因治疗药物的输送系统技术，重组蛋白、靶向药物、人源化及人源性抗体药物制剂研制技术，单克隆抗体规模化制备集成技术和工艺，新型免疫治疗技术，新型细胞治疗技术，疾病治疗的干细胞技术，小 RNA 药物开发技术，降低免疫原性的多肽的新修饰技术，ADC 抗体偶联药物研制及工程细胞株建库技术等。

3. 快速生物检测技术

重大疾病和重大传染病快速早期检测与诊断技术、新型基因扩增（PCR）诊断试剂及检测试剂盒制备技术、新一代测序技术与仪器开发技术、生物芯片技术等。

4. 生物大分子类药物研发技术

蛋白及多肽药物研究与产业化技术、细胞因子多肽药物开发技术、核酸及糖类药物研究与产业化技术等。

5. 天然药物生物合成制备技术

生物资源与中药资源的动植物细胞大规模培养技术，基因工程与生物法生产濒危、名贵、紧缺药用原料技术，生物活性物质的生物制备、分离提取及纯化技术等。

6. 生物分离介质、试剂、装置及相关检测技术

专用高纯度、自动化、程序化、连续高效的装置、介质和生物试剂研制技术，新型专用高效分离介质及装置、新型高效膜分离组件及装置、新型发酵技术与装置开发技术，生物反应和生物分离的过程集成技术与在线检测技术等。

（二）中药、天然药物

1. 中药资源可持续利用与生态保护技术

中药材优良品种选育、品系提纯复壮的新方法、新技术，珍稀、濒危野

生动植物药材物种的种源繁育、规范化种植或养殖及生态保护技术，中药材规范化种植或养殖技术，中药材饮片炮制技术等。

2. 创新药物研发技术

新型天然活性单体成分提取分离纯化技术，新药材、新药用部位、新有效成分的新药研发技术，能显著改善某一疾病临床终点指标的新中药复方研发技术等。

3. 中成药二次开发技术

显著改善传统或名优中成药安全性、有效性、质量均匀性或能显著降低用药剂量、提高患者依从性、降低疾病治疗成本的新工艺技术及新中药制剂技术，突破中药传统功能主治范围的新适应症（原为“适应证”）研发技术等。

4. 中药质控及有害物质检测技术

中药产品质量控制的标准物质研制技术、中药产品标准新型控制技术、新型有效质控检测方法技术、有害物质检测技术等。

（三）化学药研发技术

1. 创新药物技术

基于新化学实体、新晶型、新机制、新靶点和新适应症的靶向化学药物及高端制剂的创制技术，提高药物安全性、有效性与药品质量的新技术，已有药品新适应症开发技术等。

2. 手性药物创制技术

手性药物的化学合成、生物合成和拆分技术，手性试剂和手性辅料的制备和质量控制技术，手性药物产业化生产中的质量控制新技术等。

3. 晶型药物创制技术

基于化学药物或天然药物的晶型物质的发现、制备、检测和评价技术，晶型药物的原料药物或制剂中的晶型物质制备、生产及质量控制技术等。

4. 国家基本药物生产技术

显著提高国家基本药物药品质量与临床疗效或降低毒副作用、减少环境污染与生产成本的技术等。

5. 国家基本药物原料药和重要中间体的技术

具有高附加值、高技术含量、市场需求量大并属国家基本药物的活性化学成分、重要中间体的生产技术，大幅度减少环境污染、节能降耗并显著降低生产成本的药物及医药中间体或晶型原料的技术等。

（四）药物新剂型与制剂创制技术

1. 创新制剂技术

提高药物临床疗效、减少给药次数、降低不良反应的各种给药途径的创新制剂技术等。

2. 新型给药制剂技术

主动或被动靶向定位释药制剂技术，缓控释及靶向释药制剂技术，微乳、脂质体及纳米给药技术，透皮和定向释药技术等新型给药技术，蛋白类或多肽类等生物技术药物的特定释药载体与口服给药制剂技术，长效注射微球制剂技术，吸入给药制剂技术等。

3. 制剂新辅料开发及生产技术

提高生物利用度的制剂辅料开发及应用技术、难溶性药物增溶的关键技术、新型口腔速溶制剂的技术、新型制剂辅料产业化生产技术等。

4. 制药装备技术

制药产业化自动生产线及在线检测和自动化控制技术、新型药物制剂工业化专用生产装备技术等。

（五）医疗仪器、设备与医学专用软件

1. 医学影像诊断技术

临床诊断的新型数字成像技术、多模态医学影像融合成像与处理技术、专用新型彩色超声诊断技术、人体内窥镜的微型摄像技术、新型病理图像识别与分析技术、新型医学影像立体显示关键技术等。

2. 新型治疗、急救与康复技术

肿瘤治疗的新型立体放射治疗技术，影像引导治疗与定位、植入、介入及计算机辅助导航技术，急救及康复的新型装置与技术，生物 3D 打印技术，

组织工程及再生医学治疗技术等。

3. 新型电生理检测和监护技术

电生理检测和监护的新型数字化技术，临床、社区、康复的新型无创或微创的检测或诊断、监护和康复技术，远程、移动监护的高灵敏高精度传感技术等。

4. 医学检验技术及新设备

生化分析的新型自动化、集成化技术，便携式现场应急生化检验检测技术，采用新工艺、新方法或新材料有明确临床诊断价值的医学检验技术，临床医学生理、生化、病理检验的专用多功能快速检测装置与技术，国产化新型色谱制备分析装置技术等。

5. 医学专用网络新型软件

电子病历管理、临床医疗信息管理、医院信息管理、专科临床信息管理、电子健康档案管理的新型软件系统开发技术，手术规划、放疗规划等新型医疗决策支持系统开发技术等。

6. 医用探测及射线计量检测技术

CT 高分辨探测器、DR 数字探测器、X 射线机高压电源的装置技术，微焦斑与高功率的高分辨 X 射线管新型装置技术，医用高性能超声探头技术，放射治疗的射线计量检测技术等。

（六）轻工和化工生物技术

1. 高效工业酶制备与生物催化技术

高效工业酶制剂的新型制备技术，酶纯化、酶固定化与反应器应用技术，工业酶分子改造技术，重要化学品的生物合成和生物催化技术，纺织天然纤维脱胶脱脂、纺织印染低温前处理生物酶技术等。

2. 微生物发酵技术

新功能微生物选育与发酵过程的优化控制技术，高发酵率的代谢工程技术，可提高资源利用率、节能减排、降低成本的微生物发酵新工艺和技术，微生物固定化发酵与新型反应器的开发技术等。

3. 生物反应及分离技术

工业生物产品的大规模高效分离、分离介质和分离设备开发技术，高效生物反应过程在线检测和过程控制技术，生物反应过程放大技术及新型生物反应器开发技术等。

4. 天然产物有效成分的分离提取技术

从天然动植物中提取有效成分制备高附加值精细化学品的分离提取技术，天然产物有效成分的全合成、化学改性及深加工新技术，高效分离纯化技术集成及装备的开发与生产技术，从动植物原料加工废弃物中分离提取有效成分的新技术等。

5. 食品安全生产与评价技术

功能性食品有效功能的评价技术、新食品原料安全评价技术等。

6. 食品安全检测技术

食品中微生物、生物毒素、农药兽药残留快速检测技术及检测产品开发技术，食品质量快速检测技术及食品掺假快速识别检测技术，食品中重金属成分快速检测技术，食品原料快速溯源技术等。

★单纯检测技术应用除外。

（七）农业生物技术

1. 农林植物优良新品种与优质高效安全生产技术

优质、高产、高抗逆性优良新品种选育技术，用于优质高效安全生产的新型肥料、农药、土壤改良材料和植物生长调节剂生产技术等。

2. 畜禽水产优良新品种与健康养殖技术

畜禽水产优良新品种及快繁技术，珍稀动物、珍稀水产保种与养殖技术，畜禽水产业健康养殖屠宰加工的环境调控、废弃物循环利用、死亡动物无害化处理技术，安全、优质、专用新型饲料、饲料添加剂、兽用药物及制剂、兽用疫苗、天然药物提取物及生物合成制备生产技术，畜牧水产业质量安全监控、评价、检测技术，海洋生物资源发掘与筛选新技术等。

3. 重大农林生物灾害与动物疫病防控技术

重大农林病虫鼠草害、重大旱涝等灾害及森林火灾的监测预警与防控减灾技术，主要植物病虫害和畜禽水产重大疾病的监测预警、快速诊断、应急处理及抗药性检测技术，高效安全环保农药、兽药的创制、生产与质量监测技术等。

4. 现代农业装备与信息化技术

新型农作物、牧草、林木种子的收获、精选、加工、质量检测技术，新型农田作业机械、设施农业技术，新型畜禽、水产规模化养殖技术，农业生产过程监测、控制及决策系统与技术，精准农业、遥感与农村信息化服务系统与技术等。

5. 农业面源和重金属污染农田综合防治与修复技术

农田氮磷面源污染防控技术、农田农药污染防控技术、重金属污染农田修复技术、重金属污染耕地安全利用与替代种植技术、农业有机废弃物消纳利用技术等。

三、航空航天

（一）航空技术

1. 飞行器

总体综合设计技术：飞行器外形设计、气动布局、动力装置与飞机的一体化设计、载荷设计、飞行器进排气系统设计等技术。

空气动力技术：气动力设计、气动力试验、计算流体力学、气动噪声设计、水动力设计等技术。

结构 / 强度技术：结构设计、起落装置设计、强度设计和验证设计、疲劳设计和验证设计、热强度设计和验证设计等技术。

2. 飞行器动力技术

总体综合设计技术：总体性能与结构设计、强度计算、气动热力设计、噪声控制等技术。

部件技术：核心机设计、发动机进排气装置、燃烧室、涡轮等技术。

动力系统技术：控制系统、起动点火系统、空气系统与封严等技术。

3. 飞行器系统技术

飞行控制系统技术：飞控总体设计、飞行器管理系统、自动飞行控制、飞控传感器、无人机的遥控等技术。

航电与任务系统技术：航电系统总体综合、射频与光电探测、通信/识别/监视、综合导航、综合任务管理系统等技术。

机电与公共系统技术：机电系统总体综合、电力系统与多电/全电系统、辅助动力系统、液压系统、燃油系统、防/除冰系统、机轮刹车系统等技术。

4. 飞行器制造与材料技术

制造技术：数控和柔性制造系统加工、精密/超精密和微细加工、塑性成型加工与扩散连接、精密铸造、智能/数字化装配技术，复合材料构件制造等技术。

材料技术：新型材料母合金/原材料的制备、新型材料的先进生产及加工、航空材料的相关力学性分析和测试等技术。

5. 空中管制技术

通信、导航、监视及航空交通管理系统（CNS/ATM）管制工作站系统技术，CNS/ATM 网关系统技术，飞行流量管理系统和自动化管制系统等技术，数字化放行（PDC）系统技术，自动终端信息服务（D-ATIS）系统技术，空中交通进离港排序辅助决策系统技术，空管监视数据融合处理系统技术，飞行计划集成系统技术，卫星导航地面增强系统技术等。

6. 民航及通用航空运行保障技术

新型民用航空综合性公共信息网络平台、安全管理系统、天气观测和预报系统、适航审定系统等技术，新型先进的机场安全检查系统、货物及行李自动运检系统、机场运行保障系统等技术，民用雷达技术，地面飞行训练系统技术等。

（二）航天技术

1. 卫星总体技术

卫星总体设计、大型试验设计和实施技术，以及结构、热控、综合电子等技术。

2. 运载火箭技术

运载火箭总体优化设计技术，运载火箭系统冗余、高空风双向补偿减载、飞行振动抑制、火箭起飞滚转定向、一箭多星发射、MEO 卫星发射轨道设计、主动章动控制的自旋稳定、全箭振动试验动特性获取、空射火箭动基座对准等技术。

3. 卫星平台技术

大型、高姿态稳定度、大轨道机动能力、长寿命和高可靠性卫星平台技术，小型化 / 微型化卫星、多功能复合结构设计、卫星热控设计、卫星电源和新型推进、卫星综合电子、空间碎片防护、空间环境安全保障等技术。

4. 卫星有效载荷技术

通信有效载荷技术：大容量转发器、频率复用、毫米波 / 激光星间链路、大功率行波管放大器、大型可展开天线、星上交换处理、综合抗干扰、卫星自主生存等技术。

导航有效载荷技术：高稳定星载原子钟、星间链路、自主导航、先进的导航信号调制、导航信号自主完好性监测、时空域抗干扰、区域增强天线、高精度测距、上行注入抗干扰、高精度时间同步和传递等技术。

遥感有效载荷技术：甚高分辨率可见光相机，高分辨率红外相机，集成大焦面电子学及信息处理、高光谱 / 超光谱成像、辐射定标与光谱定标、毫米波 / 亚毫米波辐射计、综合孔径微波辐射计、全极化微波辐射计、合成孔径雷达、测云 / 降雨雷达等技术。

空间科学有效载荷技术：低功耗、高分辨率探测器技术、小型化及载荷集成、大型光学系统、紫外探测仪、激光测距仪等技术。

5. 航天测控技术

地球轨道卫星测控技术、航天信息传输技术等。

6. 航天电子与航天材料制造技术

空间微电子和空间计算机技术、空间传感器及机电组件技术，先进动力系统材料、轻质化结构材料、热防护材料以及特殊环境服役的新型材料等制造技术等。

7. 先进航天动力设计技术

火箭发动机总体技术、火箭发动机涡轮泵及阀门技术、固体主发动机过载下内绝热技术、吸气式组合循环发动机方案与验证技术、电推进及特种发动机关键技术、先进试验技术、先进推进剂技术等。

8. 卫星应用技术

遥感全链路成像机制、应用仿真及多源遥感数据的高频次、高精度、高时效辐射定标技术，大气探测激光雷达、陆地生态系统、重力场测量等新型载荷数据处理及应用技术，星地一体化多网接入组网仿真、宽窄带通信业务一体化应用技术，基于卫星通信、导航、遥感的天地一体化综合应急反应服务技术，卫星与物联网、云计算、大数据等融合应用技术等。

四、新材料

（一）金属材料

1. 精品钢材制备技术

提高资源能源利用效率、促进减排的可循环钢铁流程技术，生态型非高炉炼铁技术，二次含铁资源和贫、难选铁矿的高效提取冶金技术，氧化物冶金技术，第三代 TMCP 技术，高合金钢铸轧一体化技术，薄带连铸产业化通用成套技术，高温合金制备技术，高附加值、特殊性能钢材、合金及制品的先进制备加工技术等。

★ 不符合能耗及环保标准的中小规模烧结、球团、炼焦、炼铁、炼钢、铸造技术，普通热轧硅钢、工 / 中频感应炉生产的地条钢、普碳钢制备技术，常规用途的钢材机加工技术除外。

2. 铝、铜、镁、钛合金清洁生产与深加工技术

降低能耗和污染的清洁生产技术，熔体净化、高效熔炼、先进铸锻、半固态成形、连续近终成形、连续表面防腐 / 着色处理等高效生产技术和配套技术，高纯、高性能、环保的合金材料与合金材料制备及加工技术，宽幅薄板、精密箔带、高强高导铜合金、环保型合金制造技术，高性能预拉伸铝板带及铝焊丝、大型复杂截面、中空超薄壁型材、大型锻件、高精度管（棒、丝）

材等高端产品的精深加工技术。

★不符合能耗和环保标准的冶炼技术，常规铝、铜、镁、钛合金生产与加工技术，常规电力、电工用金属导线和电缆漆包线生产与加工技术，通用铝建材和一般民用铝制品生产与加工技术除外。

3. 稀有、稀土金属精深产品制备技术

稀有、难熔高纯金属、高比容粉末提纯处理技术；钼、钽、铌材料的烧结及制备，宽幅板带箔材的成形技术；大型钨、钼异型件等静压成形加工技术；锆、铪高效洁净分离及锆合金包壳管精密铸轧加工技术；超细晶 / 超粗晶高性能硬质合金制品制备技术；降低稀土提纯过程污染和能耗的技术；稀土永磁体制造技术；高技术领域用稀土材料制备及应用技术等。

★普通玩具、音响、冶金机械等用 NdFeB 永磁体和初级出口磁体产品生产与加工技术，一般抗磨用途的硬质合金制品生产与加工技术除外。

4. 纳米及粉末冶金新材料制备与应用技术

纳米材料与器件制备技术，超细、高纯、低氧含量、无 / 少夹杂金属粉末制备技术，粉末预处理、烧结预扩散、预合金化、球形化、包覆复合化先进制备技术，国产化配套关键零部件快速烧结致密化技术，高性能粉末钢热等静压 / 喷射沉积近终成形技术，新型铝及钛合金零件制备技术，高精密度金属注射成形（MIM）技术，新型高温合金、钛合金、微 / 共 MIM 及凝胶注模成形技术，增材制造金属新工艺、新材料制备及应用技术，高通量、高过滤精度、长寿命金属多孔材料制备及应用技术等。

★低压水 / 气自由式雾化粗粉制备技术，常规粉末冶金铁 / 铜基通用机械零件生产技术，进口喂料常规不锈钢、低合金钢 MIM 零件生产技术，粗过滤用铜基等多孔元件生产技术除外。

5. 金属及金属基复合新材料制备技术

低密度、高强度、高弹性模量、抗疲劳新型金属及金属基复合材料制备技术，耐磨、抗蚀、改善导电和导热等性能的金属基复合材料制备及表面改性技术等。

★性能不可控的原位复合材料制备技术，常规颗粒和纤维增强复合材料制备技术，电弧 / 火焰喷涂、喷焊、镀锌、磷化、电镀等常规表面处理技术除外。

6. 半导体新材料制备与应用技术

石墨烯制备及应用技术，大尺寸硅单晶生长、晶片抛光片、SOI片及SiGe/Si外延片制备加工技术，大型MOCVD关键配套材料、硅衬底外延和OLED照明新材料制备技术，大尺寸砷化镓衬底、抛光及外延片、GaAs/Si材料制备技术，红外锗单晶和宽带隙单晶及外延材料制备技术，第三代宽禁带半导体材料制备技术，高纯金属镓、铟、砷、锗、磷、镉半导体蒸馏、区熔提纯大型连续化工艺技术，高纯及超高纯有色金属材料精炼提纯技术及痕量杂质测试技术，低污染硅烷法高纯度电子级多晶硅提纯、后处理、区熔规模化生产技术等。

★高污染、高能耗、低光电转换效率的太阳能电池用单晶、多晶硅制备加工技术除外。

7. 电工、微电子和光电子新材料制备与应用技术

新型马达定子SMC软磁粉芯、SMD贴装电感软磁粉芯制备技术，高导磁、低功耗、抗电磁干扰软磁材料制备技术，高性能屏蔽材料技术，集成电路引线及引线框架技术，电子级无铅焊料技术，高导热、低膨胀电子封装与热沉材料技术，CMP抛光液技术，光刻配套超纯净微/纳孔净化分离膜技术，贱金属专用电子浆料技术，异形接触点和大功率无银触头技术，大尺寸高纯、高致密度新材料制备与应用技术，新型光、磁信息海量存储材料技术，光电子、光子晶体信息材料技术，智能传感器件用新材料制备与应用技术等。

★常规铁氧体、FeSiAl材料及制品、贵金属浆料制备技术除外。

8. 超导、高效能电池等其它新材料制备与应用技术

高温超导块材、线材、薄膜的制备与产业化应用技术，新型Fe基高温超导材料制备及其应用技术，高功率、高储能、高效能动力电池、轻质固态燃料电池、高效二次电池用新型隔膜、载体、金属双极板、储氢、吸气等新材料制备技术，超级电容材料制备与应用技术，良好生物相容性医用无镍不锈钢、钴基合金、β型钛合金、钛镍形状记忆合金、镁合金等新材料制备及其临床应用技术等。

★常规钴/镍/锰酸锂和磷酸铁锂材料制备技术除外。

（二）无机非金属材料

1. 结构陶瓷及陶瓷基复合材料强化增韧技术

现代工业用陶瓷结构件制备技术，特殊用途的高性能陶瓷结构件制备技术，陶瓷基复合材料和超硬复合材料制备技术，陶瓷－金属复合材料制备技术，陶瓷纤维增强复合材料制备技术，多功能、多层结构复相陶瓷、碳化硅陶瓷的特种制备技术，超高温非氧化物陶瓷材料制备技术，耐磨损、耐高温涂层材料制备技术，特种涂料和涂层、特种晶体、特种功能陶瓷、高性能碳纤维和碳化硅纤维等材料及其复合材料制品制备技术，超硬材料及制品制备技术。

★ 常规工艺成型的传统结构陶瓷制备技术，挤出成型的蜂窝陶瓷蓄热体制备技术，高耗能电熔及熔铸材料制备技术，粘土砖、高铝砖等传统氧化物耐火材料制备技术，炉窑用常规浇注料制备技术除外。

2. 功能陶瓷制备技术

功能陶瓷的粉末制备、成型及烧结工艺控制技术，无铅化制备技术，新型高频高导热绝缘陶瓷材料制备技术，介电陶瓷和铁电陶瓷材料制备技术，各类敏感功能陶瓷材料制备技术，具有光传输、光存储等用途的光功能陶瓷及薄膜制备技术，高机电耦合系数、高稳定性铁电、压电晶体材料制备技术，特殊应用的光学晶体材料制备技术，超高温导电陶瓷发热材料制备技术等。

★ 氧化铝、氧化锆、氧化铍陶瓷基板制备技术除外。

3. 功能玻璃制备技术

光传输或成像等特殊功 / 性能玻璃或无机非晶态材料的制备技术，光电、压电、激光、耐辐射、闪烁体、电磁及电磁波屏蔽等功能玻璃制备技术，新型高强度玻璃制备技术，生物体和固定酶生物化学功能玻璃制备技术，滤光片、光学纤维面板、光学纤维倒像器、X 射线像增强器微通道板新型玻璃制备技术，真空玻璃、在线 low-E 玻璃制备技术等。

★ 用于功能玻璃生产的常规玻璃原材料制备技术除外。

4. 节能与新能源用材料制备技术

耐高温、抗腐蚀微孔多孔隔热材料制备技术，替代传统材料、显著降低能源消耗的无污染节能材料制造技术，炉窑免烘烤在线修补材料制备技术，新能源开发与利用相关的无机非金属材料制备技术，高透光新型透明陶瓷制备技术，低辐射镀膜玻璃及多层膜结构玻璃制备技术，高效保温材料制备技术，其他新机制的节能与新能源用材料制备技术。

5. 环保及环境友好型材料技术

污水处理及烟气深度除尘用耐高温、抗酸碱的陶瓷膜制备技术，高温过滤及净化用低阻力降、高强度支撑体制备技术，具有重金属离子吸附功能的陶瓷材料制备技术，微孔与介孔陶瓷材料制备技术，环保用高比表面积无毒催化剂多孔陶瓷载体制备技术，含铬耐火材料的替代产品制备技术，易降解陶瓷纤维制备技术，其他新机制的环保及环境友好型材料制备技术。

★强度低于 15 MPa 的碳化硅陶瓷膜支撑体制备技术，挤出成型水处理用氧化铝陶瓷支撑体制备技术除外。

（三）高分子材料

1. 新型功能高分子材料的制备及应用技术

高分子分离膜材料制备技术，抗微生物高分子材料制备技术，高分子包装新材料制备技术，液晶高分子材料、形状记忆高分子材料、高分子相变材料、高分子转光材料、智能化高分子材料等新功能高分子材料制备技术，导电、抗静电、导热、阻燃、阻隔等功能高分子材料的高性能化制备技术，具有特殊功能、高附加值的高分子材料制备技术及以上材料的应用技术等。

2. 工程和特种工程塑料制备技术

高强、耐高温、耐磨、超韧的高性能工程塑料和特种工程塑料分子的设计技术和改性技术，改性的工程塑料制备技术，具有特殊性能和用途的高附加值热塑性树脂制备技术，关键的聚合物单体制备技术等。

3. 新型橡胶的合成技术及橡胶新材料制备技术

橡胶新品种的制备技术，接枝、共聚技术，卤化技术，特种合成橡胶材料技术，特种氟橡胶、硅橡胶、氟硅橡胶、氟醚橡胶、聚硫橡胶及制品制备技术，新型橡胶功能材料及制品制备技术，重大的橡胶基复合新材料技术等。

★普通橡胶和仅以制品结构为特色的橡胶制备技术除外。

4. 新型纤维及复合材料制备技术

新型高性能纤维制备技术，成纤聚合物的接枝、共聚、改性及纺丝技术，具有特殊性能或功能化的聚合物、纤维材料、纤维制品及复合材料制备技术，环境友好、可降解、替代石油资源的新型生物质纤维制备技术，新型生物质纤维制品加工技术与装备制造技术等。

★ 常规或性能仅略有改善的纤维制备技术，常规的非织造布、涂层布或压层纺织品、一般功能性纤维产品生产技术等除外。

5. 高分子材料制备及循环再利用技术

生物降解塑料制备技术，生物质基高分子材料及其关键单体制备技术，以节约树脂为目标的低碳高分子材料制备技术，阻燃环保高分子泡沫材料制备技术，废弃橡胶、塑料、织物等材料的高值循环再利用技术等。

★ 50% 以下填充聚烯烃普通改性材料（含崩解型材料）制备技术、淀粉填充聚烯烃的不完全降解塑料制备技术除外。

6. 高分子材料的新型加工和应用技术

高分子材料高性能化改性和加工技术，采用新型加工设备和加工工艺的共混、改性、配方技术，高比强度、大型、外型结构复杂的热塑性塑料制品制备技术，电纺丝等高分子材料加工技术，大型和精密橡塑设备加工设备和模具制造技术，增材制造用高分子材料制备及应用技术等。

★ 普通塑料和一般改性专用料加工技术，直接流延、吹塑、拉伸法塑料制品生产技术除外。

（四）生物医用材料

1. 介入治疗器具材料制备技术

全降解冠脉支架、精微加工心血管植介入材料、具有特定治疗功能的外周血管支架及滤器、非血管管腔支架、减少介入损伤或具备治疗功能的介入导管、可降解介入封堵器、含药介入血管栓塞剂制备技术等。

2. 心脑血管外科用新型生物材料制备技术

使用改性的新型材料编织的人工血管、生物复合型人工血管、新型覆膜血管制备技术，新型人工心脏瓣膜制备技术，颅骨修复材料和神经修复材料制备技术等。

3. 骨科内置物制备技术

可注射陶瓷、可降解固定材料、新型低模量钛合金制备技术，医用镁合金等骨修复材料、脊柱修复材料和功能仿生型人工关节、表面生物功能化人工关节及制备技术，骨诱导功能人工骨、功能仿生型人工骨制备技术等。

4. 口腔材料制备技术

采用新型材料、表面处理技术或结构设计的牙种植体、具备高耐磨防继发龋等性能的复合树脂充填材料、非创伤性牙体修复材料（ART）、良好生物相容性临床修复效果佳的金属烤瓷制品和高精度硅橡胶类印模材料制备技术等。

5. 组织工程用材料制备技术

组织器官缺损修复用可降解材料及仿生组织、器官制备技术，组织工程技术产品和组织诱导性支架材料制备技术等。

6. 新型敷料和止血材料制备技术

具备治疗或防感染功能的新型敷料、人工皮肤和使用方便的新型止血材料制备技术等。

7. 专用手术器械和材料制备技术

微创外科器械、手术各科专用或精细手术器械及外科手术灌洗液制备技术等。

8. 其他新型医用材料及制备技术

高档次医用缝合线、新型人工晶体、智能型药物控释眼科植入材料及制品制备技术，生物相容性好、无或低副作用的新型整形用材料、新型手术后防粘连材料、新型计划生育用器材制备技术，其他新机制的新型医用材料及制备技术。

（五）精细和专用化学品

1. 新型催化剂制备及应用技术

新型石油加工催化剂、有机合成新型催化剂、聚烯烃用新型高效催化剂、新型生物催化技术及催化剂、环保治理用新型和高效催化剂、催化剂载体用新材料及各种新型助催化材料等制备及应用技术。

2. 电子化学品制备及应用技术

集成电路和分立器件用化学品、印刷线路板生产和组装用化学品、显示器件用化学品、彩色液晶显示器用化学品、印制电路板（PCB）加工用化学品、超净高纯试剂及特种（电子）气体、先进的封装材料和研磨抛光用化学品等制备及应用技术。

3. 超细功能材料制备及应用技术

采用最新粉体材料的结构、形态、尺寸控制技术，粒子表面处理和改性技术，高分散均匀复合技术制备具有电子转移特性的有机材料技术等。

* 常规的粉体材料制备技术除外。

4. 精细化学品制备及应用技术

新型环保型橡胶助剂、加工型助剂新品种、新型高效及复合橡塑助剂新产品、环境友好的新型水处理剂及其他高效水处理材料、新型造纸专用化学品、适用于保护性开采和提高石油采收率的新型油田化学品、新型表面活性剂、新型安全环保颜料和染料、新型纺织染整助剂、高性能环保型胶粘剂和高性能环境友好型皮革化学品制备及应用技术等。

* 生物降解功能差或毒性大的表面活性剂制备技术、不符合环保标准的化学品制备技术除外。

（六）与文化艺术产业相关的新材料

1. 文化载体和介质新材料制备技术

文化艺术用可再生环保纸（不含木料纸、新型非涂布纸和轻涂纸、轻质瓦楞纸板）、特种纸、电子纸等新型纸的制备技术，仿古纸的制备技术，光盘及原辅材料的制备技术，仿古墨的生产技术等。

2. 艺术专用新材料制备技术

针对艺术专用品及改进其工艺生产的材料制备技术，针对艺术需要的声学材料的设计、加工、制作、制备等技术。

3. 影视场景和舞台专用新材料的加工生产技术

用于与文化艺术有关的制景、舞台、影视照明的新型专用灯具器材的新材料、新工艺加工生产技术等。

4. 文化产品印刷新材料制备技术

绿色环保数字直接制版材料，数字印刷用油墨、墨水，环保型油墨，特殊印刷材料等制备技术。

5. 文物保护新材料制备技术

文物提取、清洗、固色、黏结、软化、缓蚀、封护等材料的制备技术，文物存放环境的保护技术，用于古籍书画复制的制版和印刷材料开发技术，3D 打印文物复制、修复技术及新材料制造技术等。

五、高技术服务

（一）研发与设计服务

1. 研发服务

面向企业和社会提供的基础性技术、应用开发技术、生产制造工艺技术，支撑经营管理和商业模式创新的关键技术等。

2. 设计服务

面向行业应用的第三方工业设计、工程设计和专业设计技术。

工业设计技术：精密复杂模具设计、工业产品设计、包装设计技术等。

工程设计技术：应用新技术、新工艺、新材料、新创意开展工程勘察、设计、规划编制、测绘、咨询服务的关键技术等。

专业设计技术：基于新创意、新技术、新工艺、新材料面向社会和生产生活提供服务的专业设计技术等。

（二）检验检测认证与标准服务

具备相关权威机构资质认定或认可的第三方检验检测认证和标准化服务技术。

1. 检验检测认证技术

采用先进的方法、装备或材料，依据环境、安全、质量等相关标准、技术规范或其他强制性要求，开展面向设计开发、生产制造、售后服务全过程的检验、检测、认证等合格评定服务的关键支撑技术。

2. 标准化服务技术

面向企业、产业和社会提供技术标准的研发、咨询和第三方服务的关键支撑技术，行业标准数据库的二次开发与数据检索技术等。

（三）信息技术服务

供方为需方提供开发、应用服务的关键技术。

1. 云计算服务技术

基于 IaaS 模式、SaaS 模式和 PaaS 模式等云计算平台的运营服务技术。

2. 数据服务技术

面向行业和社会应用的基于大数据、知识库管理产品、商业智能（BI）的数据采集、分析处理与决策支持技术等。

3. 其他信息服务技术

IT 规划设计和信息化建设技术，信息系统研发、测试和运行维护技术，智能化生产系统解决方案技术，网络信息安全服务及数据托管服务支撑技术，呼叫中心服务支撑技术，信息技术管理咨询、评估认证服务支撑技术，数据处理和存储服务支撑技术，数字内容加工处理服务支撑技术等。

（四）高技术专业化服务

基于先进技术，为第三方提供专业化服务的关键技术。包括为可再生能源、能量转换与储能装置及高效节能工艺技术、产品、设备提供检测、维护及系统管理服务的技术，环境监理、监测与检测、风险与损害评价、应急和预警服务技术，污水处理设施运营优化系统技术，卫星遥感服务、导航与位置服务和航空遥感服务的关键支撑技术，新材料检测、表征、评价、在线自动监测等服务的支撑技术，集成电路设计、测试与芯片制造服务的支撑技术，为企业提供的生物医药研发、食品质量安全标准品制备及检测、疾病预警预测和健康管理等服务的关键技术，智能制造和云制造服务的关键技术等。

（五）知识产权与成果转化服务

采用新型服务模式和技术方法，提供知识产权的确权、检索、分析、诉讼、数据采集加工等基础性服务的支撑技术；提供知识产权增值性服务的支撑技术；提供专利数据库的二次开发建设与数据检索等服务的支撑技术；面向产业和企业提供技术转移转化、创业孵化、科技信息等服务的支撑技术。

（六）电子商务与现代物流技术

1. 电子商务技术

基于第三方电子商务与交易服务平台的电子签名、电子认证、网络交易、在线支付、物流配送、信用评价等技术。

2. 物流与供应链管理技术

集成物联网、自动化等技术，建立现代物流管理和供应链管理系统集成平台，面向不同领域和行业的企业提供的第三方物流运营和供应链管理技术等。

★ 只具有企业内部物流管理系统、简单研发设计与低水平的重复性服务技术除外。

（七）城市管理与社会服务

1. 智慧城市服务支撑技术

基于物联网、云计算、智能终端等技术，开展城市智能管理、城市感知认知、智慧决策等服务的支撑技术，城市数据支撑平台与智慧城市运营平台技术等。

2. 互联网教育

应用互联网技术，创新服务模式和集成方案设计技术，面向个人、企业提供数字化学习资源和工具、智能设备和网络学习环境等服务的支撑技术，面向教育机构提供教育工具、教育平台运营及维护、内容制作及发布服务的支撑技术等。

3. 健康管理

基于信息网络技术，提供远程医疗护理、健康检测、卫生保健、康复护理服务、医疗健康的数字化诊疗诊断、智能化养老服务的支撑技术等。

4. 现代体育服务支撑技术

运动营养、运动康复治疗、运动伤病防治、慢病的运动预防与干预技术，体育项目活动风险评估与安全保障技术，运动能力的开发与保障技术，运动与健身指导服务技术，反兴奋剂技术等。

基于互联网及人体动作识别、运动能量消耗评估的健身与监控设备开发技术，基于运动定位追踪的户外运动安全保障与应急救援平台开发技术，运动与游戏虚拟产品开发技术等。

★ 一般体育产品生产开发和服务技术除外。

（八）文化创意产业支撑技术

1. 创作、设计与制作技术

舞台美术、灯光、音响、道具、乐器、声学产品等的新技术及集成化舞台设计技术，数字电视、数字电影、数字声音、数字动漫、数字表演、数字体验等制作技术，虚拟现实、增强现实、三维重构等内容制作技术，文化体感支撑技术，网络视听新媒体及衍生产品开发支撑技术，艺术品鉴证技术，网络游戏引擎开发技术，网络游戏人工智能（AI）开发技术，其他支撑体现交互式、虚拟化、数字化、网络化特征的文艺创作、文化创意设计和产品制作技术。

2. 传播与展示技术

新型数字广播、电视、电影制作传输和播放技术、时空再现技术，移动多媒体广播（CMMB）技术，下一代广播电视网（NGB）技术，智能电视终端技术，出版物实时出版和交互式展示技术等。

★ 院线利用相关技术进行服务除外。

3. 文化遗产发现与再利用技术

文物发现、保护、修复、鉴定、原物识别的支撑技术，对不可移动文物、可移动立体文化资源、书画、非物质文化遗产等的数字化采集与处理技术等。

4. 运营与管理技术

后台服务和运营管理平台支撑技术，数字电视网与动漫制作基地管理支撑技术，文化信息资源共享支撑技术，数字版权保护技术等。

★ 涉及色情、暴力、意识形态并造成文化侵蚀、有害青少年身心健康的除外，票务公司利用相关技术提供送票服务的除外。

六、新能源与节能

（一）可再生清洁能源

1. 太阳能

太阳能热利用技术，太阳能光伏发电技术，太阳能热发电技术，其他新机制、高转化效率的太阳能利用技术。

★ 简单太阳能电池组件的封装和低水平的重复性生产除外。

2. 风能

大容量风电机组设计技术，海上风电技术，风电并网技术，风电场配套技术，风电蓄能技术，其他新机制、高转化效率的风能技术。

★ 不满足清洁生产要求的风电技术除外。

3. 生物质能

生物质发电关键技术及发电原料预处理技术，生物质固体燃料致密成型及高效燃烧技术，生物质气化和液化技术，非粮生物液体燃料生产技术，生物质固体燃料高效燃烧技术，其他新机制、高转化效率的生物质能技术。

★ 不满足清洁生产要求的生物质燃烧技术除外。

4. 地热能、海洋能及运动能

高效地热能发电技术，地热能综合利用技术，海洋能发电技术，其他新机制、高转化效率的地热能、海洋能及运动能技术。

（二）核能及氢能

1. 核能

先进压水堆核电站关键技术，铀浓缩技术及关键设备、高性能燃料元件技术、铀钚混合氧化物燃料技术，先进乏燃料后处理技术，核辐射安全与监测技术，快中子堆和高温气冷堆核电站技术等。

2. 氢能

天然气制氢技术，化工、冶金副产煤气制氢技术，低成本电解水制氢技术，生物质制氢、微生物制氢技术，金属贮氢、高压容器贮氢、化合物贮氢技术，氢加注设备和加氢站技术，超高纯度氢的制备技术，以氢为燃料的发动机与发电系统关键技术等。

（三）新型高效能量转换与储存技术

1. 高性能绿色电池（组）技术

高性能绿色电池（组）技术、其他新型高性能绿色电池技术、先进绿色电池材料制造工艺与生产技术等。

2. 新型动力电池（组）与储能电池技术

动力电池（组）技术、新型高性能炭铅动力电池（组）技术、液流储能电池技术、电池管理系统技术、动力与储能电池高性价比关键材料技术等。

3. 燃料电池技术

燃料电池催化剂技术、质子交换膜燃料电池技术、去质子膜燃料电池技术、直接醇类燃料电池技术、微型化燃料电池技术、中低温固体氧化物燃料电池技术、微生物燃料电池技术、光催化－燃料电池联用技术、燃料电池管理及工程技术等。

4. 超级电容器与热电转换技术

新型高比能、高功率超级电容器技术，高性价比超级电容器关键材料及制备技术，热电材料及热电转换技术等。

（四）高效节能技术

1. 工业节能技术

煤的清洁高效利用技术、新型高效通用设备技术、新工艺节能技术等。

2. 能量回收利用技术

钢铁企业余热回收利用技术，低温余热及高温固体余热回收利用技术，废弃燃气回收利用技术，蒸汽余压、余热、余能回收利用技术等。

★正常生产环节已回收利用技术和一般性高热值燃气发电技术除外。

3. 蓄热式燃烧技术

工业炉窑和电站、民用锅炉的高效蓄热式燃烧技术等。

4. 输配电系统优化技术

电能质量优化新技术，电网优化运行分析、设计、管理软件及硬件新技术等。

5. 高温热泵技术

地源、水源、空气源、太阳能复合式等高温热泵技术，空调冷凝热回收利用技术等。

6. 建筑节能技术

绿色建筑设计技术、建筑节能技术、可再生能源装置与建筑一体化应用技术、精致建造和绿色建筑施工技术、节能建材与绿色建材的制造技术等。

7. 能源系统管理、优化与控制技术

工业、建筑领域的能源管理中心、能量系统优化设计、能源审计、优化控制、优化运行管理软件技术等。

8. 节能监测技术

自动化、智能化、网络化、功能全、测量范围广、适应性强的能源测量、记录和节能检测新技术，工业、建筑领域节能改造项目节能量检测与节能效果确认（M&V）软件技术等。

七、资源与环境

（一）水污染控制与水资源利用技术

1. 城镇污水处理与资源化技术

城镇生活污水高效低耗处理新技术、城市污水深度脱氮除磷及安全消毒处理技术、城市水循环利用技术、城市景观水体质量改善与维护技术、城镇垃圾渗滤液高效处理技术、医院污水处理新技术等。

2. 工业废水处理与资源化技术

有毒有害与放射性工业废水处理技术，难降解有机废水处理技术，工业废水处理与资源化技术，高氨氮、高磷、高色度废水处理技术，高含盐废水与反渗透膜浓水处理技术，船舶压载水处理新技术，新型高效工业废水处理材料制备技术，高效无磷水处理药剂制备技术等。

3. 农业水污染控制技术

农业施肥 / 施药等造成水体面源污染的控制技术、水产养殖水污染防治与循环利用技术、畜禽养殖场高浓度废水处理与资源化技术、农村小流域水污染综合整治技术等。

4. 流域水污染治理与富营养化综合控制技术

流域分散点源和面源污染控制技术、流域目标水体的富营养化控制技术、水面浮油污染治理技术等。

5. 节水与非常规水资源综合利用技术

城市节水器具开发与应用技术，新型节水灌溉和旱作节水、农作物高效保水材料技术，水环境修复技术，雨水高效收集与利用技术，苦咸水、海水淡化利用技术及相关材料装备制造技术，高耗水行业节水减污技术等。

6. 饮用水安全保障技术

城镇饮用水源安全保障技术、城镇供水微污染控制技术、高效除藻及藻毒素处理技术、高级预氧化安全处理技术、高效混凝技术、高效吸附与过滤技术、饮用水消毒副产物检测与去除技术、农村饮用水安全保障技术等。

（二）大气污染控制技术

1. 煤燃烧污染防治技术

煤的低污染燃烧技术，高效低耗烟气脱硝、脱硫、除尘及除汞技术，烟气脱硫副产品综合利用技术，烟气中的细颗粒物高效分离技术，烟气中多污染物联合脱除技术等。

2. 机动车排放控制技术

机动车排放颗粒物捕集器及再生技术、机动车尾气催化氧化与还原技术、汽油车排放污染控制技术和车载诊断（OBD）技术、柴油车污染排放控制技术、摩托车尾气净化技术、油气泄漏控制技术等。

3. 工业炉窑污染防治技术

工业炉窑烟气脱硝技术、脱硫技术、除尘技术，工业炉窑烟气细颗粒物分离技术，工业炉窑烟气治理副产品资源化利用技术，炉窑烟气中多污染物联合脱除技术等。

4. 工业有害废气控制技术

有机废气高效吸附与回收技术，有机废气高效低耗催化燃烧技术，恶臭废气收集与控制技术，二噁英产生控制与高效脱除技术，汞的减排与回收控制技术，其他工业有毒有害废气高效低耗净化技术等。

5. 有限空间空气污染防治技术

公共场所室内空气污染防治技术、公共设施异味源防治技术、地下建筑空气污染防治技术、汽车隧道空气污染防治技术等。

（三）固体废弃物处置与综合利用技术

1. 危险固体废弃物处置技术

危险固体废弃物高效焚烧技术，焚烧渣、飞灰、烧结灰和煅烧灰等处置技术，危险固体废弃物运输及安全填埋处置技术，危险废物固化技术，医疗废物收运与处置技术，有毒有害固体废弃物综合利用技术，放射性固体废弃物处置技术等。

2. 工业固体废弃物综合利用技术

工业固体废弃物无害化、减量化、资源化与综合利用技术等。

3. 生活垃圾处置与资源化技术

生活垃圾减量化与资源分类回收技术，利用水泥窑协同处置生活垃圾技术，大型生活垃圾焚烧污染控制、热能回收利用及尾气净化技术，填埋场气体回收利用技术，填埋场高效防渗技术等。

4. 建筑垃圾处置与资源化技术

建筑垃圾的分类与再生料处理技术、建筑废物资源化再生关键技术、新型再生建筑材料应用技术、再生混凝土及其制品制备关键技术、再生混凝土及其制品施工关键技术、再生无机料在道路工程中的应用技术等。

5. 有机固体废物处理与资源化技术

农作物秸秆等有机固体废物破碎、分选等预处理技术，餐厨垃圾无害化与资源化技术，有机质固体废弃物无害化处置与资源化技术，有机质生活垃圾无害化、资源化技术等。

6. 社会源固体废物处置与资源化技术

废电池、废电器电子设备、废塑料等社会源固体废物无害化处置与资源化技术。

（四）物理性污染防治技术

1. 噪声、振动污染防治技术

新型吸声、隔声、隔振、减振材料制造技术，噪声、振动防治与控制技术等。

2. 核与辐射安全防治技术

核设施安全风险控制技术；辐射源、辐射环境安全风险控制技术等。

（五）环境监测及环境事故应急处理技术

1. 环境监测预警技术

大气环境、水环境和噪声环境质量在线连续自动监测技术，大气、水、噪声污染源在线连续自动监测预警技术等。

2. 应急环境监测技术

现场污染物快速测定技术、污染事故应急监测技术等。

3. 生态环境监测技术

环境遥感监测系统技术，海洋、农业、草原、森林生态环境监测技术，脆弱生态环境监测及灾害预警技术，重大自然灾害监测、预警和应急处置关键技术，转基因生物生态环境监测及灾害预警技术，敏感指示生物监测技术，生物入侵监测技术，生物多样性预警监测技术等。

4. 非常规污染物监测技术

水、土壤、大气中非常规污染物分析监测与防治技术等。

（六）生态环境建设与保护技术

地下水污染防治技术，土壤污染修复技术，防沙治沙、石漠化治理技术，河道生态修复、水土流失、土壤盐碱化防治等小流域综合整治技术，天然林保护、植被恢复和重建技术，湿地保护、恢复及相关监测技术，矿山环境损害评估、监测与恢复技术，小流域生态监测、功能恢复与重建技术等。

（七）清洁生产技术

1. 重污染行业生产过程中节水、减排及资源化关键技术

重污染行业的清洁生产新技术、新工艺，新型工业园区企业生产工艺流程的清洁生产设计关键技术等。

2. 清洁生产关键技术

高效短流程、无水（少水）纺织印染技术，清洁造纸技术，可循环钢铁冶炼流程工艺技术，清洁能源汽车生产技术，电厂海水循环冷却技术，高效洗煤、选煤技术，煤炭高效开采技术，煤液化、煤气化及煤化工等转化技术，以煤气化为基础的多联产生产技术，重污染行业有毒有害原材料、溶剂和催化剂等的替代技术，臭氧层损耗物质替代新技术等。

3. 环保制造关键技术

环保基础材料制备技术、环保包装材料制备技术等。

（八）资源勘查、高效开采与综合利用技术

1. 资源勘查开采技术

深地矿产资源立体探测、勘查、评价和开采技术，海洋矿产资源探测技术，非常规油气资源勘查、评价、钻探、开采和实验测试技术，天然气水合物勘查、开采技术，干热岩资源勘查与高温钻探技术，航空地球物理勘查技术，深穿透地球化学勘查技术等。

2. 提高矿产资源回收利用率的采矿、选矿技术

深层和复杂矿体规模化开采技术，多金属硫化矿高效浮选分离综合回收选矿技术，细菌浸出技术，复杂难处理氧化矿中有价金属的高效低耗分离提

取技术，新型高效浮选捕收剂、抑制剂和活化剂的合成与制备技术，采矿、选矿装备大型化、自动化、高效化和专用化技术，采矿、选矿生产过程自动检测和智能控制信息技术，难处理黑色金属矿综合利用新技术，非金属矿高效分离提纯和深加工新技术等。

3. 伴生有价元素的分选提取技术

伴生贵金属、稀散元素的富集提取分离技术，伴生非金属矿物的回收、提纯、深加工技术等。

4. 低品位资源和尾矿资源综合利用技术

低品位矿中有价元素的综合回收与分离提取技术、尾矿制粒堆浸技术、尾矿中有价元素二次富集综合回收技术、尾矿资源化稀有稀散组分实验测试与综合利用技术、低品位资源预富集新技术等。

★常规工艺技术装备组合的“三废”处理技术，简单复配的水处理药剂与絮凝剂生产技术，未通过安全评价的用于治理环境污染的生物菌剂、物种等技术，存在二次污染又缺乏解决途径的技术除外。

5. 放射性资源勘查开发技术

铀矿攻深找盲技术、放射性资源分类技术、砂岩铀矿高效地浸采铀技术、铀煤及铀与其他共伴生资源协调开发综合利用技术等。

6. 放射性废物处理处置技术

放射性废液处置技术、放射性固体废物处理处置技术等。

7. 绿色矿山建设技术

绿色矿山设计与施工技术、资源绿色开采技术、资源高效选冶技术、矿区生态高效修复技术等。

八、先进制造与自动化

（一）工业生产过程控制系统

1. 现场总线与工业以太网技术

符合国际、国内主流技术标准的现场总线技术，符合 IEEE802.3 国际标准的工业以太网技术等。

2. 嵌入式系统技术

基于 DSP、FPGA、CPLD、ARM 等嵌入式芯片的各种高性能控制与传感器系统关键技术，用于流程工业的高性能测控系统、智能型执行器、智能仪表技术等。

3. 新一代工业控制计算机技术

以 Compact PCI、PXI、ATCA、PCI Express、PXI Express 等总线技术为核心，可使用多种操作系统和图形编程语言，具有丰富的外部接口和“即插即用”功能，可构成安全性高、容错能力强的新一代高可用工业控制计算机的关键技术等。

4. 制造执行系统（MES）技术

面向机械制造、汽车制造、石油加工、化学制品制造、金属冶炼等行业的制造执行系统技术等。

* 不具有通用性的应用软件除外。

5. 工业生产过程综合自动化控制系统技术

基于现场总线及工业以太网，面向连续生产过程、离散生产过程或混合生产过程的多功能组态软件、仿真技术与软件、具有冗余容错功能的综合自动化控制系统技术等。

（二）安全生产技术

1. 矿山安全生产技术

煤矿事故防控技术、非煤矿山事故防控技术、矿山事故应急救援技术等。

2. 危险化学品安全生产技术

危险化学品生产与储运安全保障技术、典型石化过程安全保障技术、化工园区事故防控技术、危险化学品事故应急处置技术等。

3. 其他事故防治及处置技术

冶金等工贸企业领域事故防治及应急处置技、职业危害防治关键技术、智能安全监管执法技术等。

（三）高性能、智能化仪器仪表

1. 新型传感器

采用新原理、新材料、新工艺、新结构，具有高稳定性、高可靠性、高精度、智能化的新型传感器技术，新型电子皮肤传感器技术等。

★ 采用传统工艺且性能没有提高的传感器除外。

2. 新型自动化仪器仪表

适用于实时在线分析、新型现场控制系统、e 网控制系统、基于工业控制计算机和可编程控制的开放式控制系统及特种测控装备，能满足重大工程项目在智能化、高精度、高可靠性、大量程、耐腐蚀、全密封和防爆等特殊要求的新型自动化仪器仪表技术等。

★ 技术含量低和精度低的传统流量、温度、物位、压力计或变送器除外。

3. 科学分析仪器 / 检测仪器

用于安全监控、产品质量控制的科学分析仪器和检测仪器技术等。

★ 传统的气相色谱仪除外。

4. 精确制造中的测控仪器仪表

精密成形、超精密加工制造中的测控仪器仪表、亚微米到纳米级制造中的测控仪器仪表、激光加工中的测控仪器仪表、制造中的无损检测仪器仪表及网络化、协同化、开放型的测控系统技术，裸眼 3D 膜质量检测仪器技术等。

5. 微机电系统技术

以微米、纳米加工技术为基础制造的，集微型机构、微型传感器、微型执行器及信号处理和控制电路等于一体的微机电系统（MEMS）技术等。

（四）先进制造工艺与装备

1. 高档数控装备与数控加工技术

高档数控系统、精密伺服驱动系统等高档数控设备关键功能部件及配套零部件技术，超精密数控机床、超高速数控机床、大型精密数控机床、多轴联动加工中心、高效精密立卧式加工中心、超硬材料特种加工机床等高端数控装备技术，高档数控装备关键功能部件和整机性能测试实验技术，大型特殊部件精密加工技术，兵器设计与制造先进技术等。

★低端数控及应用系统除外。

2. 机器人

机器人伺服驱动系统、高精度减速器与绝对值编码器、开放式机器人控制器、视觉系统等工业机器人关键部件技术，先进工业机器人及自动化生产线技术，先进服务机器人及自动化生产线技术。

★四自由度以下的低端机器人系统除外。

3. 智能装备驱动控制技术

高压、高频、大容量电力电子器件技术，智能型电力电子模块技术，大功率变频技术与大功率变频调速装置技术，高效节能传动技术与应用系统技术，用于各类专用装备的特种电机及其控制技术。

★采用通用电机的普通调速系统除外。

4. 特种加工技术

激光器、大功率等离子束发生器、超高硬度刀具等特殊加工装备单元技术，激光加工技术，面向精密加工和特殊材料加工的特种加工技术，柔性印刷设备技术等。

5. 大规模集成电路制造相关技术

大规模集成电路生产关键装备与制造技术、新型及专用部件设计与制造技术等。

6. 增材制造技术

基于三维数字化设计、自动化控制、材料快速堆积成形工艺的增材制造技术等。

7. 高端装备再制造技术

盾构机 /TBM 再制造技术、航空发动机关键件再制造技术、其他高端装备再制造技术。

（五）新型机械

1. 机械基础件及制造技术

重要主机配套用的精密轴承制造技术，高性能、高可靠性、长寿命密封、传动、紧固、液压、气动类产品或元件制造技术，精密、复杂、长寿命、快速成型模具制造技术等。

★ 常规通用工艺技术，结构、性能、精度、寿命一般的普通机械基础件、普通塑料模具和冷冲压模具除外。

2. 通用机械装备制造技术

新型高性能流体混合、分离与输送机械制造技术，利用自动化控制和计算机信息管理等技术装备的起重运输、物料搬运等设备制造技术，特大型专用构件成形加工技术，其他新机制、节能环保型机械设备专用部件等技术。

★ 技术性能一般的各类普通机械装备制造技术除外。

3. 极端制造与专用机械装备制造技术

微纳机电系统、微纳制造、超精密制造、巨系统制造和强场制造相关的设计、制造工艺和检测技术，大型资源勘探开采、深海作业等专用功能机械装备制造技术等。

★ 工作环境和技术性能一般的各类普通机械产品或装备除外。

4. 纺织及其他行业专用设备制造技术

与纺织机械及配套部件相关的高精度驱动、智能化控制、高可靠性技术，各类纺织设备的控制 / 计量 / 检测 / 调整的一体化集成技术，在线检测控制系统、高性能产品检测仪器的计算机和网络应用技术等。

★ 普通纺织机械及检测系统除外。

（六）电力系统与设备

1. 发电与储能技术

发电厂优化控制技术，火电厂自启停控制系统（APS）技术，发电机组新型励磁和调速技术，超导发电与储能技术，数字化量测、控制与保护技术，大规模可再生能源发电的接入技术及其与大规模储能联合运行技术，大规模间歇式能源发电实时监测技术，风电场、光伏电站集群控制系统技术，新型孤岛检测与保护技术、能量管理技术，不同储能系统的高效率智能化双向变流器、新型集中与分散孤岛检测、分散计量测控系统和中央测控系统技术等。

★ 小型火力发电厂和小型水电站应用系统除外。

2. 输电技术

智能输电技术，柔性输电技术，高压交流输电系统串联补偿和并联补偿技术，低噪声导线、大截面导线、高强度节能型金具、新型避雷器、绝缘子等的制造技术，高压直流输电系统可控硅元件及换流器、换流变压器、直流套管、交 / 直流滤波器、平波电抗器、隔离刀闸与快速接地开关、避雷器等设备的制造技术，控制保护和测量设备技术，基于暂态行波等新型故障信息的继电保护和故障测距技术，大电网互联、远距离输电及其相关控制技术等。

★ 传统的输电技术、常规的输电设备除外。

3. 配电与用电技术

智能配用电技术，开关和开关柜集成技术，配电自动化和配电管理系统技术，高可靠性电缆、新型真空开关、先进节电装置的制造技术，先进无功功率补偿技术，节能节电控制装置及其综合管理系统技术，区域的在线动态谐波治理技术，电能质量检测、评估、控制与综合治理技术，用电信息新型采集技术，用户侧的智能表计及需求响应技术等。

★ 不具有通用性的技术与产品除外。

4. 变电技术

智能变电技术，气体绝缘金属封闭开关设备、高压组合电器、自能式六氟化硫（SF6）断路器、大容量变压器的制造技术，改进触头系统、传动系统或者具有高效防腐技术的新型高压隔离开关技术，高效节能变电站技术，采用现场总线技术，具有综合状态检测和网络通信功能的智能开关柜技术，具有控制、保护和监测功能的智能化终端装置技术，基于 IEC61850 通信协议的变电站综合自动化系统技术等。

★ 传统的高、低压开关设备，常规的发、供、配电设备除外。

5. 系统仿真与自动化技术

面向智能电网的电力系统数字物理混合仿真、全过程仿真技术，电力设备在线检测技术，电力系统虚拟仪器技术，电力系统调度自动化技术，电力设备管理及状态检修技术，继电保护信息管理及故障诊断专家系统技术，高速高可靠电力通信技术等。

★ 不具有通用性的技术与产品除外。

（七）汽车及轨道车辆相关技术

1. 车用发动机及其相关技术

先进汽车发动机零部件技术，车用发动机的清洁燃烧技术，先进车用发动机电子控制技术，车用发动机尾气排放净化技术和节能降耗技术，清洁代用燃料发动机技术，先进电控系统的传感器和执行器技术，发动机电控单元和匹配标定系统技术，柴油机电控高压共轨系统技术，发动机尾气排放控制系统技术，先进增压器及其控制系统技术，可变进气及其控制系统，可变气门正时与升程系统技术，发动机排气余热利用技术等。

★技术性能一般的车用发动机技术除外。

2. 汽车关键零部件技术

汽车节能减排技术、先进汽车安全技术、汽车电子控制技术、汽车信息化和车联网技术等。

★技术性能一般的汽车零部件技术除外。

3. 节能与新能源汽车技术

新能源汽车整车设计、集成和制造技术，动力系统集成与控制技术，汽车计算平台技术，节能和新能源汽车的关键零部件先进技术，新型储能及其管理系统、车载及地面充电系统、动力耦合装置及电动辅助系统技术，新能源汽车试验测试及基础设施技术等。

4. 机动车及发动机先进设计、制造和测试平台技术

整车和发动机设计及性能分析软件，整车性能试验测试系统、交流电力测功机、汽车尾气排放检测分析系统、瞬时燃油计量和车载扭矩测试系统、发动机燃烧分析系统技术等。

5. 轨道车辆及关键零部件技术

高速列车及城市轨道车辆转向架的先进设计、制造和测试技术，轻量化车体设计制造技术，轨道车辆转向架和车体减振降噪技术，牵引传动系统的先进设计、制造和测试技术，高速列车牵引变流技术，牵引控制系统技术，牵引变压系统技术，网络控制系统技术，总体集成技术，制动系统技术，混合动力动车组和机车的整车及转向架设计、集成和制造先进技术，大轴重机

车和货车转向架的先进设计、制造和测试技术，万吨重载列车电控制动技术，快捷货车总体集成、车体及转向架技术，公路、铁路联运车辆关键及配套技术等。

（八）高技术船舶与海洋工程装备设计制造技术

1. 高技术船舶设计制造技术

高技术、高附加值环保节能型船舶设计制造与节能减排系统技术。

2. 海洋工程装备设计制造技术

海上工程作业与辅助服务装备、科学考察船、海洋调查船等勘探与开发装置、海洋矿产资源和天然气水合物等开采装备、海洋可再生资源开发装备、海水淡化、海上风电等新型海洋资源开发装备设计制造技术，船舶与海洋工程核心配套装备设计制造技术等。

（九）传统文化产业改造技术

1. 乐器制造技术

乐器及其器材加工和调试新技术、MIDI 系统生产调试技术等。

2. 印刷技术

改造传统印刷的高新技术、数字印刷技术、绿色印刷工艺技术、特种印刷工艺技术等。

第3章 高新技术企业认定程序

一、组织实施机制

（1)科技部、财政部、税务总局负责全国高新技术企业认定工作的指导、管理和监督。科技部、财政部、税务总局组成全国高新技术企业认定管理工作领导小组（以下称“领导小组”），其主要职责为：

①确定全国高新技术企业认定管理工作方向，审议高新技术企业认定管理工作报告；

②协调、解决认定管理及相关政策落实中的重大问题；

③裁决高新技术企业认定管理事项中的重大争议，监督、检查各地区认定管理工作，对发现的问题指导整改。

（2）全国高新技术企业认定管理工作领导小组下设办公室，办公室设在科技部火炬高技术产业开发中心，由科技部、财政部、税务总局相关人员组成，负责处理日常工作。其主要职责为：

①提交高新技术企业认定管理工作报告，研究提出政策完善建议；

②指导各地区高新技术企业认定管理工作，组织开展对高新技术企业认定管理工作的监督检查，对发现的问题提出整改处理建议；

③负责各地区高新技术企业认定工作的备案管理，公布认定的高新技术企业名单，核发高新技术企业证书编号；

④建设并管理“高新技术企业认定管理工作网”；

⑤完成领导小组交办的其他工作。

（3）各省、自治区、直辖市、计划单列市科技行政管理部门同本级财政、税务部门组成本地区高新技术企业认定管理机构（以下称“认定机构”）。认定机构下设办公室，由省级、计划单列市科技、财政、税务部门相关人员组成，办公室设在省级、计划单列市科技行政主管部门。认定机构主要职责为：

①负责本行政区域内的高新技术企业认定工作，每年向领导小组办公室提交本地区高新技术企业认定管理工作报告；

②负责将认定后的高新技术企业按要求报领导小组办公室备案，向通过备案的企业颁发高新技术企业证书；

③负责遴选参与认定工作的评审专家（包括技术专家和财务专家），并加强监督管理；

④负责对已认定企业进行监督检查，受理、核实并处理复核申请及有关举报等事项，落实领导小组及其办公室提出的整改建议；

⑤完成领导小组办公室交办的其他工作。

认定机构组成部门应协同配合、认真负责地开展高新技术企业认定管理工作。

高新技术企业认定管理工作应遵循突出企业主体、鼓励技术创新、实施动态管理、坚持公平公正的原则。

（4）高新技术企业资格有效期。通过认定的高新技术企业，其资格自颁发证书之日起有效期为3年。例如，2018年认定并获得高新技术企业资格的企业，根据《高新技术企业认定管理办法》的规定，至2021年其高新技术企业资格有效期满，企业如需再次获得高新技术企业资格，必须提出重新认定申请。

（5）高新技术企业享受税收优惠政策时限。依据《高新技术企业认定管理办法》认定的高新技术企业，可依照《企业所得税法》及其实施条例、《中华人民共和国税收征收管理法》（以下称《税收征管法》）及《中华人民共和国税收征收管理法实施细则》（以下称《实施细则》）等有关规定，申报享受税收优惠政策。企业获得高新技术企业资格后，自高新技术企业证书颁发之日所在年度起享受税收优惠，可依照上述规定到主管税务机关办理税收优惠手续。

二、高新技术企业认定流程

高新技术企业认定流程包括申请企业自我评价、申请企业注册登记、申请企业提交材料、地方认定办形式审查、认定机构专家评审、认定报备、公示、备案、公告、颁发证书。

认定流程如图 3-1 所示。

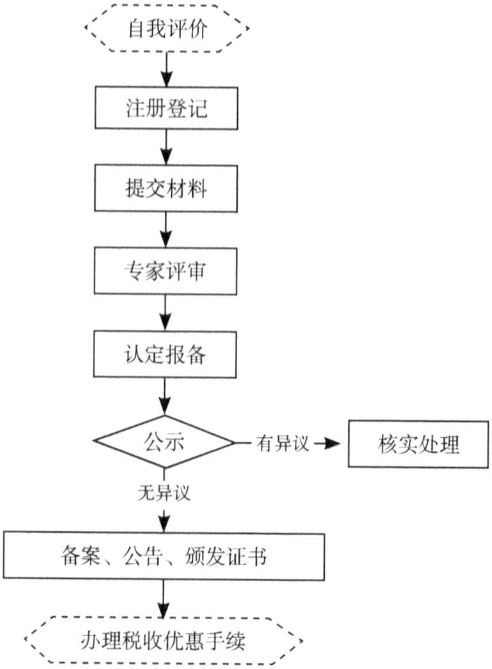

图 3-1 高新技术企业认定流程

（一）申请企业自我评价

申请企业必须对照《高新技术企业认定管理办法》和《高新技术企业认定管理工作指引》规定进行自我评价。企业自我评价的网络路径各地有所不同，以浙江省为例，登录浙江政务服务网（http://www.zjzwfw.gov.cn/，以下简称“政务网”），进入省科技厅窗口，选择“高新技术企业认定”进入网络申报界面，填报企业自评表。

企业主要从知识产权、科技成果转化能力、研究开发组织管理水平、企业成长性等4项指标进行评价，通过填写《申请认定企业自评表》（附件3-1）得出自我评价。各级指标均按整数打分，满分为100分，综合得分达到70分以上（不含70分）为符合认定要求。四项指标分值结构如下：

序号	指标	分值
1	知识产权	≤ 30
2	科技成果转化能力	≤ 30
3	研究开发组织管理水平	≤ 20
4	企业成长性	≤ 20

（二）申请企业注册登记

新申请认定企业须先登录“高新技术企业认定管理工作网”（www.innocom.gov.cn），按要求填写《企业注册登记表》（附件3-2），并通过网络系统提交至认定机构。认定机构核对企业注册信息，在网络系统上确认激活后，企业可以开展后续申报工作。

（三）申请企业提交材料

新申请认定和重新认定企业都须登录“高新技术企业认定管理工作网”（www.innocom.gov.cn），按要求填写《高新技术企业认定申请书》（附件3-3），通过网络系统提交至认定机构，并按要求向认定机构提交下列书面材料：

①申报材料总目录，目录标题后加注页码。

②《企业科研诚信承诺书》（附件3-4）。

③《高新技术企业认定申请书》，须法定代表人签名、加盖公章。

④企业营业执照复印件，须加盖公。

⑤知识产权（IP）相关材料。材料上传顺序必须同《高新技术企业认定申请书》中的“知识产权汇总表”一致。每个上传文件请标注具体知识产权

名称并加注编号。

⑥企业人员相关资料。提供上一年 12 月和申报时上月度社会保险参保证明，如参保人数与实际职工人数有差异的，提供相关说明和证明材料；编制科技人员名单（序号、姓名、身份证号、学历及科研工作岗位），有兼职、临时聘用和外籍科技人员的，提供相关聘用协议。

⑦研究开发活动（RD）相关资料。材料上传顺序必须和《高新技术企业认定申请书》中的“企业研究开发活动情况表”研发活动编号顺序一致。每个上传文件请标注具体研发活动名称并加注项目编号。研发活动说明材料包括：近三年各级政府部门立项安排的科技计划、新产品试制计划文件复印件（可简化封页和项目页）；企业自行安排的研发项目和相关立项计划和依据；委托开发和合作开发研究的项目，提交委托开发和合作开发协议。对已验收或结题项目需附验收证明、结题报告、产品质量检验报告、用户报告等。

⑧近三年研发费用专项审计报告或鉴证报告。经具有资质并符合《高新技术企业认定管理工作指引》相关条件的中介机构出具的企业近 3 个会计年度（实际年限不足 3 年的按实际经营年限，下同）研究开发费用专项审计或鉴证报告，并附研究开发活动说明材料。中介机构出具专项审计报告应当在企业按研发项目单独建账（准确归集核算辅助账）的基础上进行审计。

⑨ PS 高新产品（服务）相关资料。上传关键技术和技术指标的具体说明，相关的生产批文、认证认可和资质证书、产品质量检验报告等材料。

⑩近一年高新产品（服务）收入专项审计报告。经具有资质并符合《高新技术企业认定管理工作指引》相关条件的中介机构出具的企业近 1 个会计年度高新技术产品（服务）收入专项审计或鉴证报告。

⑪科技成果转化说明材料。材料上传顺序必须同《高新技术企业认定申请书》中的“科技成果转化情况”一致，每个上传文件请标注具体成果名称并加注序号。简要说明涉及的关键技术和转化所取得的成效（一般为 200 字以内）。转化方式为自行投资实施转化的，自有技术应明示实施转化相关检测、销售证明和所取得的成效；受让他人技术成果的，还应补充提交技术转让协议。转化方式为向他人转让技术成果、许可他人使用技术成果的，应当提交相关成果转让协议或合同，科技成果转化已取得成效的，应当提供产品质

量检测、新产品销售、用户使用报告等相关材料。转化方式为与他人共同实施转化、技术要素参与收益分配的，应当提供相关合作协议，科技成果转化已取得成效的，应当提供产品质量检测、新产品销售、用户使用报告等相关材料。

⑫研究开发组织管理水平证明材料。企业研究开发的组织管理制度，研发投入核算体系、研发费用辅助账等具体说明材料；企业研发机构设立的批复、研发机构简要介绍及主要科研仪器设备，有产学研合作的提供产学研合作协议；科技成果转化的组织实施与激励奖励制度、开放式的创新创业平台等具体说明材料；科技人员的培养进修、职工技能培训、优秀人才引进、人才绩效评价奖励制度等具体说明材料。

⑬国家或行业标准证明材料。材料上传顺序必须同《高新技术企业认定申请书》中的“企业参与国家标准或行业标准制定情况汇总表”一致，每个上传文件请标注具体标准名称并加注序号。标准证明材料，须包含标准封面和显示有申报企业名称参与制定该标准的相关页面等。

⑭企业财务审计报表。经具有资质的中介机构出具的企业近 3 个年度的财务会计报告（包括会计报表、会计报表附注和财务情况说明书），3 个年度应分别单独上传。

⑮企业所得税纳税申报表。近 3 个会计年度企业所得税年度纳税申报表（包括主表和附表），经主管税务机关盖章确认。3 个年度应分别单独上传。

企业提交的材料必须法定代表人签字、企业盖章齐全、清晰完整且与纸质申报材料完全一致。对涉密企业，应按照国家有关保密工作规定，将申报材料做脱密处理，确保上报材料不涉密。纸质材料应按提交材料清单顺序用 A4 纸双面打印装订，一般每一部分应用彩页分割，封页采用 A4 铜版纸装订，加盖页码，并提交至属地科技部门备案。企业在“高新技术企业认定管理工作网”上报材料的截止时间每年由科技部火炬中心确定，一般在 8 月，具体截止时间以当地科技管理部门通知为准。

（四）地方认定办形式审查

高新技术企业认定采取统一申报、受理和评审的方式，省、自治区、直辖市高新技术企业认定管理工作领导小组办公室受理各市、县（市、区）高新技术企业认定管理工作领导小组报送的企业申报材料。各市、县（市、区）高新技术企业认定管理机构（简称“地方认定办”）应当对照高新技术企业认定条件，对企业申报材料进行形式审查，形式审查要点如下。

①关于认定范围。企业申请认定高新技术企业时须注册成立 365 个日历天数以上。企业不受是否属于规模以上企业的限制。

②关于自主知识产权。高新技术企业应当拥有知识产权。知识产权包括发明专利（含国防专利）、植物新品种、国家级农作物品种、国家新药、国家一级中药保护品种、集成电路布图设计专有权等Ⅰ类知识产权，实用新型专利、外观设计专利、软件著作权等（不含商标）Ⅱ类知识产权。Ⅱ类知识产权在申请高新技术企业时仅限使用一次（重新认定企业前次申报已使用过的知识产权本次申报不能重复使用）。确认知识产权处于有效期内，与主要产品（服务）有直接关联且起支撑作用。

③关于高新技术产品（服务）和主要产品（服务）。高新技术产品（服务）是指对其发挥核心支持作用的技术属于《国家重点支持的高新技术领域》规定的产品（服务）范围。主要产品（服务）是指高新技术产品（服务）中，拥有在技术上发挥核心支持作用的知识产权的所有权，且收入之和在企业同期高新技术产品（服务）收入中超过 50% 的产品（服务）。

④关于企业研究开发费。结合地方认定管理机构对企业的了解情况，查阅高新技术企业认定专项审计报告，审核归集的研究开发费用的合理性及占销售收入之比是否符合《高新技术企业认定管理办法》规定的要求。

⑤关于高新技术产品（服务）收入。申报企业的高新技术产品（服务）收入所描述的核心技术或创新点应当与申报的高新技术领域三级目录的文字说明相对应。查阅高新技术企业认定专项审计报告，审核高新技术产品（服务）收入是否按照规定进行归集，是否占企业当年总收入的 60% 以上。

⑥关于科技人员占比。结合日常对企业了解的情况，查阅相关申报资料，判断企业当年职工总数、从事研发和相关技术创新活动的科技人员的统计是否属实，从事研发和相关技术创新活动的科技人员占企业当年职工总数的比例是否达到《高新技术企业认定管理办法》规定不低于 10% 的要求。

⑦地方认定管理机构在初审时，根据企业纳税申报表核对申报材料，对存在近三年研发费用加计扣除均为零、近三年管理费用总额小于研发费用总额、高新技术企业产品收入占申报总收入比例不足60%、研发费用比例达不到要求等情况的企业，请企业提供书面说明后再行推荐。

⑧关于中介机构。各地财政、税务部门会同当地科技部门对照《高新技术企业认定管理工作指引》和省财政厅、省税务局提供的事务所清单，对出具财务会计报告的中介机构资质和信用情况进行审核确定。

注：⑦⑧审查要点为浙江省的工作要求。

（五）认定机构组织专家评审

认定机构收到企业申请材料后，根据企业主营产品（服务）的核心技术所属技术领域在符合评审要求的专家中，随机抽取专家组成专家组，对每个企业的评审专家不少于5人（其中技术专家不少于60%，并至少有1名财务专家）。每名技术专家应主要侧重对企业知识产权、研究开发活动、主营业务、成果转化及高新技术产品（服务）等情况进行评价打分，单独填写《高新技术企业认定技术专家评价表》（附件3-5），每名财务专家应参照中介机构提交的专项报告、企业的财务会计报告和纳税申报表等进行评价打分，单独填写《高新技术企业认定财务专家评价表》（附件3-6），专家组组长汇总各位专家分数，在各评审专家独立评价的基础上按分数平均值填写《高新技术企业认定专家组综合评价表》（附件3-7）。具备条件的地区可进行网络评审，浙江省高新技术企业专家评审采取全封闭网络评审方式。

1. 高新技术企业认定专家条件

具有中华人民共和国公民资格，并在中国大陆境内居住和工作；技术专家应具有高级技术职称，并具有《国家重点支持的高新技术领域》内相关专业背景和实践经验，对该技术领域的发展及市场状况有较全面的了解。财务专家应具有相关高级技术职称，或具有注册会计师或税务师资格且从事财税工作10年以上；具有良好的职业道德，坚持原则，办事公正；了解国家科技、经济及产业政策，熟悉高新技术企业认定工作有关要求。

2. 高新技术企业认定专家库及专家选取办法

认定机构应建立专家库（包括技术专家和财务专家），实行专家聘任制和动态管理，备选专家应不少于评审专家的 3 倍；认定机构根据企业主营产品（服务）的核心技术所属技术领域随机抽取专家，组成专家组，并指定 1 名技术专家担任专家组组长，开展认定评审工作。

3. 高新技术企业认定专家职责

审查企业的研究开发活动（项目）、年度财务会计报告和专项报告等是否符合《高新技术企业认定管理办法》及《高新技术企业认定管理工作指引》的要求；按照《高新技术企业认定管理办法》及《高新技术企业认定管理工作指引》的规定，评审专家对企业申报信息进行独立评价。技术专家应主要侧重对企业知识产权、研究开发活动、主营业务、成果转化及高新技术产品（服务）等情况进行评价打分。财务专家应参照中介机构提交的专项报告、企业的财务会计报告和纳税申报表等进行评价打分；在各评审专家独立评价的基础上，由专家组进行综合评价。

4. 高新技术企业认定专家纪律

应按照《高新技术企业认定管理办法》《高新技术企业认定管理工作指引》的要求，独立、客观、公正地对企业进行评价，并签订承诺书；评审与其有利益关系的企业时，应主动申明并回避；不得披露、使用申请企业的技术经济信息和商业秘密，不得复制保留或向他人扩散评审材料，不得泄露评审结果；不得利用其特殊身份和影响，采取非正常手段为申请企业认定提供便利；认定评审期间，未经认定机构许可不得擅自与企业联系或进入企业调查。

一经发现违反上述规定，由认定机构取消其参与高新技术企业认定工作资格。

（六）认定报备

认定机构结合专家组评审意见，对申请企业申报材料进行综合审查（可视情况对部分企业进行实地核查），提出认定意见，确定认定高新技术企业名单，报全国高新技术企业认定管理工作领导小组下设办公室备案，报送时间不得晚于每年 11 月底。

（七）公示公告

经认定报备的企业名单，由全国高新技术企业认定管理工作领导小组下设办公室在“高新技术企业认定管理工作网”公示 10 个工作日。无异议的，予以备案，认定时间以公示时间为准，核发证书编号，并在“高新技术企业认定管理工作网”上公告企业名单，由认定机构向企业颁发统一印制的“高新技术企业证书”（加盖认定机构科技、财政、税务部门公章）；有异议的，须以书面形式实名向领导小组办公室提出，由认定机构核实处理。

全国高新技术企业认定管理工作领导小组下设办公室对报备企业可进行随机抽查，对存在问题的企业交由认定机构核实情况并提出处理建议。

（八）颁发证书

由各省、自治区、直辖市、计划单列市高新技术企业认定管理机构（简称“认定机构”）向企业颁发统一印制的“高新技术企业证书”；有异议的，由认定机构进行核实处理。高新技术企业证书加盖省级、计划单列市科技、财政、税务部门印章。

根据科技部火炬中心印发《关于推动高新技术企业认定管理与服务便利化的通知》（国科火字〔2020〕82 号），关于“各地要制定高新技术企业电子证照规范，按照‘互联网 + 政务服务’理念，有序推进高新技术企业证书电子化，满足全国一体化在线政务服务平台‘一网通办’的要求”，浙江省已经推出高新技术企业证书电子版，通过认定的高新技术企业登录浙江省高新技术企业认定管理系统（简称“省网”）选择“证书查询”→点击查看（可以看到高新技术企业电子证书）→下载或打印高新技术企业证书。

附件3-1

申请认定企业自评表

单位：万元（保留小数点后两位）

<table>
<tr><td>认定类型</td><td colspan="3">新认定</td><td>认定批次</td><td colspan="2">2021 年第一批</td></tr>
<tr><td>所属认定办</td><td colspan="3">XX 市 XX 区高企认定办</td><td>认定办隶属机构</td><td colspan="2"></td></tr>
<tr><td>企业所得税征收方式</td><td>前三年</td><td>查账征收</td><td>前两年</td><td>查账征收</td><td>前一年</td><td>查账征收</td></tr>
<tr><td>企业名称（盖章）</td><td colspan="6">XXX 科技有限公司</td></tr>
<tr><td>所属技术领域</td><td colspan="2">选填八大领域</td><td colspan="2">选填二级领域</td><td colspan="2">选填三级领域</td></tr>
<tr><td>联系人</td><td colspan="2"></td><td>联系人手机（必填）</td><td colspan="3"></td></tr>
<tr><td>专项审计会计事务所</td><td colspan="2"></td><td></td><td colspan="3"></td></tr>
<tr><td>企业注册日期</td><td colspan="2"></td><td>企业规模</td><td colspan="3"></td></tr>
<tr><td>企业性质</td><td colspan="2"></td><td>组织机构代码或统一信用代码</td><td colspan="3"></td></tr>
<tr><td>职工总数（人）</td><td colspan="2"></td><td>科技人员数（人）</td><td colspan="3"></td></tr>
<tr><td>近三年来企业的销售收入（万元）</td><td colspan="2"></td><td colspan="2"></td><td colspan="2"></td></tr>
</table>

续表

其中：最近一年的总收入（万元）		其中：最近一年的高新技术产品（服务）销售收入（万元）		
近三年来的研究开发费用总额（万元）		最近一年核心技术拥有自主知识产权的高新技术产品（服务）销售收入		
近三年来的研究开发费用总额占销售收入的比例（%）		最近一年高新技术产品收入占收入总额比例（%）		
最近一年核心技术拥有自主知识产权的高新技术产品（服务）收入占全部高新技术产品（服务）收入比例（%）				
单项研发项目的其他费用合计是否超过研究开发总费用的 20%				
1. 核心自主知识产权（30 分）			得分	
技术的先进程度（≤ 8 分） □ A. 高（7 ~ 8 分）　□ B. 较高（5 ~ 6 分） □ C. 一般（3 ~ 4 分）□ D. 较低（1 ~ 2 分）　□ E. 无（0 分）			得分	
对企业产品（服务）在技术上发挥核心支持作用（≤ 8 分） □ A. 强（7 ~ 8 分）　□ B. 较强（5 ~ 6 分） □ C. 一般（3 ~ 4 分）□ D. 较弱（1 ~ 2 分）　□ E. 无（0 分）			得分	
知识产权数量（≤ 8 分） □ A. 1 项及以上（Ⅰ类）（7 ~ 8 分） □ B. 5 项及以上（Ⅱ类）（5 ~ 6 分） □ C. 3 ~ 4 项（Ⅱ类）（3 ~ 4 分） □ D. 1 ~ 2 项（Ⅱ类）（1 ~ 2 分） □ E. 无（0 分）			得分	
知识产权获得方式（≤ 6 分） □ A. 有自主研发（1–6 分） □ B. 仅有受让、受赠和并购等（1–3 分）			得分	
（加分项，≤ 2 分）企业是否参与编制国家标准、行业标准、检测方法、技术规范的情况 □ A. 是（1 ~ 2 分）　□ B. 否（0 分）			得分	
2. 科技成果转化能力（30 分）			得分	

续表

<table>
<tr><td colspan="6">☐ A. 转化能力强，≥ 5 项（25 ~ 30 分）☐ B. 转化能力较强，≥ 4 项（19 ~ 24 分）
☐ C. 转化能力一般，≥ 3 项（13 ~ 18 分）☐ D. 转化能力较弱，≥ 2 项（7 ~ 12 分）
☐ E. 转化能力弱，≥ 1 项（1 ~ 6 分）☐ F. 转化能力无，0 项（0 分）</td></tr>
<tr><td colspan="4">3. 技术创新组织管理水平（≤ 20 分）</td><td>得分</td><td></td></tr>
<tr><td colspan="4">制定了企业研究开发的组织管理制度，建立了研发投入核算体系，编制了研发费用辅助账（≤ 6 分）</td><td>得分</td><td></td></tr>
<tr><td colspan="4">设立了内部科学技术研究开发机构并具备相应的科研条件，与国内外研究开发机构开展多种形式的产学研合作（≤ 6 分）</td><td>得分</td><td></td></tr>
<tr><td colspan="4">建立了科技成果转化的组织实施与激励奖励制度，建立开放式的创新创业平台（≤ 4 分）</td><td>得分</td><td></td></tr>
<tr><td colspan="4">建立了科技人员的培养进修、职工技能培训、优秀人才引进，以及人才绩效评价奖励制度（≤ 4 分）</td><td>得分</td><td></td></tr>
<tr><td colspan="4">4. 企业成长性（≤ 20 分）</td><td>得分</td><td></td></tr>
<tr><td colspan="4">净资产增长率（10 分）
☐ A. ≥ 35 %（9 ~ 10 分）☐ B. ≥ 25 %（7 ~ 8 分）
☐ C. ≥ 15 %（5 ~ 6 分）☐ D. ＞ 5 %（3 ~ 4 分）
☐ E. ＞ 0（1 ~ 2 分）☐ F. ≤ 0 （0 分）</td><td>得分</td><td></td></tr>
<tr><td colspan="4">销售收入增长率（10 分）
☐ A. ≥ 35 %（9 ~ 10 分）☐ B. ≥ 25 %（7 ~ 8 分）
☐ C. ≥ 15 %（5 ~ 6 分）☐ D. ＞ 5 %（3 ~ 4 分）
☐ E. ＞ 0（1 ~ 2 分）☐ F. ≤ 0 （0 分）</td><td>得分</td><td></td></tr>
<tr><td>净资产增长率（%）</td><td></td><td>销售增长率（%）</td><td></td><td>合计得分</td><td></td></tr>
<tr><td>企业总体情况自评</td><td colspan="5">企业总体情况自评（不多于 1000 字）建议：
（1）介绍企业的基本情况（包括行业领域、主要产品等）；
（2）对照八大认定条件简要论述符合情况；
（3）其他补充情况</td></tr>
</table>

附件3-2

企业注册登记表

<table>
<tr><td>企业名称</td><td colspan="2"></td><td colspan="2">注册时间</td><td colspan="2"></td></tr>
<tr><td>注册类型</td><td colspan="2"></td><td colspan="2">外资来源地</td><td colspan="2"></td></tr>
<tr><td>注册资金</td><td colspan="2"></td><td colspan="2">所属行业</td><td colspan="2"></td></tr>
<tr><td>企业规模</td><td colspan="2"></td><td colspan="2">行政区域</td><td colspan="2"></td></tr>
<tr><td>组织机构代码 / 统一社会信用代码</td><td colspan="2"></td><td colspan="2">税务登记号 / 统一社会信用代码</td><td colspan="2"></td></tr>
<tr><td>企业所得税主管税务机关</td><td colspan="2">□国税　□地税</td><td colspan="2">企业所得税征收方式</td><td colspan="2">□查账征收　□核定征收</td></tr>
<tr><td>通信地址</td><td colspan="4"></td><td>邮政编码</td><td></td></tr>
<tr><td rowspan="2">企业法定代表人</td><td>姓名</td><td></td><td>手机</td><td></td><td>身份证号 / 护照号</td><td></td></tr>
<tr><td>电话</td><td></td><td>传真</td><td></td><td>E-mail</td><td></td></tr>
<tr><td rowspan="2">联系人</td><td>姓名</td><td></td><td>手机</td><td colspan="3"></td></tr>
<tr><td>电话</td><td></td><td>传真</td><td></td><td>E-mail</td><td></td></tr>
<tr><td colspan="2">企业是否上市</td><td>□是　□否</td><td colspan="2">上市时间</td><td colspan="2"></td></tr>
<tr><td colspan="2">股票代码</td><td></td><td colspan="2">上市类型</td><td colspan="2"></td></tr>
<tr><td colspan="2">是否属于国家级高新区内企业</td><td>□是　□否</td><td colspan="2">高新区名称</td><td colspan="2"></td></tr>
</table>

附件3-3

系统填报号：

高新技术企业认定申请书

企业名称：

企业所在地区：　　　　　　　省　　　　　市（区、自治州）

认定机构：

申请日期：　　　　　　　　　年　　　　　月　　　　　日

声明：本申请书上填写的有关内容和提交的资料均准确、真实、合法、有效、无涉密信息，本企业愿为此承担有关法律责任。

法定代表人（签名）：　　　　　　　（企业公章）

科技部、财政部、国家税务总局编制

二〇一六年六月

填 报 说 明

企业应参照《高新技术企业认定管理办法》、《国家重点支持的高新技术领域》（国科发火〔2016〕32号）和《高新技术企业认定管理工作指引》（国科发火〔2016〕195号）的要求填报。

本表内的所有财务数据须出自专项报告、财务会计报告或纳税申报表。

（1）企业应如实填报所附各表。要求文字简洁，数据准确、翔实。

（2）各栏目不得空缺，无内容填写“0”；数据有小数时，保留小数点后两位。

（3）对企业知识产权情况采用分类评价方式，其中，发明专利（含国防专利）、植物新品种、国家级农作物品种、国家新药、国家一级中药保护品种、集成电路布图设计专有权等按Ⅰ类评价；实用新型专利、外观设计专利、软件著作权等（不含商标）按Ⅱ类评价。

（4）基础研究投入费用总额，是指企业研究开发费用总额中，为获得科学与技术（不包括社会科学、艺术或人文学）新知识等基础研究活动支出的费用总额。

（5）销售收入＝主营业务收入＋其他业务收入；

企业总收入＝收入总额－不征税收入；

净资产＝资产总额－负债总额。

（6）“近三年”、“近一年”和“申请认定前一年内”，详见《工作指引》三（一）“年限”中的说明，“近三年”即“年限”中的“近3个会计年度”。

（7）“研发活动”，详见《工作指引》三（六）1中“研究开发活动确定”。

（8）“高新技术产品（服务）收入”：详见《工作指引》三（四）1中“高新技术产品（服务）收入”的定义。

（9）IP代表知识产权编号，RD代表研究开发活动编号，PS代表高新技术产品（服务）编号。IP、RD、PS后取两位（01、02……）。

一、主要情况

<table>
<tr><td colspan="2">技术领域</td><td colspan="5"></td></tr>
<tr><td colspan="2">获得知识产权数量（件）</td><td rowspan="2">Ⅰ类</td><td rowspan="2"></td><td rowspan="2" colspan="2">Ⅱ类</td><td rowspan="2"></td></tr>
<tr><td colspan="2"></td></tr>
<tr><td colspan="2">人力资源情况（人）</td><td>职工总数</td><td></td><td colspan="2">科技人员数</td><td></td></tr>
<tr><td colspan="2" rowspan="4">近三年
经营情况
（万元）</td><td>年度种类</td><td>净资产</td><td colspan="2">销售收入</td><td>利润总额</td></tr>
<tr><td>第一年</td><td></td><td colspan="2"></td><td></td></tr>
<tr><td>第二年</td><td></td><td colspan="2"></td><td></td></tr>
<tr><td>第三年</td><td></td><td colspan="2"></td><td></td></tr>
<tr><td colspan="3" rowspan="2">近三年研究开发费用总额
（万元）</td><td rowspan="2"></td><td rowspan="2">其中
基础研究投入费用总额
（万元）</td><td>在中国境内研发费用总额（万元）</td><td></td></tr>
<tr><td></td><td></td></tr>
<tr><td colspan="4">近一年企业总收入（万元）</td><td colspan="3"></td></tr>
<tr><td colspan="4">近一年高新技术产品（服务）收入（万元）</td><td colspan="3"></td></tr>
<tr><td colspan="4">申请认定前一年内是否发生过重大安全、重大质量事故或严重环境违法行为</td><td colspan="3">□是　　□否</td></tr>
</table>

二、知识产权汇总表

<table>
<tr><td rowspan="5">获得知识产权数量（件）</td><td>发明专利</td><td colspan="2"></td><td>其中：国防专利</td><td></td></tr>
<tr><td>植物新品种</td><td colspan="2"></td><td>国家级农作物品种</td><td></td></tr>
<tr><td>国家新药</td><td colspan="2"></td><td>国家一级
中药保护品种</td><td></td></tr>
<tr><td>集成电路布图设计专有权</td><td colspan="2"></td><td>实用新型</td><td></td></tr>
<tr><td>外观设计</td><td colspan="2"></td><td>软件著作权</td><td></td></tr>
<tr><td>知识产权编号</td><td>知识产权名称</td><td>类别</td><td>授权日期</td><td>授权号</td><td>获得方式</td></tr>
<tr><td>IP…</td><td></td><td></td><td></td><td></td><td></td></tr>
<tr><td></td><td></td><td></td><td></td><td></td><td></td></tr>
<tr><td></td><td></td><td></td><td></td><td></td><td></td></tr>
<tr><td></td><td></td><td></td><td></td><td></td><td></td></tr>
</table>

三、人力资源情况表

<table>
<tr><td colspan="5">（一）总体情况</td></tr>
<tr><td></td><td colspan="2">企业职工</td><td colspan="2">科技人员</td></tr>
<tr><td>总数（人）</td><td colspan="2"></td><td colspan="2"></td></tr>
<tr><td>其中：在职人员</td><td colspan="2"></td><td colspan="2"></td></tr>
<tr><td>兼职人员</td><td colspan="2"></td><td colspan="2"></td></tr>
<tr><td>临时聘用人员</td><td colspan="2"></td><td colspan="2"></td></tr>
<tr><td>外籍人员</td><td colspan="2"></td><td colspan="2"></td></tr>
<tr><td>留学归国人员</td><td colspan="2"></td><td colspan="2"></td></tr>
<tr><td>千人计划人员</td><td colspan="2"></td><td colspan="2"></td></tr>
<tr><td colspan="5">（二）全体人员结构</td></tr>
<tr><td>学历</td><td>博士</td><td>硕士</td><td>本科</td><td>大专及以下</td></tr>
<tr><td>人数</td><td></td><td></td><td></td><td></td></tr>
<tr><td>职称</td><td>高级职称</td><td>中级职称</td><td>初级职称</td><td>高级技工</td></tr>
<tr><td>人数</td><td></td><td></td><td></td><td></td></tr>
<tr><td>年龄</td><td>30 岁及以下</td><td>31 ~ 40 岁</td><td>41 ~ 50 岁</td><td>51 岁及以上</td></tr>
<tr><td>人数</td><td></td><td></td><td></td><td></td></tr>
</table>

四、企业研究开发活动情况表（近三年执行的活动，按单一活动填报）

研发活动编号：RD…

<table>
<tr><td>研发活动名称</td><td colspan="2"></td><td colspan="2">起止时间</td><td colspan="2"></td></tr>
<tr><td>技术领域</td><td colspan="6"></td></tr>
<tr><td>技术来源</td><td colspan="2"></td><td colspan="2">知识产权编号</td><td colspan="2"></td></tr>
<tr><td rowspan="3">研发经费
总预算
（万元）</td><td rowspan="3"></td><td rowspan="3">研发经费
近三年总支出
（万元）</td><td rowspan="3"></td><td rowspan="3">其中</td><td>第一年</td><td></td></tr>
<tr><td>第二年</td><td></td></tr>
<tr><td>第三年</td><td></td></tr>
<tr><td>目的及组织
实施方式
（限 400 字）</td><td colspan="6"></td></tr>
<tr><td>核心技术及
创新点
（限 400 字）</td><td colspan="6"></td></tr>
<tr><td>取得的阶段性
成果
（限 400 字）</td><td colspan="6"></td></tr>
</table>

五、企业年度研究开发费用结构明细表（按近三年每年分别填报）

________年度　　　　　　　　　　　　　　　　　　　　　　单位：万元

科目： 累计发生额： 研发项目编号：	RD01	RD02	RD03	……	RD…	合计
内部研究开发费用						
其中：人员人工费用						
直接投入费用						
折旧费用与长期待摊费用						
无形资产摊销费用						
设计费用						
装备调试费用与试验费用						
其他费用						
委托外部研究开发费用						
其中：境内的外部研发费用						
研究开发费用（内、外部）小计						

企业填报人签字：　　　　　　　　　　　　日期：

六、上年度高新技术产品（服务）情况表［按单一产品（服务）填报］

编号：PS…

<table>
<tr><td>产品（服务）名称</td><td colspan="3"></td></tr>
<tr><td>技术领域</td><td colspan="3"></td></tr>
<tr><td>技术来源</td><td></td><td>上年度销售收入
（万元）</td><td></td></tr>
<tr><td>是否主要产品
（服务）</td><td>□是　□否</td><td>知识产权编号</td><td></td></tr>
<tr><td>关键技术及
主要技术指标
（限 400 字）</td><td colspan="3"></td></tr>
<tr><td>与同类产品（服务）的竞争优势
（限 400 字）</td><td colspan="3"></td></tr>
<tr><td>知识产权获得情况及其对产品（服务）在技术上发挥的支持作用
（限 400 字）</td><td colspan="3"></td></tr>
</table>

七、企业创新能力

知识产权对企业竞争力的作用（限 400 字）	
科技成果转化情况（限 400 字）	
研究开发与技术创新组织管理情况（限 400 字）	
管理与科技人员情况（限 400 字）	

八、（加分项）企业参与国家标准或行业标准制定情况汇总表

序号	标准名称	标准级别	标准编号	参与方式
		□国家　□行业		□主持　□参与
		□国家　□行业		□主持　□参与
		□国家　□行业		□主持　□参与

附件3-4

企业科研诚信承诺书

我公司申报高新技术企业提供的《高新技术企业认定申请书》及其所有佐证材料，真实有效，并对材料的真实性承担法律责任。若存在弄虚作假行为，同意按照《高新技术企业认定管理办法》的相关规定处理。

特此承诺。

企业法定代表人签字：

企业盖章

年　　月　　日

附件3-5

高新技术企业认定技术专家评价表

<table>
<tr><td colspan="2">企业名称</td><td colspan="3"></td></tr>
<tr><td colspan="2">企业提交的资料是否符合要求</td><td colspan="3">□是　□否</td></tr>
<tr><td colspan="2">企业是否注册成立
一年以上</td><td colspan="3">□是　□否</td></tr>
<tr><td colspan="2">企业是否获得符合条件的
知识产权</td><td colspan="3">□是　□否</td></tr>
<tr><td colspan="2">核心技术是否属于《技术领域》规定的范围</td><td colspan="3">□是　□否
（若“是”，请填写三级技术领域标题或编号）</td></tr>
<tr><td colspan="2">科技人员占比是否符合要求</td><td colspan="3">□是　□否</td></tr>
<tr><td rowspan="2">近三年
研发费用</td><td>研发活动核定数</td><td></td><td>核除研发活动编号</td><td></td></tr>
<tr><td>核定总额
（万元）</td><td></td><td>其中：境内核定总额
（万元）</td><td></td></tr>
<tr><td rowspan="2">近一年高新技术
产品（服务）
收入</td><td>产品（服务）
核定数</td><td></td><td>核除产品（服务）编号</td><td></td></tr>
<tr><td>收入核定总额
（万元）</td><td colspan="3"></td></tr>
<tr><td colspan="4">1. 知识产权（≤ 30 分）</td><td>得分：</td></tr>
<tr><td colspan="4">技术的先进程度（≤ 8 分）
□ A. 高（7 ~ 8 分）　□ B. 较高（5 ~ 6 分）
□ C. 一般（3 ~ 4 分）　□ D. 较低（1 ~ 2 分）
□ E. 无（0 分）</td><td>得分：</td></tr>
<tr><td colspan="4">对主要产品（服务）在技术上发挥核心支持作用（≤ 8 分）
□ A. 强　（7 ~ 8 分）　□ B. 较强（5 ~ 6 分）
□ C. 一般（3 ~ 4 分）　□ D. 较弱（1 ~ 2 分）
□ E. 无　（0 分）</td><td>得分：</td></tr>
</table>

知识产权数量（≤ 8 分） □ A. 1 项及以上（Ⅰ类）（7 ~ 8 分） □ B. 5 项及以上（Ⅱ类）（5 ~ 6 分） □ C. 3 ~ 4 项（Ⅱ类）（3 ~ 4 分） □ D. 1 ~ 2 项（Ⅱ类）（1 ~ 2 分） □ E. 0 项（0 分）			得分：
知识产权获得方式（≤ 6 分） □ A. 有自主研发（1 ~ 6 分） □ B. 仅有受让、受赠和并购等（1 ~ 3 分）			得分：
（加分项，≤ 2 分）企业是否参与编制国家标准、行业标准、检测方法、技术规范的情况 □ A. 是（1 ~ 2 分）　□ B. 否（0 分）			得分：
2. 科技成果转化能力（≤ 30 分）			得分：
□ A. 转化能力强，≥ 5 项（25 ~ 30 分）　□ B. 转化能力较强，≥ 4 项（19 ~ 24 分） □ C. 转化能力一般，≥ 3 项（13 ~ 18 分）　□ D. 转化能力较弱，≥ 2 项（7 ~ 12 分） □ E. 转化能力弱，≥ 1 项（1 ~ 6 分）　□ F. 转化能力无，0 项（0 分）			
3. 研究开发组织管理水平（≤ 20 分）			得分：
制定了企业研究开发的组织管理制度，建立了研发投入核算体系，编制了研发费用辅助账（≤ 6 分）			得分：
设立了内部科学技术研究开发机构并具备相应的科研条件，与国内外研究开发机构开展多种形式的产学研合作（≤ 6 分）			得分：
建立了科技成果转化的组织实施与激励奖励制度，建立开放式的创新创业平台（≤ 4 分）			得分：
建立了科技人员的培养进修、职工技能培训、优秀人才引进，以及人才绩效评价奖励制度（≤ 4 分）			得分：
对企业技术创新能力的综合评价			
合计得分		专家签名：　　　年　　月　　日	

注：各项均按整数打分。

附件3-6

高新技术企业认定财务专家评价表

<table>
<tr><td colspan="2">企业名称</td><td colspan="4"></td></tr>
<tr><td colspan="3">企业提交的财务资料是否符合要求</td><td colspan="3">□是　□否</td></tr>
<tr><td colspan="2">中介机构资质
是否符合要求</td><td>□是　□否</td><td colspan="2">中介机构出具的审计（鉴证）报告是否符合要求</td><td>□是　□否</td></tr>
<tr><td colspan="2">近三年研究开发费用归集是否符合要求</td><td>□是　□否</td><td colspan="2">近一年高新技术产品（服务）收入归集是否符合要求</td><td>□是　□否</td></tr>
<tr><td rowspan="3">近三年
销售收入
（万元）</td><td>第一年</td><td></td><td rowspan="3">近三年
净资产
（万元）</td><td>第一年</td><td></td></tr>
<tr><td>第二年</td><td></td><td>第二年</td><td></td></tr>
<tr><td>第三年</td><td></td><td>第三年</td><td></td></tr>
<tr><td colspan="2">净资产增长率</td><td></td><td colspan="2">销售收入增长率</td><td></td></tr>
<tr><td colspan="2">近三年销售收入合计
（万元）</td><td></td><td colspan="2">近一年企业总收入
（万元）</td><td></td></tr>
<tr><td colspan="5">企业成长性（≤ 20分）</td><td>合计：</td></tr>
<tr><td colspan="5">净资产增长率（≤ 10分）
□ A. ≥ 35%（9 ~ 10分）　□ B. ≥ 25%（7 ~ 8分）
□ C. ≥ 15%（5 ~ 6分）　□ D. > 5%（3 ~ 4分）
□ E. > 0（1 ~ 2分）　□ F. ≤ 0（0分）</td><td>得分：</td></tr>
<tr><td colspan="5">销售收入增长率（≤ 10分）
□ A. ≥ 35%（9 ~ 10分）　□ B. ≥ 25%（7 ~ 8分）
□ C. ≥ 15%（5 ~ 6分）　□ D. > 5%（3 ~ 4分）
□ E. > 0（1 ~ 2分）　□ F. ≤ 0（0分）</td><td>得分：</td></tr>
<tr><td colspan="2">对企业财务状况的
综合评价</td><td colspan="4"></td></tr>
<tr><td colspan="6">专家签名：　　　　　　　　　　　　　　年　　月　　日</td></tr>
</table>

附件3-7

高新技术企业认定专家组综合评价表

<table>
<tr><td colspan="2">企业名称</td><td colspan="4"></td></tr>
<tr><td colspan="2">企业是否注册成立一年以上</td><td colspan="4">□是　□否</td></tr>
<tr><td colspan="2">企业是否获得符合条件的
知识产权</td><td colspan="4">□是　□否</td></tr>
<tr><td colspan="2">核心技术是否属于《技术领域》
规定的范围</td><td colspan="4">□是　□否
（若“是”，请填写三级技术领域标题或编号）</td></tr>
<tr><td colspan="3">科技人员占企业职工总数的比例（%）</td><td></td><td rowspan="4">是否
符合
条件</td><td>□是　□否</td></tr>
<tr><td colspan="3">近三年研究开发费用总额占同期销售收入总额比例（%）</td><td></td><td>□是　□否</td></tr>
<tr><td colspan="3">近三年在中国境内研发费用总额占全部研发费用总额比例（%）</td><td></td><td>□是　□否</td></tr>
<tr><td colspan="3">近一年高新技术产品（服务）收入占同期总收入比例（%）</td><td></td><td>□是　□否</td></tr>
<tr><td rowspan="8">创新
能力
评价
总分</td><td>1. 知识产权得分</td><td></td><td colspan="2">3. 研究开发组织管理水平得分</td><td></td></tr>
<tr><td>技术先进程度</td><td></td><td colspan="2">组织管理制度</td><td></td></tr>
<tr><td>核心支持作用</td><td></td><td colspan="2">研发机构</td><td></td></tr>
<tr><td>知识产权数量</td><td></td><td colspan="2">成果转化奖励制度</td><td></td></tr>
<tr><td>知识产权获得方式</td><td></td><td colspan="2">人才绩效制度</td><td></td></tr>
<tr><td>（加分）参与标准制定</td><td></td><td colspan="2">4. 成长指标得分</td><td></td></tr>
<tr><td rowspan="2">2. 科技成果转化能力得分</td><td></td><td colspan="2">净资产增长率</td><td></td></tr>
<tr><td></td><td colspan="2">销售收入增长率</td><td></td></tr>
<tr><td colspan="6">综合评价是否符合认定条件：　□是　□否</td></tr>
<tr><td colspan="6">否（简述理由）</td></tr>
<tr><td colspan="6">专家组组长签名：　　　　年　月　日</td></tr>
</table>

第 4 章

高新技术企业认定管理工作网功能及操作提要

一、高新技术企业认定管理工作网概要

高新技术企业认定管理涉及“高新技术企业认定管理工作网”和各省、自治区、直辖市地方网。

（一）高新技术企业认定管理工作网

“高新技术企业认定管理工作网”（www.innocom.gov.cn）是科技部火炬中心根据《高新技术企业认定管理办法》建设的高新技术企业认定管理工作的信息化平台，由高新技术企业认定管理工作门户网站（以下简称“门户网站”）和高新技术企业认定管理系统（以下简称“国网管理系统”）构成。

门户网站的主要功能包括：发布高新技术企业政策、工作动态、公示文件、公告备案、更名、异地搬迁、撤销资格、问题中介机构名单等信息，以及提供管理系统的登录入口。

国网管理系统由企业申报系统、认定机构管理系统和领导小组办公室管理系统 3 个子系统组成。

1. 企业申报系统主要功能

（1）企业注册；

（2）企业信息变更；

（3）企业名称变更；

（4）认定申报；

（5）年度发展情况报表；

（6）查询；

（7）密码找回。

2. 认定机构管理系统主要功能

（1）企业注册管理；

（2）认定申报管理；

（3）撤销企业高企证书管理；

（4）异地搬迁企业管理；

（5）查询与统计。

3. 领导小组办公室管理系统主要功能

（1）高企备案管理；

（2）撤销企业高企证书管理；

（3）异地搬迁企业管理；

（4）查询与统计。

根据《高新技术企业认定管理工作指引》要求，企业须登录“高新技术企业认定管理工作网”，完成注册登记，按要求填写《高新技术企业认定申请书》，通过国网管理系统提交至认定机构。

（二）高新技术企业认定管理工作地方网

由于国网管理系统上传的附件材料大小有限制，部分申报企业较多的省、自治区、直辖市都自行开发了地方网管理系统。例如，浙江省“浙江科技大脑——浙江省高新技术企业认定管理系统”（http://202.107.205.11:8612/），“江苏省科技计划管理信息平台——高新技术企业辅助材料提交系统”（http://kjjh.jspc.org.cn/），广东省科技业务管理阳光政务平台（http://pro.gdstc.gd.gov.cn/）等。

（三）浙江省高新技术企业认定管理系统（实例）

浙江省是全国最先进行高新技术企业网络评审的省份，2014 年，浙江省自主开发了浙江省的高新技术企业认定管理地方网，简称“省网管理系统”，企业在国网管理系统、省网管理系统都需要进行填报。2020年开始，省网管理系统已与国网管理系统数据打通，实现了企业申报材料的数据跃迁。具体操作流程如下。

1.“国网管理系统”提交材料

新认定企业请先完成注册登记，然后登录国网管理系统，按要求填写《高新技术企业认定申请书》，并向认定机构提交下列书面材料。

（1）《高新技术企业认定申请书》（在线打印并签名、加盖企业公章）；

（2）证明企业依法成立的《营业执照》等相关注册登记证件的复印件；

（3）知识产权相关材料（知识产权证书及反映技术水平的证明材料、参与制定标准情况等）、科研项目立项证明（已验收或结题项目需附验收或结题报告）、科技成果转化（总体情况与转化形式、应用成效的逐项说明）、研究开发组织管理（总体情况与4项指标符合情况的具体说明）等相关材料；

（4）企业高新技术产品（服务）的关键技术和技术指标的具体说明，相关的生产批文、认证认可和资质证书、产品质量检验报告等材料；

（5）企业职工和科技人员情况说明材料，包括在职、兼职和临时聘用人员人数、人员学历结构、科技人员名单及其工作岗位等；

（6）经具有资质并符合《高新技术企业认定管理工作指引》相关条件的中介机构出具的企业近3个会计年度（实际年限不足3年的按实际经营年限，下同）研究开发费用、近1个会计年度高新技术产品（服务）收入专项审计或鉴证报告，并附研究开发活动说明材料；

（7）经具有资质的中介机构鉴证的企业近3个会计年度的财务会计报告（包括会计报表、会计报表附注和财务情况说明书）；

（8）近3个会计年度企业所得税年度纳税申报表（包括主表及附表）提交至认定机构。

上述书面材料要求法定代表人签字、企业盖章齐全、清晰完整且与纸质申报材料完全一致。对涉密企业，应按照国家有关保密工作规定，将申报材料做脱密处理，确保上报材料不涉密。纸质材料按清单顺序用A4纸双面打印装订，每一部分用彩页分割，封页采用 A4 铜版纸装订，加盖页码，并提交至属地科技部门备案。企业在国网上报材料的截止时间以当地高新技术企业认定管理机构发布的通知为准。

注：浙江省的申请认定企业提交书面材料有特别的要求，请参阅本书第 3 章关于“申请企业提交材料”的规定办理。

2. “浙江政务服务网”提交材料

登录浙江政务服务网（http://www.zjzwfw.gov.cn/，简称“政务网”），进入浙江省科技厅窗口，选择“高新技术企业认定”，进入网络申报界面，填报企业自评表。

3. “省网管理系统”状态查询

“浙江科技大脑——浙江省高新技术企业认定管理系统”（http://202.107.205.11:8612/）是浙江省网管理系统，对接国网管理系统、浙江政务服务网，导入企业申报材料实现数据共享，企业提交的材料、申报认定评审等状态均可在省网管理系统里查询。第一次评审未通过企业可在省网管理系统里完善材料。

二、“国网管理系统”企业注册流程

（1）进入科学技术部政务服务平台（https://fuwu.most.gov.cn/），新认定高新技术企业点击“用户注册”，进行账号信息注册。

（2）点击“立即注册账号”进行注册。

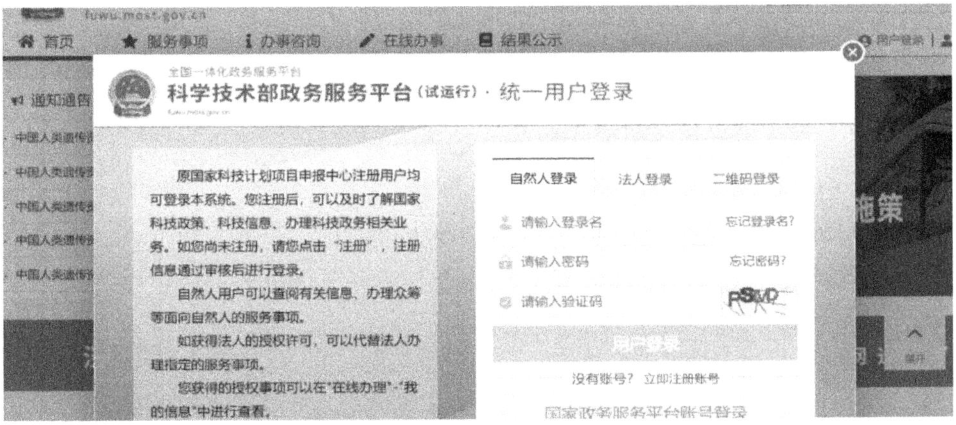

（3）点击“单位用户（法人）注册”进行注册。

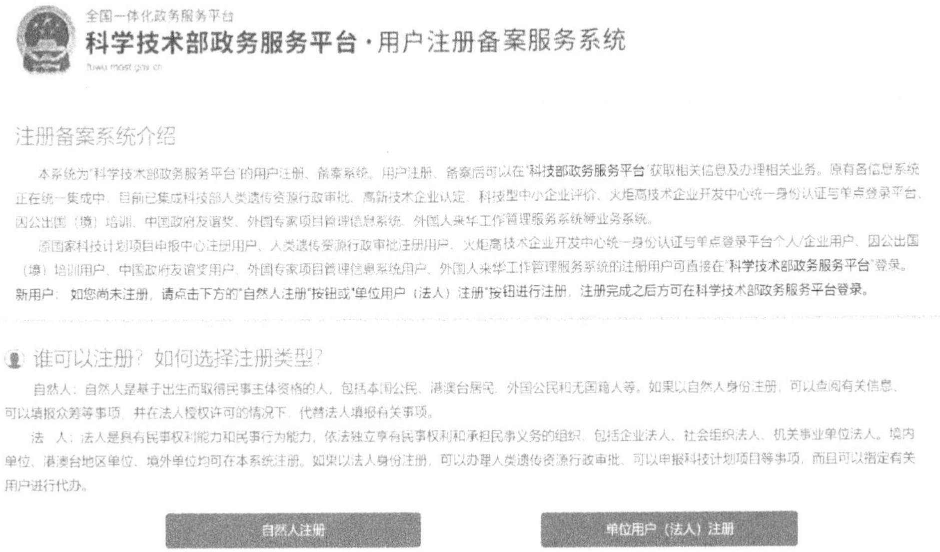

（4）完善注册信息。企业自行设置登录名，可以点击检索键核实登录名是否已被注册，登录名未被注册可以继续填写。为避免影响实名认证，请务必准确填写法人相关信息，填写后仔细核对！请正确填写企业名称，可点击检索键进行检查是否有账号注册。

（5）完善注册信息。正确填写法人、主办人相关身份信息、联系方式，填写主办人手机号码收到的短信验证码，点击“注册账号”。

（6）选择“法人登录”，输入设置的账号密码，登录申报系统。

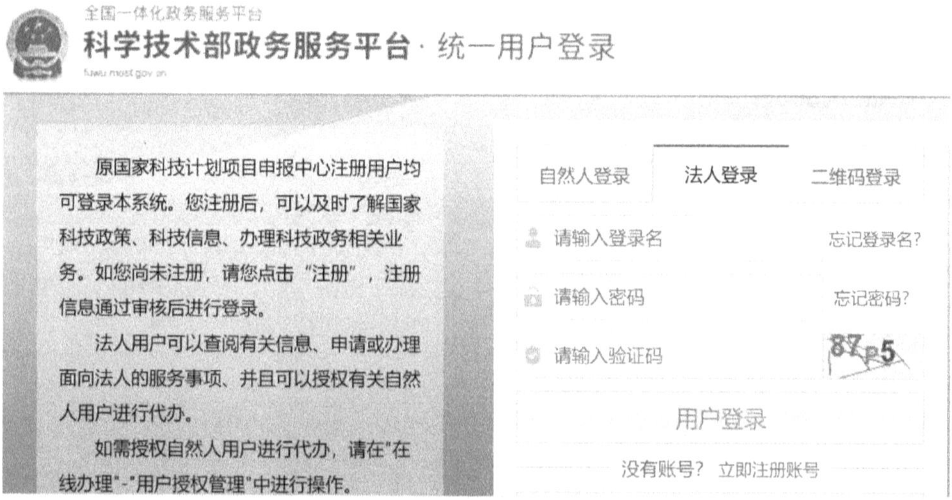

（7）实名认证。

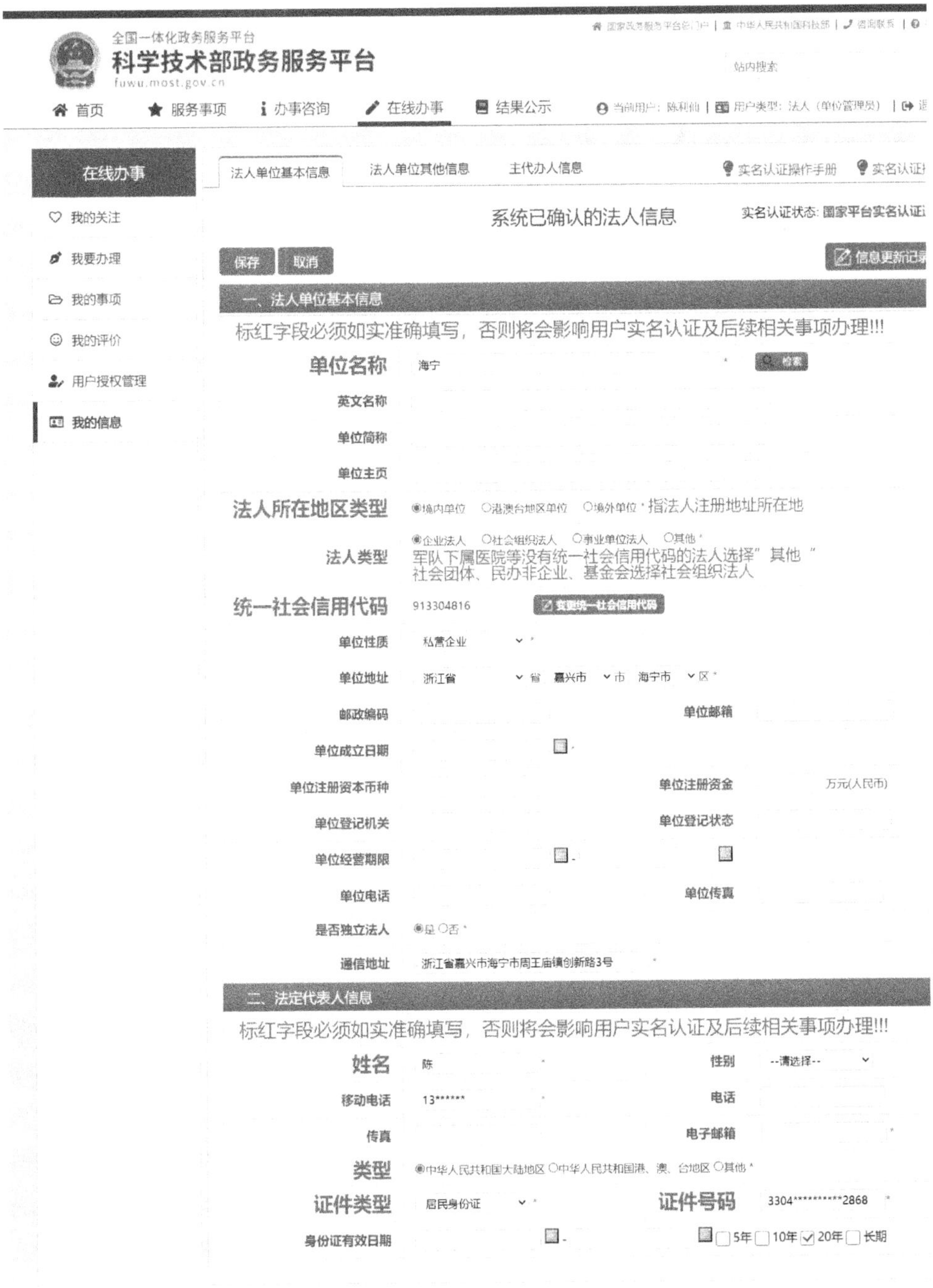
全国一体化政务服务平台
科学技术部政务服务平台
fuwu.most.gov.cn
首页
服务事项
办事咨询
在线办事
结果公示
站内搜索
在线办事
我的关注
我要办理
我的事项
我的评价
用户授权管理
我的信息
法人单位基本信息
法人单位其他信息
主代办人信息
实名认证操作手册
系统已确认的法人信息
保存
取消
一、法人单位基本信息
标红字段必须如实准确填写，否则将会影响用户实名认证及后续相关事项办理!!!
单位名称
海宁
英文名称
单位简称
单位主页
法人所在地区类型
境内单位 港澳台地区单位 境外单位 指法人注册地址所在地
法人类型
企业法人 社会组织法人 事业单位法人 其他
军队下属医院等没有统一社会信用代码的法人选择”其他”
社会团体、民办非企业、基金会选择社会组织法人
统一社会信用代码
913304816
变更统一社会信用代码
单位性质
私营企业
单位地址
浙江省 省 嘉兴市 市 海宁市 区
邮政编码
单位邮箱
单位成立日期
单位注册资本币种
单位注册资金
万元(人民币)
单位登记机关
单位登记状态
单位经营期限
单位电话
单位传真
是否独立法人
是 否
通信地址
浙江省嘉兴市海宁市周王庙镇创新路3号
二、法定代表人信息
标红字段必须如实准确填写，否则将会影响用户实名认证及后续相关事项办理!!!
姓名
陈
性别
--请选择--
移动电话
13******
电话
传真
电子邮箱
类型
中华人民共和国大陆地区 中华人民共和国港、澳、台地区 其他
证件类型
居民身份证
证件号码
3304**********2868
身份证有效日期
5年 10年 20年 长期

全国一体化政务服务平台
科学技术部政务服务平台
fuwu.most.gov.cn
站内搜索
首页
服务事项
办事咨询
在线办事
结果公示
在线办事
我的关注
我要办理
我的事项
我的评价
用户授权管理
我的信息
法人单位基本信息
法人单位其他信息
主代办人信息
系统已确认的主代办人信息
保存
取消
主代办人基本信息
标红字段必须如实准确填写，否则将会影响用户实名认证及后续相关事项办理!!!
登录名
修改密码
取消密码修改
姓名
性别
--请选择--
移动电话
电话
传真
电子邮箱
类型
证件类型
居民身份证
证件号码
身份证有效日期
5年
10年
20年
长期

全国一体化政务服务平台
科学技术部政务服务平台
fuwu.most.gov.cn
站内搜索
首页
服务事项
办事咨询
在线办事
结果公示
在线办事
我的关注
我要办理
我的事项
我的评价
用户授权管理
我的信息
法人单位基本信息
法人单位其他信息
主代办人信息
实名认证操作手册
系统已确认的主代办人信息
修改主代办人信息
上传主代办人信息
主代办人基本信息
登录名
kangmingdz
姓名
性别
移动电话
电话
传真
电子邮箱
类型
中华人民共和国大陆地区
证件类型
居民身份证
身份证号码
身份证有效日期

三、“国网管理系统”企业申报流程

（1）进入科学技术部政务服务平台（https://fuwu.most.gov.cn/），新认定高新技术企业点击“用户登录”，进行账号密码登录。

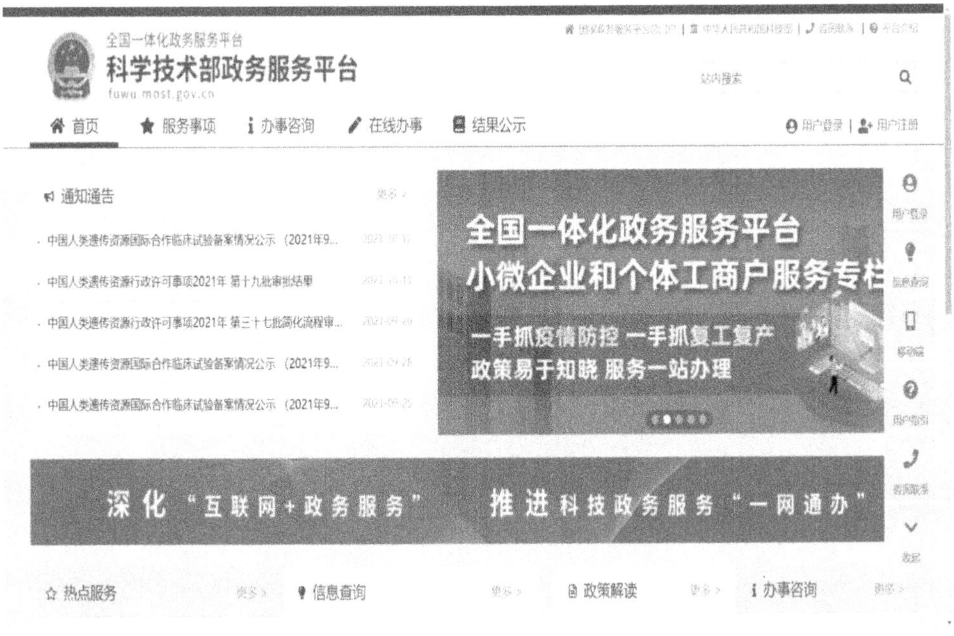

（2）点击“服务事项”，选择“高新技术企业认定”事项，点击“办理入口”按钮进行具体填报操作。

注意：若提示完善实名信息的，请点击最上方导航栏中的“在线办事”，然后点击左侧菜单“我的信息”，在此完善个人信息及法人单位信息后，即可顺利进入高企业务。

（3）进入高企申报事项后，首先确认企业信息是否正确。在需要变更项打“√”后录入变更后信息，无须变更项不用打钩填写，若提交时无法找到当前“认定办”，请检查所属区域是否正确。

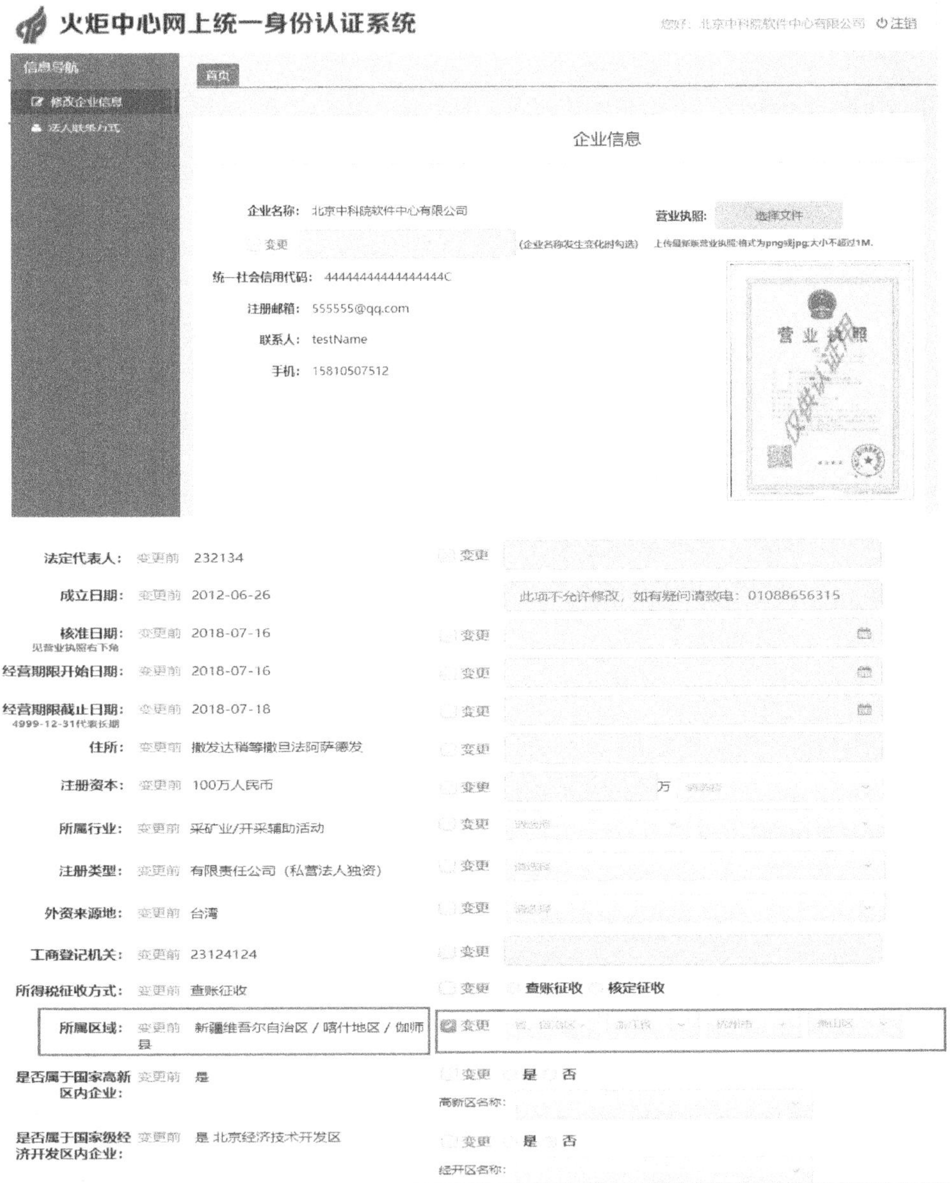

注意：如有核心信息变更，请先同步信息。

（4）点击“新建申报材料”，如之前已经创建填写过申报材料则点击“修改”，进行填报操作。

（5）填报前务必仔细阅读相关填报要求。

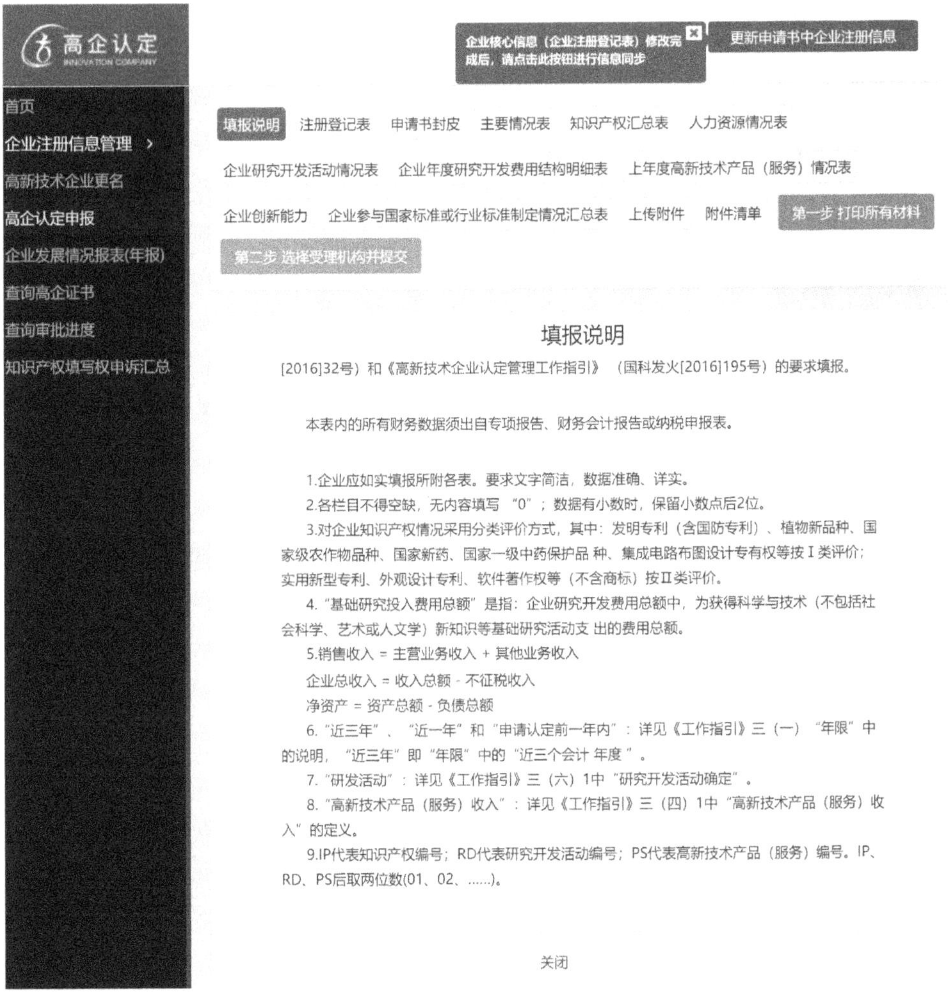

（6）“注册登记表”界面，点击“查账征收”检查企业所得税征收方式，准确填写联系信息和企业法人信息。

（7）依据主要核心技术，选择主要技术领域，涉及多领域的以主领域为准。

（8）“申请书封皮”界面，“认定机构”选择“申报企业所属省（市、区）认定机构办公室”。

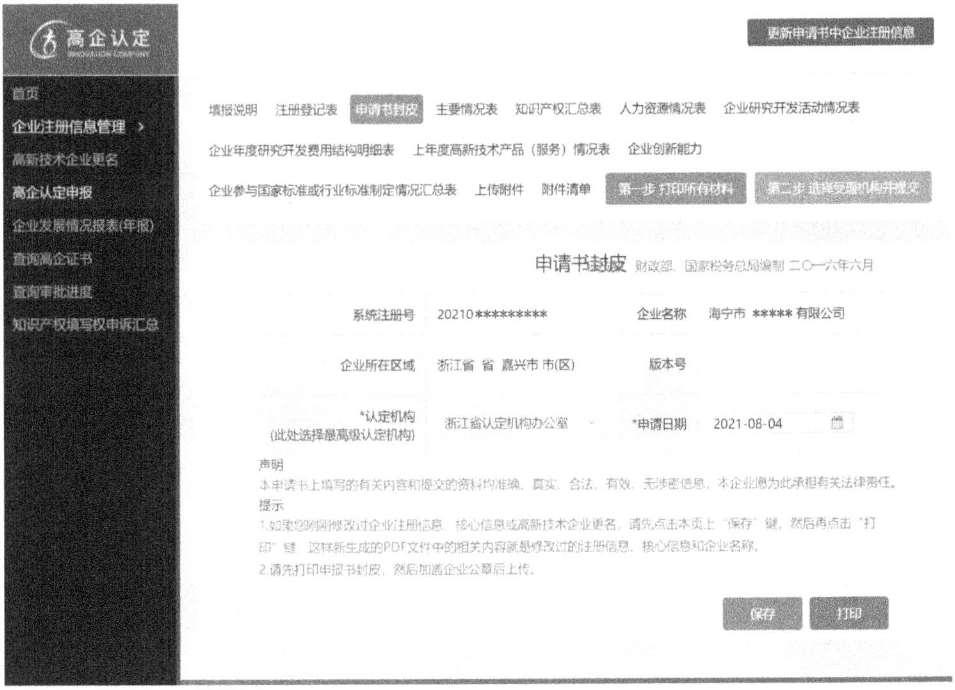

（9）“主要情况表”界面，“获得知识产权数量（件）”由知识产权汇总表填报之后自动生成数量，此处无须填写，核对即可；“人力资源情况（人）”由人力资源情况表填报后自动生成数量，此处无须填写，核对检查即可；“近三年经营情况（万元）”结合审计事务所出具的 3 年年度审计报告、专项审计报告填写经营数据。

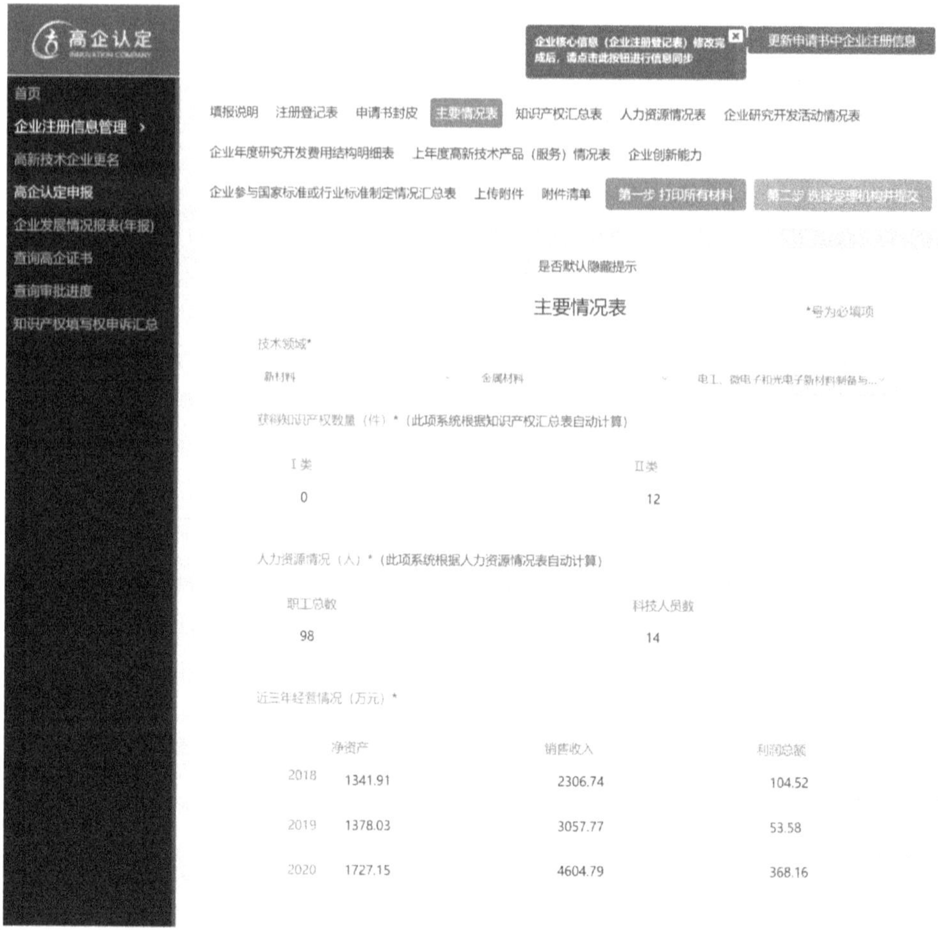

（10）“近三年研究开发费用总额（万元）”由企业研究开发活动情况表中填报的实际数据自动汇总计算，无须填报，检查即可；“近一年企业总收入（万元）”结合专项审计报告进行填报数据；“近一年高新技术产品（服务）收入（万元）”由上年度高新技术产品（服务）情况表中填报的数据自动汇总，无须填报，检查即可；“申请认定前一年内是否发生过重大安全、重大质量或严重环境违法行为”要根据企业实际情况如实进行填写。

（11）“知识产权汇总表”数据由系统在用户填报知识产权列表后自动生成；“知识产权列表”填报的是高新技术企业认定申请中首次使用的Ⅱ类专利、首次或多次使用的Ⅰ类专利；点击“添加”逐条添加知识产权的具体内容。

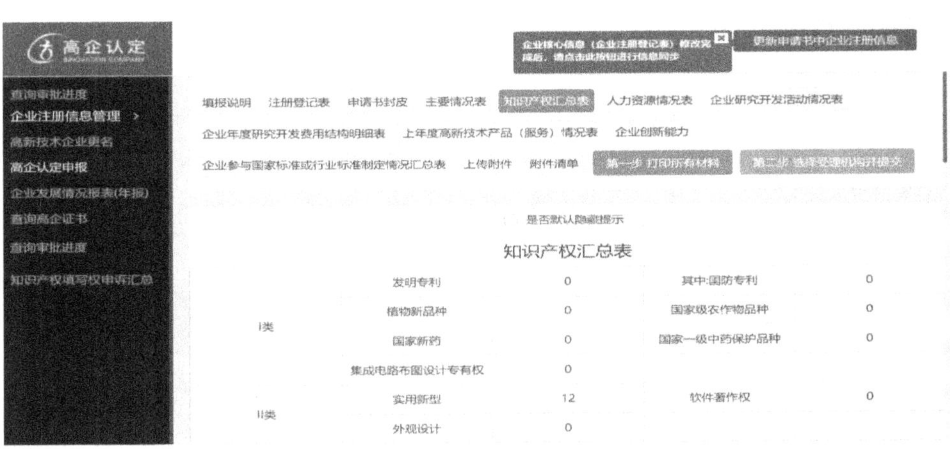

（12）“已用Ⅱ类知识产权”此处为 2021 年系统新增模块，针对重新认定企业，上次高新技术企业申报过程中已使用的Ⅱ类专利，不作为知识产权打分评价，但仍可对应 RD/PS 作为成果关联证明材料。

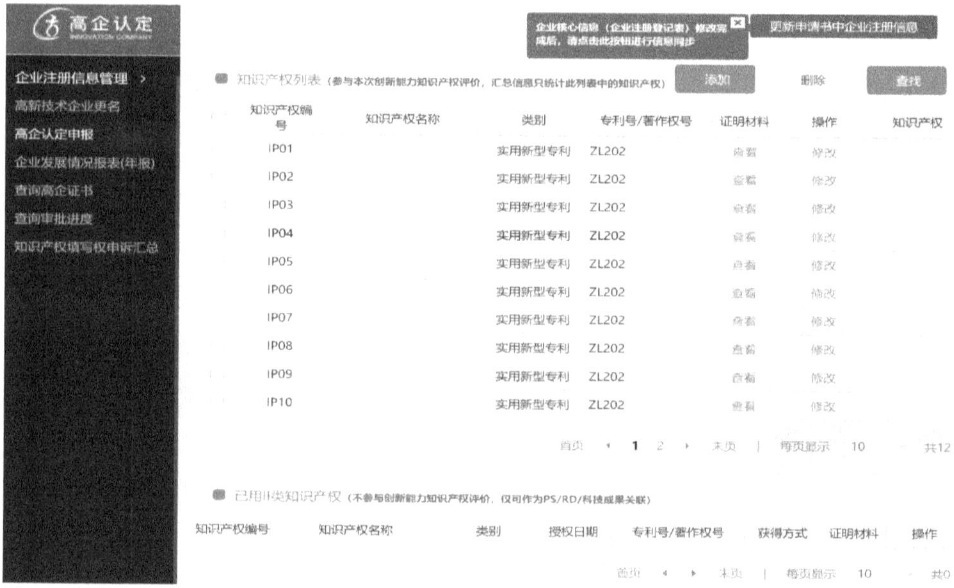

（13）“人力资源情况表”界面，根据企业实际情况如实填报人力资源情况。

（14）根据企业实际情况如实填报，其中学历人数及年龄人数应与职工总数数量相应；附件上传根据要求，提供相关人力资源证明材料附件。

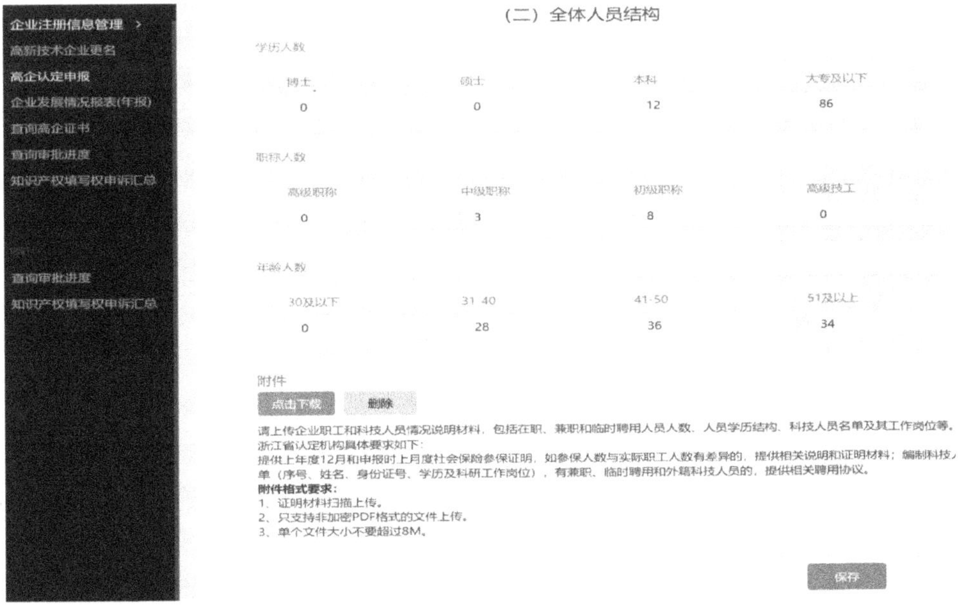

（15）“企业研究开发活动情况表”界面，点击“添加”添加研究开发活动情况具体内容。

（16）根据企业实际研究开发项目的具体情况，按顺序如实填报内容；“知识产权编号”根据知识产权汇总表中的填报生成的知识产权信息，关联选择与项目对应的知识产权编号。

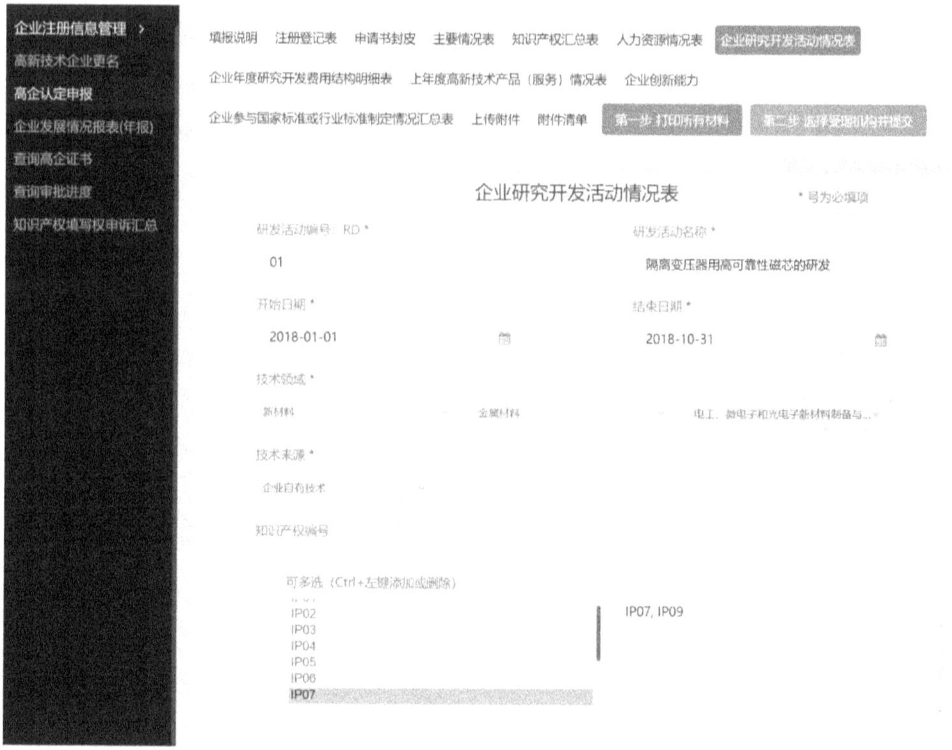

（17）“研发经费近三年总支出（万元）”根据专项审计报告中披露的该项目近三年研发经费投入情况填报数据；根据该项目实际情况，填写项目立项目的及组织实施方式、核心技术创新点及取得的阶段性成果内容，字数限制 400 字内（标点字符均计算在内）；根据要求，上传该项目相关证明材料，格式需非加密 PDF 格式，单个文件不超过 2 M，填写完成后点击“保存”进行下一步操作。

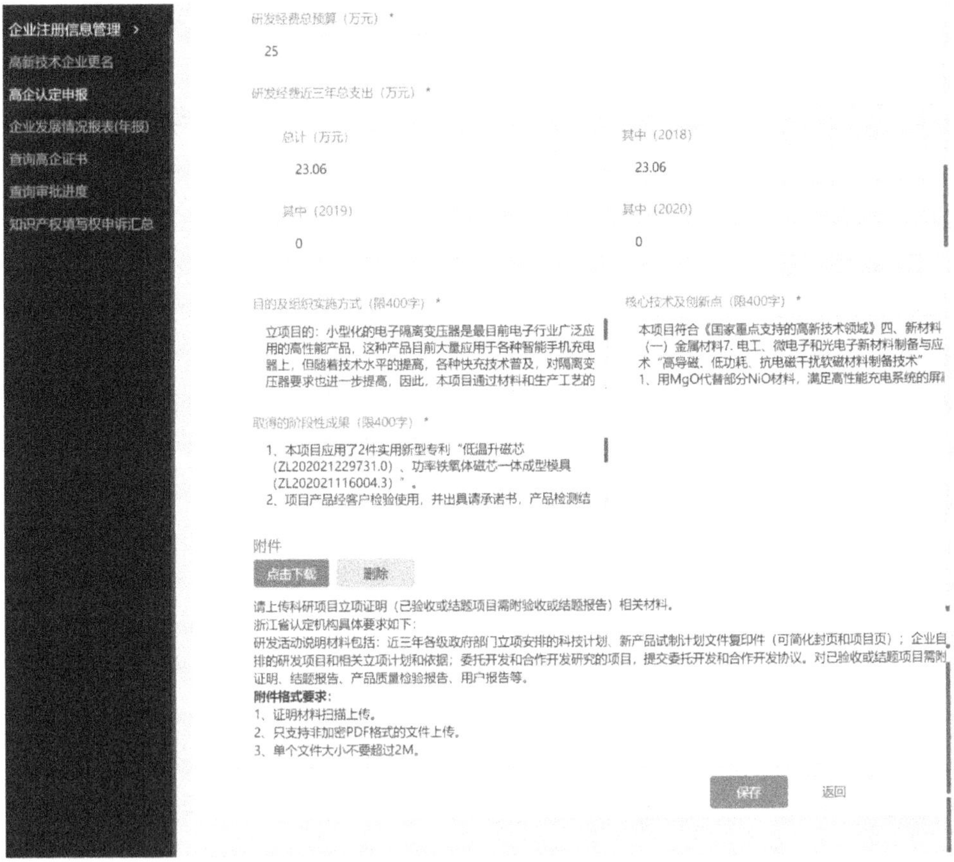

（18）“企业年度研究开发费用结构明细表”界面，点击“添加”，进行项目具体费用结构明细填报；根据专项审计报告，按年度分别填写企业年度研究开发费用结构明细表。

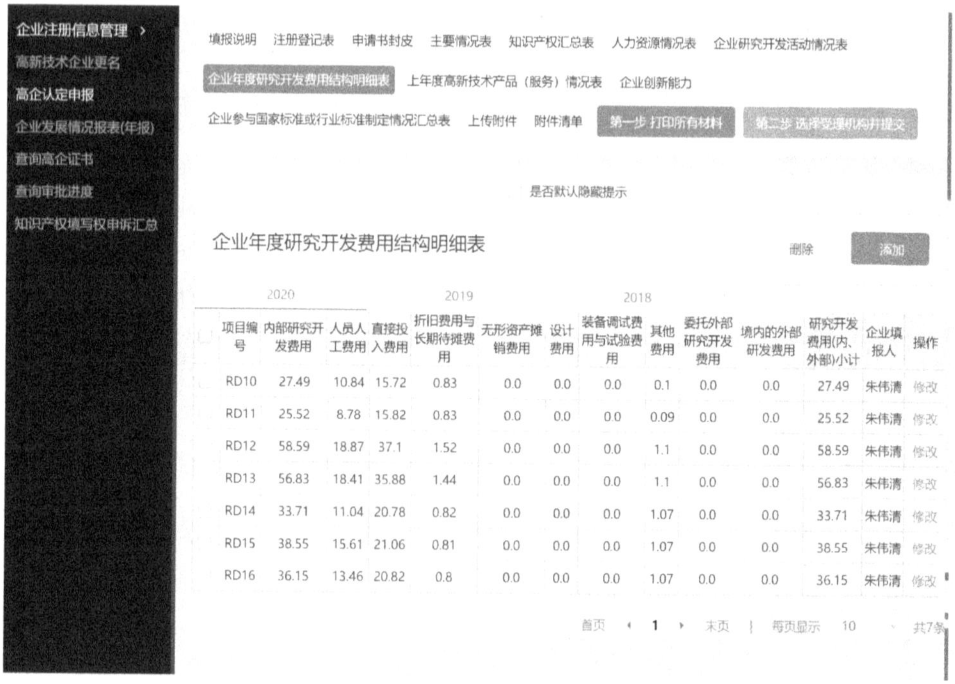

项目编号	内部研究开发费用	人员人工费用	直接投入费用	折旧费用与长期待摊费用	无形资产摊销费用	设计费用	装备调试费用与试验费用	其他费用	委托外部研究开发费用	境内的外部研发费用	研究开发费用(内、外部)小计	企业填报人	操作
RD10	27.49	10.84	15.72	0.83	0.0	0.0	0.0	0.1	0.0	0.0	27.49	朱伟清	修改
RD11	25.52	8.78	15.82	0.83	0.0	0.0	0.0	0.09	0.0	0.0	25.52	朱伟清	修改
RD12	58.59	18.87	37.1	1.52	0.0	0.0	0.0	1.1	0.0	0.0	58.59	朱伟清	修改
RD13	56.83	18.41	35.88	1.44	0.0	0.0	0.0	1.1	0.0	0.0	56.83	朱伟清	修改
RD14	33.71	11.04	20.78	0.82	0.0	0.0	0.0	1.07	0.0	0.0	33.71	朱伟清	修改
RD15	38.55	15.61	21.06	0.81	0.0	0.0	0.0	1.07	0.0	0.0	38.55	朱伟清	修改
RD16	36.15	13.46	20.82	0.8	0.0	0.0	0.0	1.07	0.0	0.0	36.15	朱伟清	修改

（19）此表相关数据均从专项审计报告中披露，提数填报。

（20）“研究开发费用（内、外部）小计（万元）”系统自动计算，无须填报，检查核对即可；如实填写企业填报人，填写完成后点击“保存”进行下一步操作。

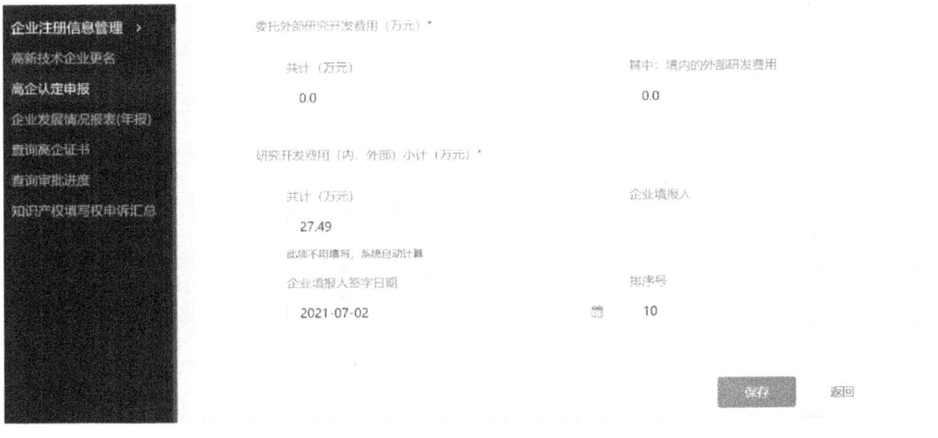

（21）在“上年度高新技术产品（服务）情况表”界面，点击“添加”添加上年度高新技术产品（服务）具体内容情况。

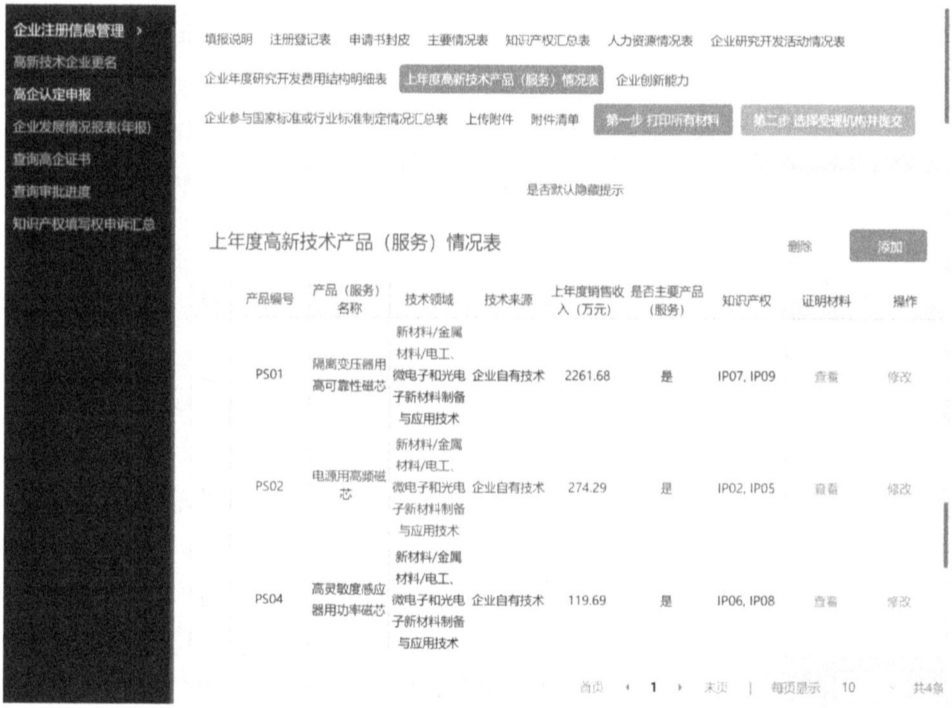

产品编号	产品（服务）名称	技术领域	技术来源	上年度销售收入（万元）	是否主要产品（服务）	知识产权	证明材料	操作
PS01	隔离变压器用高可靠性磁芯	新材料/金属材料/电工、微电子和光电子新材料制备与应用技术	企业自有技术	2261.68	是	IP07, IP09	查看	修改
PS02	电源用高频磁芯	新材料/金属材料/电工、微电子和光电子新材料制备与应用技术	企业自有技术	274.29	是	IP02, IP05	查看	修改
PS04	高灵敏度感应器用功率磁芯	新材料/金属材料/电工、微电子和光电子新材料制备与应用技术	企业自有技术	119.69	是	IP06, IP08	查看	修改

（22）“上年度销售收入（万元）”根据专项审计报告披露的数据，如实填报高新技术产品上年度销售情况；“知识产权编号”根据知识产权汇总表中填报生产的知识产权信息，关联选择与产品对应的知识产权编号；根据该产品实际情况，填写关键技术、主要技术指标、竞争优势的内容。字数限制 400 字（标点、字符均计算在内）。

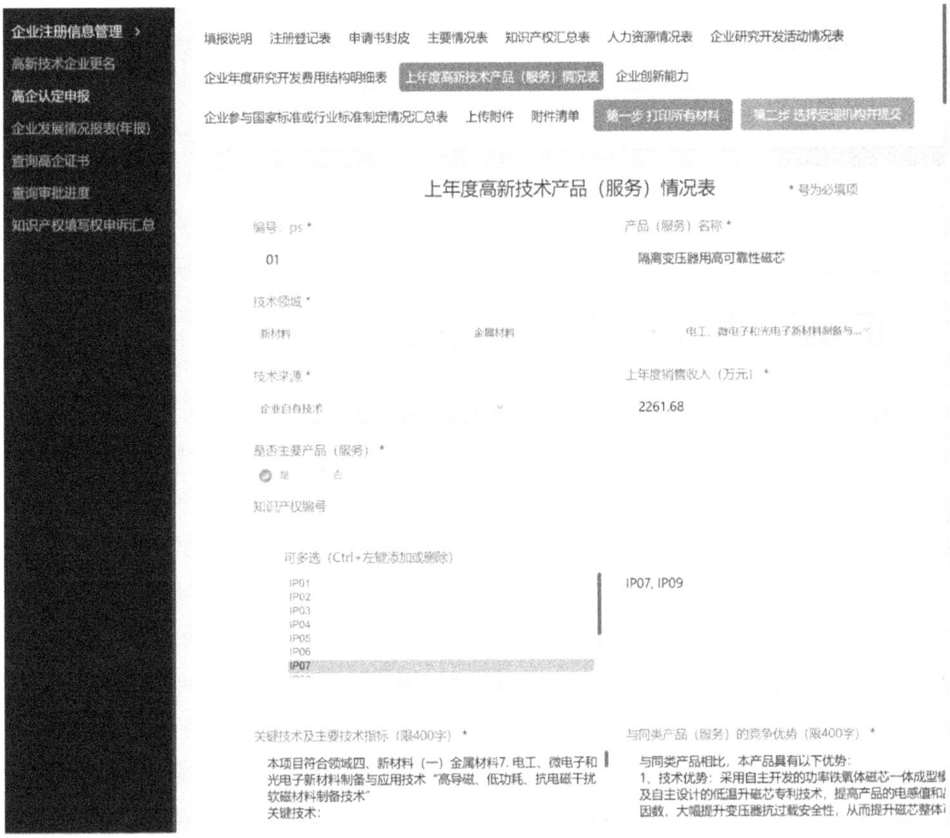

（23）根据产品实际情况，具体描述关联对应的知识产权在产品研发过程中发挥的技术支撑作用；根据要求上传高新技术产品（服务）相关证明材料，需为非加密 PDF 格式，且单个文件不要超过 4 M，填写完成后点击“保存”，进行下一步操作。

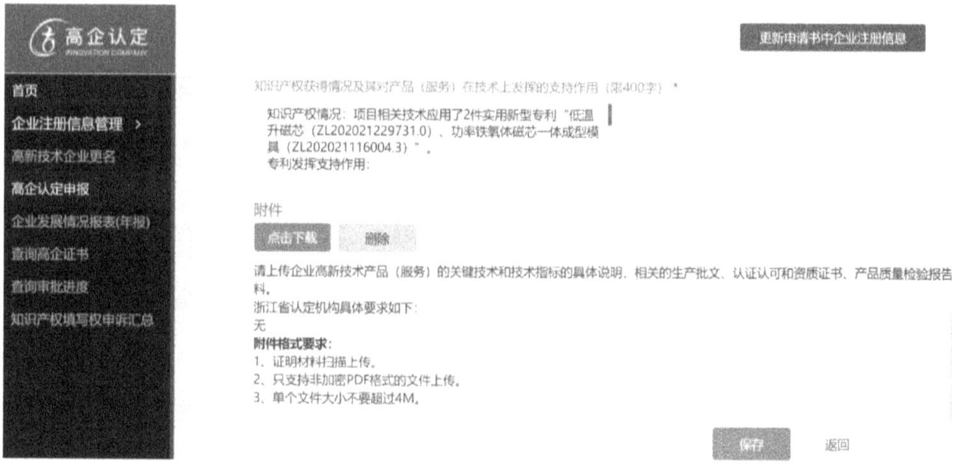

（24）“企业创新能力”界面，根据企业实际情况，分别就“知识产权对企业竞争力的作用”“科技成果转化情况”“研究开发与技术创新组织管理情况”“管理与科技人员情况”4 个方面的情况进行表述介绍，字数限 400 字（内容介绍中的相关数据指标需与填报数据一致）；填写完成后点击“保存”进行下一步操作。

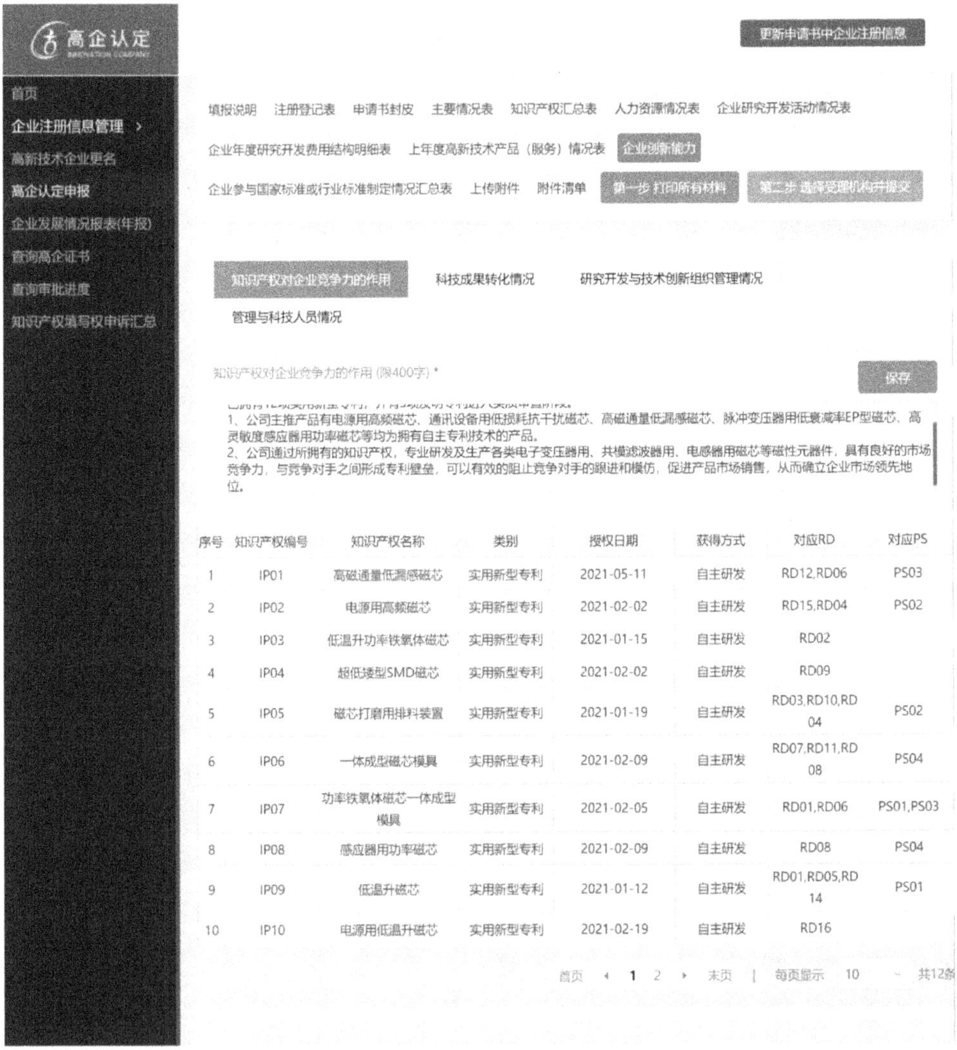

序号	知识产权编号	知识产权名称	类别	授权日期	获得方式	对应RD	对应PS
1	IP01	高磁通量低漏感磁芯	实用新型专利	2021-05-11	自主研发	RD12,RD06	PS03
2	IP02	电源用高频磁芯	实用新型专利	2021-02-02	自主研发	RD15,RD04	PS02
3	IP03	低温升功率铁氧体磁芯	实用新型专利	2021-01-15	自主研发	RD02	
4	IP04	超低矮型SMD磁芯	实用新型专利	2021-02-02	自主研发	RD09	
5	IP05	磁芯打磨用排料装置	实用新型专利	2021-01-19	自主研发	RD03,RD10,RD04	PS02
6	IP06	一体成型磁芯模具	实用新型专利	2021-02-09	自主研发	RD07,RD11,RD08	PS04
7	IP07	功率铁氧体磁芯一体成型模具	实用新型专利	2021-02-05	自主研发	RD01,RD06	PS01,PS03
8	IP08	感应器用功率磁芯	实用新型专利	2021-02-09	自主研发	RD08	PS04
9	IP09	低温升磁芯	实用新型专利	2021-01-12	自主研发	RD01,RD05,RD14	PS01
10	IP10	电源用低温升磁芯	实用新型专利	2021-02-19	自主研发	RD16	

（25）“科技成果转化情况”结合企业实际情况，具体表述近三年科技成果转化成绩，点击“添加”添加成果转化具体内容材料。

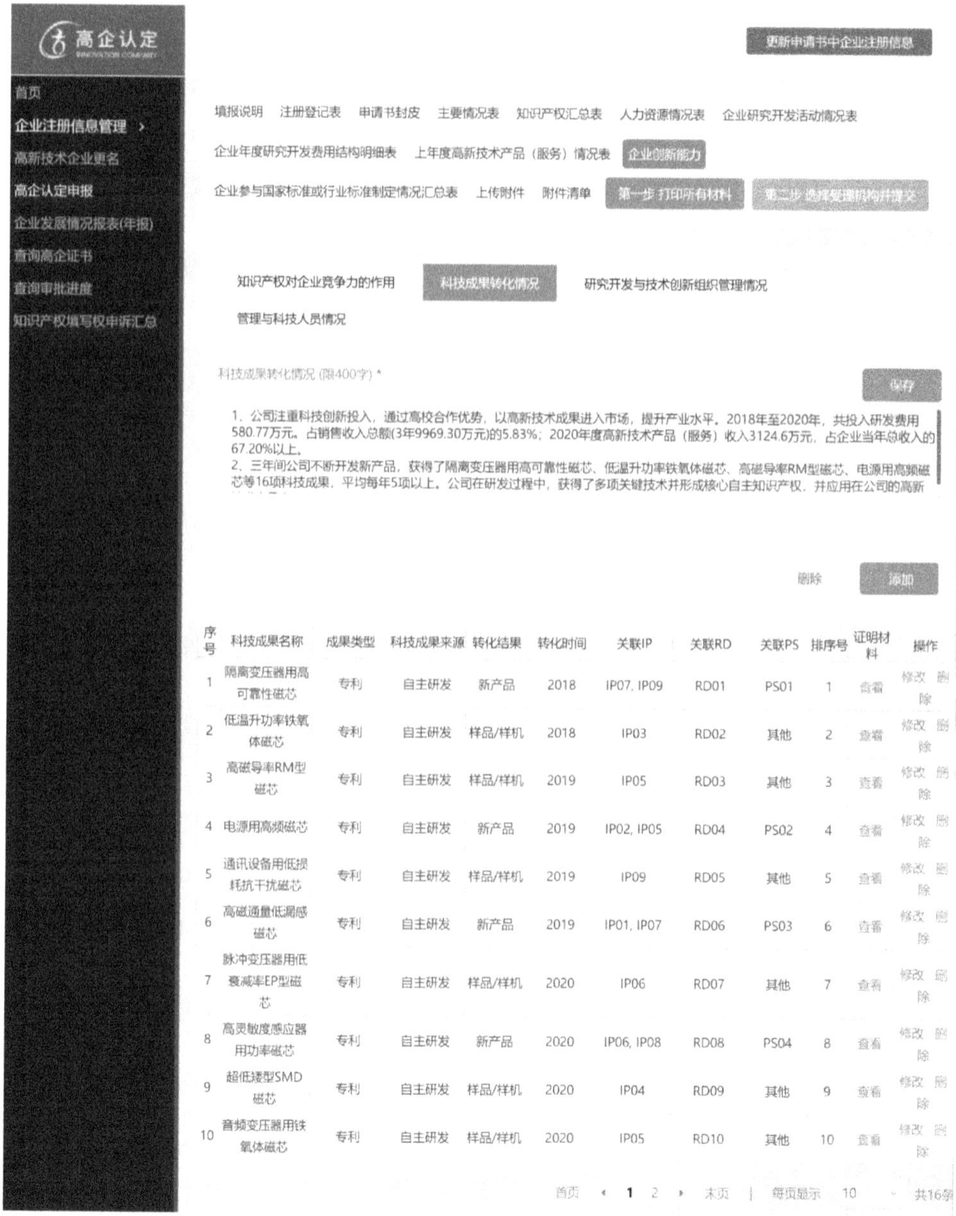

序号	科技成果名称	成果类型	科技成果来源	转化结果	转化时间	关联IP	关联RD	关联PS	排序号	证明材料	操作
1	隔离变压器用高可靠性磁芯	专利	自主研发	新产品	2018	IP07, IP09	RD01	PS01	1	查看	修改 删除
2	低温升功率铁氧体磁芯	专利	自主研发	样品/样机	2018	IP03	RD02	其他	2	查看	修改 删除
3	高磁导率RM型磁芯	专利	自主研发	样品/样机	2019	IP05	RD03	其他	3	查看	修改 删除
4	电源用高频磁芯	专利	自主研发	新产品	2019	IP02, IP05	RD04	PS02	4	查看	修改 删除
5	通讯设备用低损耗抗干扰磁芯	专利	自主研发	样品/样机	2019	IP09	RD05	其他	5	查看	修改 删除
6	高磁通量低漏感磁芯	专利	自主研发	新产品	2019	IP01, IP07	RD06	PS03	6	查看	修改 删除
7	脉冲变压器用低衰减率EP型磁芯	专利	自主研发	样品/样机	2020	IP06	RD07	其他	7	查看	修改 删除
8	高灵敏度感应器用功率磁芯	专利	自主研发	新产品	2020	IP06, IP08	RD08	PS04	8	查看	修改 删除
9	超低矮型SMD磁芯	专利	自主研发	样品/样机	2020	IP04	RD09	其他	9	查看	修改 删除
10	音频变压器用铁氧体磁芯	专利	自主研发	样品/样机	2020	IP05	RD10	其他	10	查看	修改 删除

首页 ‹ 1 2 › 末页 | 每页显示 10 共16条

（26）结合企业实际情况，具体表述研发技术创新的组织管理情况；按照具体要求，分别上传具体相关证明材料，格式要求为非加密 PDF 格式，且单个大小不超过 4 M。

（27）按照要求，提供上传相关证明材料，格式要求为非加密 PDF 格式，且单个文件大小不超过 4 M。

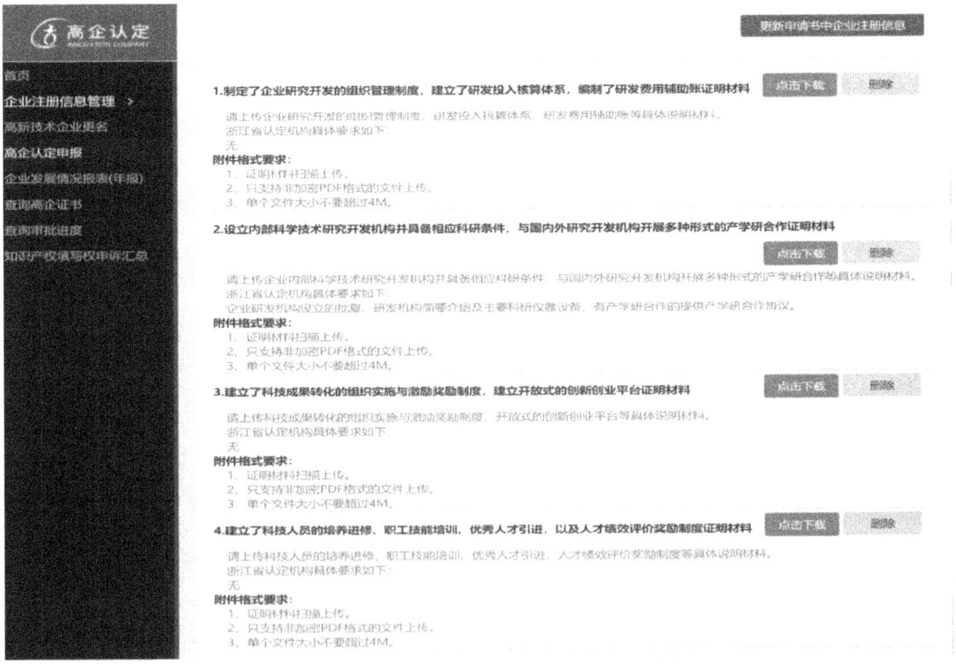

（28）结合企业实际情况，表述介绍企业管理及科技人员情况，所述数据需与填报数据一致，限 400 字。

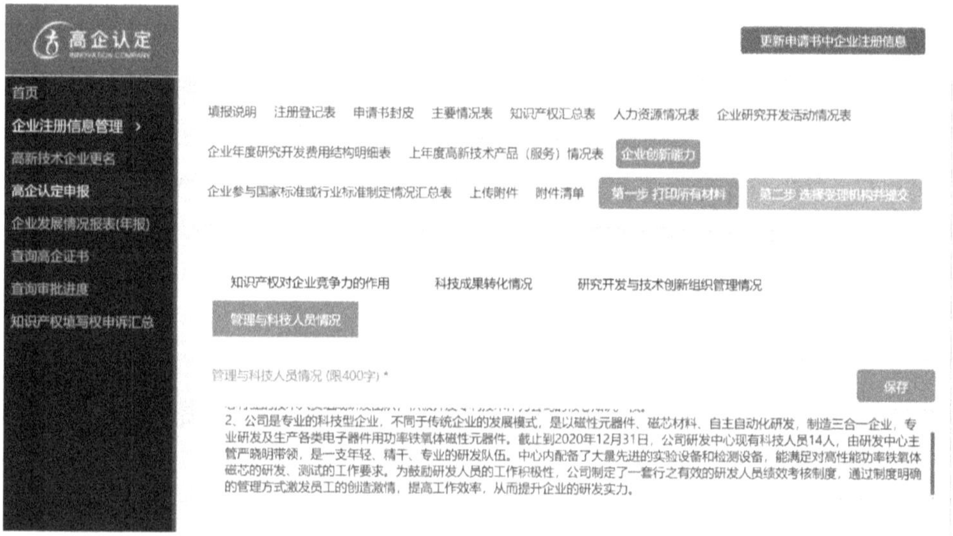

（29）“企业参与国家标准或行业标准制定情况汇总表”界面，根据企业实际情况，如有参加制定国标、行标的，填写下述内容，如没有则无须填写（此项为加分项）。

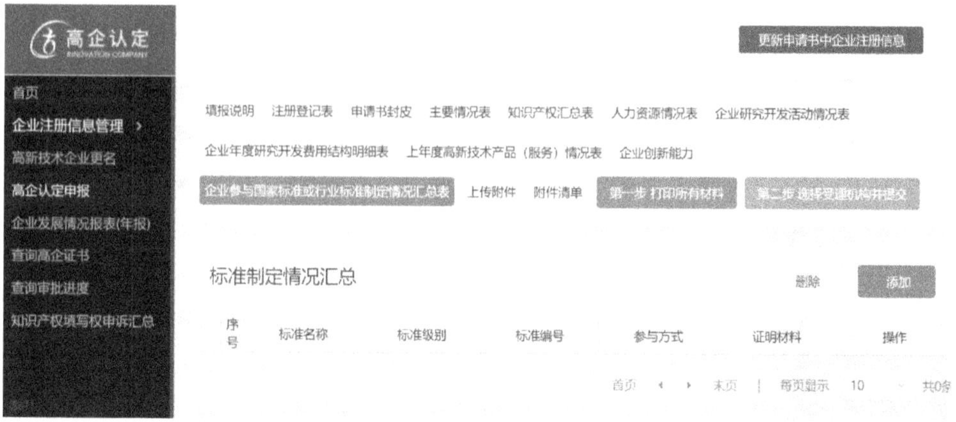

（30）在“上传附件”界面，上传营业执照建议加盖公章；点击“点击生成申请书封皮”生产封皮书，纸质打印，法人签字盖公章，扫描上传，条形码需与纸质材料一致；“近三年财务审计报告”按年度单个 PDF 文件分别对应上传，并填写审计机构信用代码及名称；年度审计报告、财务情况说明合并成一个 PDF 文件上传，大小要求不超过 8 M；“近一年高新产品（财务）收入专项审计报告”上传近一年高新产品（服务）收入专项审计报告，并填写审计机构及名称，部分审计机构近三年研发投入、高新收入的专项审计合并一起的，建议拆分对应上传。

（31）“近三年企业所得税纳税申报表”按年度分别对应上传申报表，整套纳税申报表上传，且每页加盖公章及税务章（上传时注意清晰度及倒放旋转情况，需统一格式后上传）；上传近三年研发费用专项审计报告，并填写审计机构信用代码及名称，部分审计机构近三年研发费用投入、高新收入专项审计报告合并一起的，建议拆分对应上传；专项审计报告附加研发活动说明、审计事务所资质证明材料，以 PDF 格式进行上传，且单个文件大小不要超过 2 M；“认定机构要求上传的其他附件”此处可添加其他附件资料（如企业资质荣誉等），内容不作具体要求，以非加密 PDF 格式上传，且单个文件大小不要超过 2 M。

（32）各板块相关附件材料上传完成后，点击“附件清单”，审核查阅附件材料是否漏传错传；材料检查无误后，点击“打印材料”，自动生成国网导出材料；选择企业所属地的地方高企认定办进行提交，建议提交后与所属认定机构办公室联系确认是否提交成功。

四、“国网管理系统”登录名重置密码和单位法人申诉找回账号和密码

（一）登录名重置密码

（1）进入科学技术部政务服务平台（https://fuwu.most.gov.cn/），新认定高新技术企业点击“用户登录”。

（2）进入“统一用户登录”界面，点击“忘记密码”。

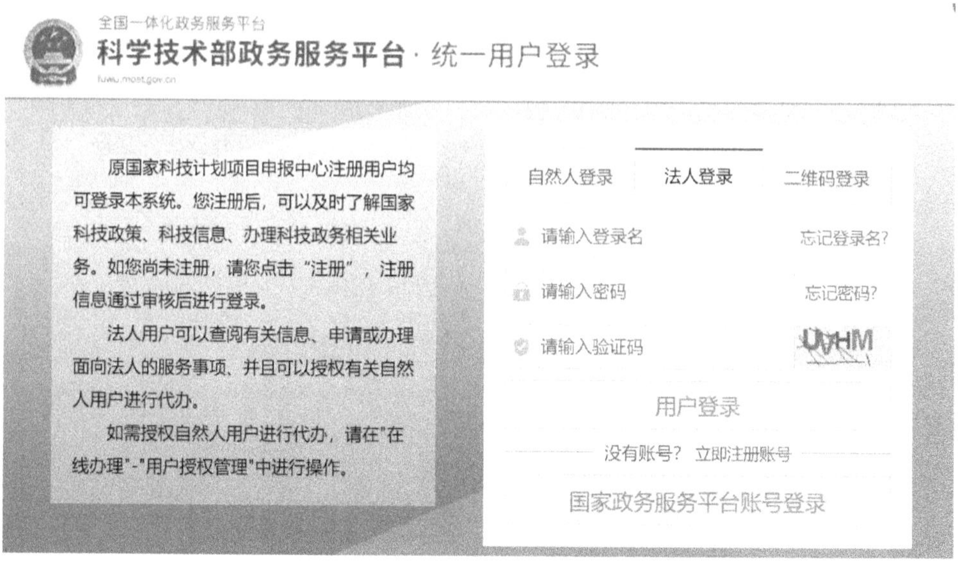

（3）进入“选择找回密码方式”页面，点击“登录名重置密码”。

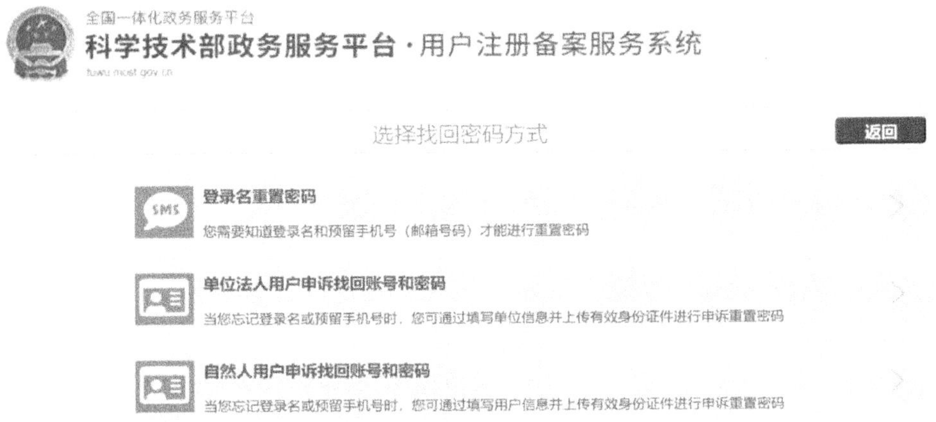

（4）进入“登录名重置密码”页面，输入登录名和验证码，点击“检索登录名”。

（5）输入预留手机号、新密码、验证码等信息，点击“确定”即可完成密码重置。

（二）单位法人申诉找回账号和密码

（1）进入科学技术部政务服务平台（https://fuwu.most.gov.cn/），新认定高新技术企业点击“用户登录”。

（2）进入“统一用户登录”界面，点击“忘记密码”。

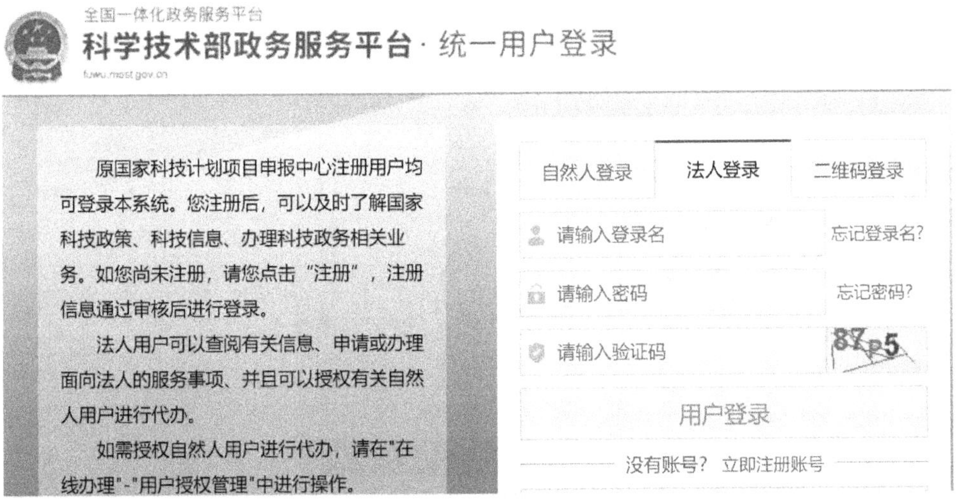

（3）进入“选择找回密码方式”页面，点击“单位法人用户申诉找回账号和密码”。

（4）输入单位全称、单位统一社会信用代码及验证码，点击“匹配单位”进行下一步。

（5）输入主代办人姓名、主办人移动电话、电子邮箱等信息进行密码找回。

五、“国网管理系统”企业信息变更

（一）企业基本信息变更

企业用户可以随时修改基本信息，但对于其中的用户名、系统注册号、邮箱和注册时间等用来鉴别用户唯一性的信息及保障用户账户安全的信息是不能修改的。而对于其他信息（如联系人信息、通信地址等）则均可进行修改，且无须审核，点击保存即可。

高企认定
INNOVATION COMPANY
首页
企业注册信息管理
企业基本信息修改
企业核心信息修改
异地搬迁
高新技术企业更名
高企认定申报
企业发展情况报表(年报)
查询高企证书
更新申请书中企业注册信息
联系人信息 *
姓名
周**
手机
135**********
电话
**** - *********
传真
**** - *********
注册邮箱
********* @ ****** .com
企业法人信息 *
手机
135**********
电话
**** - *********
传真
**** - *********
E-mail
********* @ ****** .com
通信地址 *
浙江省海宁市
邮政编码 *
******

高企认定
INNOVATION COMPANY
首页
企业注册信息管理
企业基本信息修改
企业核心信息修改
异地搬迁
高新技术企业更名
高企认定申报
企业发展情况报表(年报)
查询高企证书
更新申请书中企业注册信息
企业规模 *
技术领域 *
企业是否上市 *
上市类型
是 否
上市时间
股票代码
股权结构
公民类型(个人股东)
姓名
身份证(护照)号
中国公民
**
330*************
中国公民
***
330*************

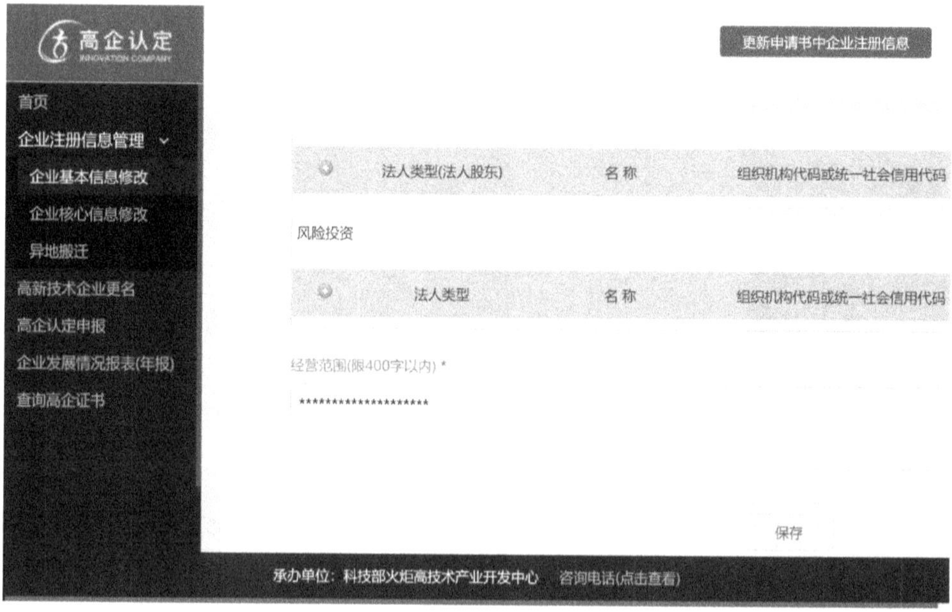

（二）企业更名

（1）高新技术企业发生名称变更或与认定条件有关的重大变化（如合并、重组等），应自发生之日起 3 个月内向认定机构报告，并在国网管理系统中提交《高新技术企业名称变更申请表》，并将打印出的《高新技术企业名称变更申请表》与相关证明材料报认定机构，由认定机构负责审核企业是否仍符合高新技术企业条件。

（2）对于更名操作，分为以下两种情况，不同的用户操作方式不同。

①非高新技术企业：填写更名信息后直接提交即可。

②高新技术企业：提交前需打印《高新技术企业名称变更申请表》，后续线下审核需要提交纸质材料。

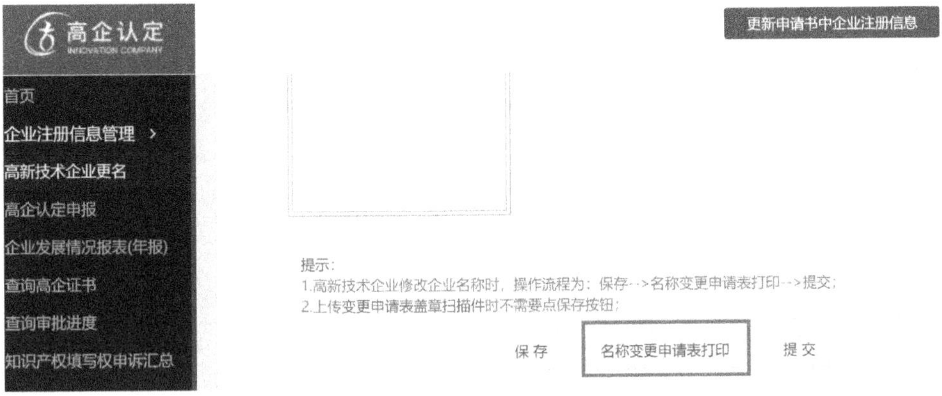

（三）企业核心信息变更

（1）国网管理系统中企业核心信息包括企业的法人代表、注册资金、税务登记号、是否是高新企业、行政区域等信息。系统中所有的字段填写处都对应着一个“变更前”和“变更后”状态，用户可以轻松观察到被修改的信息。

高企认定
INNOVATION COMPANY
首页
企业注册信息管理 >
高新技术企业更名
高企认定申报
企业发展情况报表(年报)
查询高企证书
查询审批进度
知识产权填写权申诉汇总
更新申请书中企业注册信息
是 否
变更
是 否
请选择
变更
新材料
高分子材料
高分子材...
有股东退出
有新股东加入
股权比例发生变化
变更 员工情况
员工情况
职工总数（人）
科技人员数
人数（人）
比例（%）

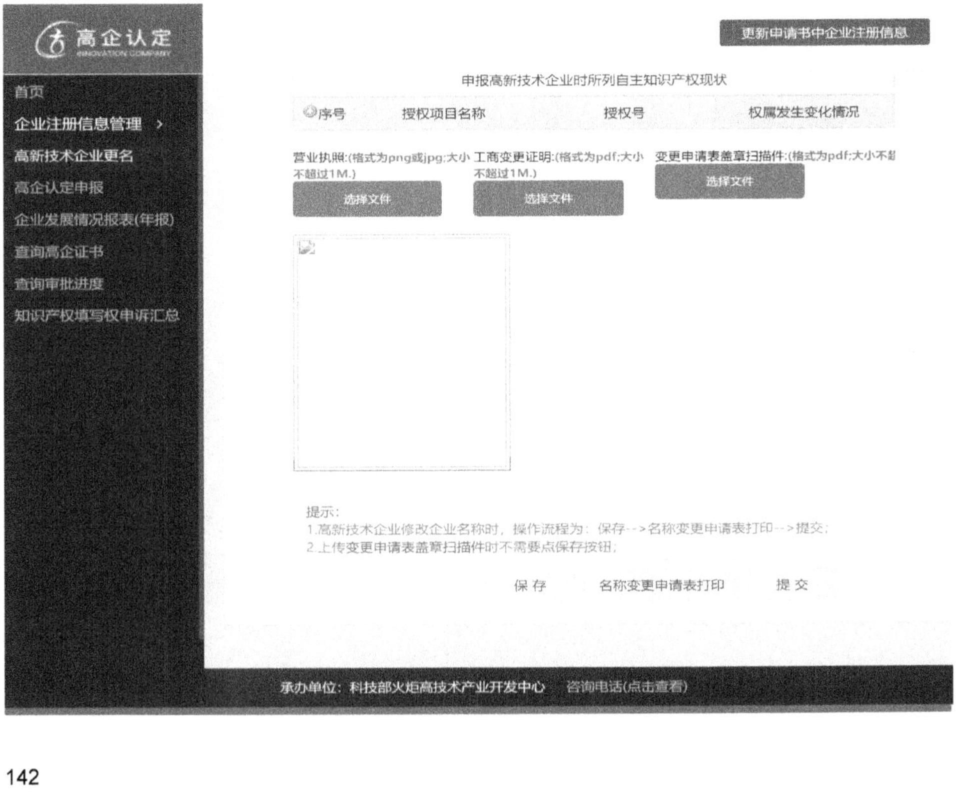
高企认定
INNOVATION COMPANY
首页
企业注册信息管理 >
高新技术企业更名
高企认定申报
企业发展情况报表(年报)
查询高企证书
查询审批进度
知识产权填写权申诉汇总
更新申请书中企业注册信息
申报高新技术企业时所列自主知识产权现状
序号
授权项目名称
授权号
权属发生变化情况
营业执照:(格式为png或jpg;大小不超过1M.)
工商变更证明:(格式为pdf;大小不超过1M.)
变更申请表盖章扫描件:(格式为pdf;大小不超
选择文件
选择文件
选择文件
提示:
1.高新技术企业修改企业名称时，操作流程为：保存-->名称变更申请表打印-->提交；
2.上传变更申请表盖章扫描件时不需要点保存按钮；
保 存
名称变更申请表打印
提 交
承办单位：科技部火炬高技术产业开发中心
咨询电话(点击查看)

（2）系统中用户如果进行了企业核心信息变更的修改和更名操作，系统会自动进行判定并分类发送给认定机构审核。如果进行了企业更名操作则发送到认定机构的“企业更名”列表里；如果企业只修改了核心信息，没有更名，则企业信息会被发送到认定机构的“企业核心信息变更”列表里。

六、“国网管理系统”年度发展情况报表

（1）当企业获得高新技术企业资格认定后，应当在其资格有效期内每年的 5 月 31 日前，通过国网系统报送上一年度研发费用、知识产权、科技人员等年度发展情况报表。在同一高新技术企业资格有效期内，企业如果累计两年未按规定时限报送年度发展情况报表的，认定机构将取消其高新技术企业的资格，并在国网系统上公告。

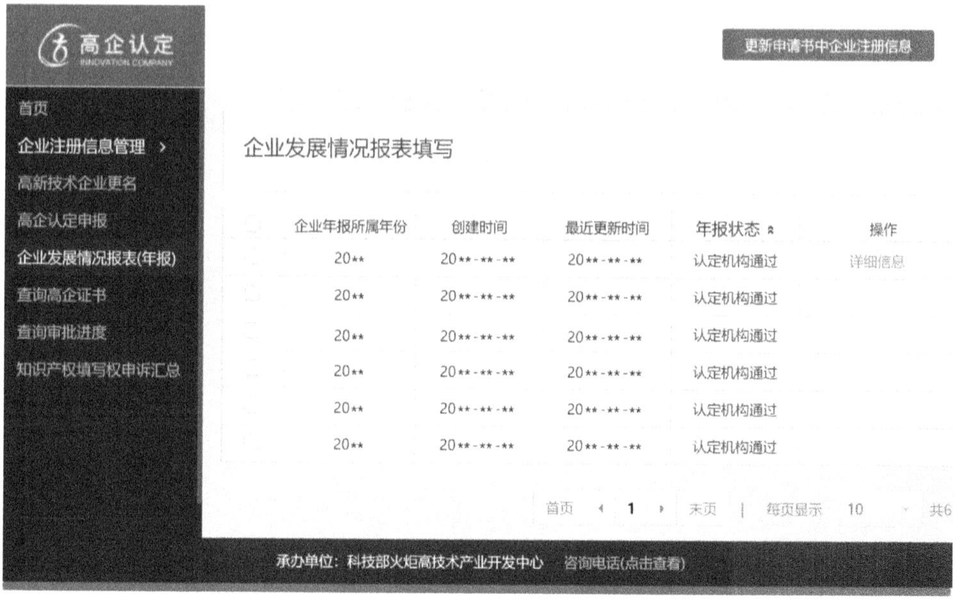

年度高新技术企业发展情况报表

企业名称*

浙江[redacted]有限公司

组织机构代码或统一社会信用代码*	所属地区*
9133[redacted]	省和自治区 / 浙江省 / 嘉兴市
高新技术企业认定证书编号*	高新技术企业认定时间*
GR[redacted]	20[redacted]-[redacted]-[redacted]
企业是否上市*	上市时间*
[redacted]	
上市类型*	股票代码*
企业联系人*	联系电话*
周[redacted]	135[redacted]

本年度获得的知识产权数*

发明专利	国防专利	国家级农作物品种	植物新品种
0	0	0	0
国家新药	国家一级中药保护品种	实用新型	集成电路布图设计专有权
0	0	8	0
外观设计	软件著作权		
0	0		

本年度人员情况（人）*

职工总数	科技人员数	新增就业人数	吸纳高校应届毕业生人数
[redacted]	[redacted]	[redacted]	[redacted]

企业本年度财务状况（万元）*

总收入	销售收入	净资产	高新技术产品（服务）收入
[redacted]	[redacted]	[redacted]	[redacted]
纳税总额	高企所得税减免额	利润总额	出口创汇总额（人民币）
[redacted]	[redacted]	[redacted]	[redacted]

研究开发费用额	其中：在中国境内研发费用额	其中：基础研究投入费用总额
[redacted]	[redacted]	[redacted]

（2）在国网管理系统中，企业提交的年报需经过认定机构和国家共同审核，审核不通过国家会退回给认定机构，认定机构则退回给企业用户，企业按照要求进行修改后，再次进行提交。高新技术企业才需进行年报填写，而非高新技术企业则无须进行此项操作。刚刚经过认定的企业也无须填写年报，例如，2021 年新认定的企业无须在 2021 年填写年报。国网管理系统中高企年报一年只可以提交一次，审核通过之后将无法进行修改，系统只保留查看功能，可操作按钮全部隐藏。高新技术企业年报有两年不提交的，国家将撤销企业高新技术企业的资格。高新技术企业在提交年报时要进行如下字段验证。

①年报信息填写完整性校验。系统对年报信息的完整性进行校验，包括录入项是否填写，选择项是否已选择等检查，避免出现年报信息漏项的问题。

②信息项录入数据类型合理性校验。对数据类型进行校验，如检查该填数字的信息项是否被填写成了汉字等问题。

七、“国网管理系统”企业信息查询

（一）查询高企审核状态

当企业用户提交高企认证之后，可以通过国网管理系统查询高企审核状态，点击页面左侧“高企认定申报”栏目即可显示查询结果，用户点击右侧“详细信息”查询申报材料。其中审核状态主要分为 3 类，分别对应不同的审核结果。

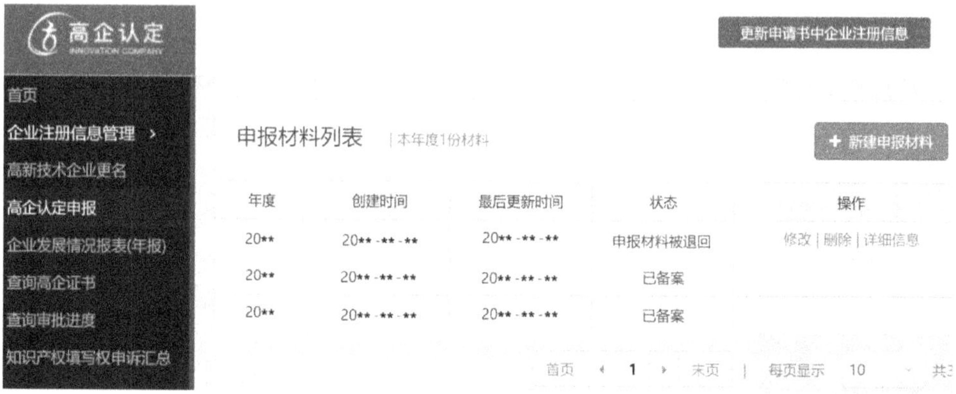

1. 申报不通过

如果认定机构在评审的流程中认为该企业不符合高新技术企业的标准而选择了“不通过”，那么该企业本年度则不可以再次申报高新技术企业：

（1）企业可以查看系统反馈的未被受理原因。

（2）企业不能再下载包含已提交申报信息的《高新技术企业认定申请书》pdf 文件。

（3）企业在点击“新建申报材料”时，系统不允许用户填写。

2. 申报通过

高新技术企业申报通过，则用户可以查询到高企证书，并查看证书有效期的状态。

3. 申报被退回

高新技术企业申报被退回与不通过的区别在于，退回可能是因为某些信息填写不合格，需要修改从而退回给企业，企业修改后可以重新提交申请。

（二）高企证书查询

企业用户如需查询高企证书编号、证书有效期或高企证书状态，可点击页面左侧的“查询高企证书”栏目进行查询。该项功能，不同状态的用户均可操作，具体显示情况如下：

（1）未激活的账户或者激活后但不是高企的用户，只显示列表的表头；

（2）已激活且是高企的用户，可查询到证书详情，且显示状态为“有效”；

（3）已激活且曾经是高企的用户，可查询到证书详情，但显示状态为“过期”。

（三）审批进度查询

国网管理系统根据企业用户提交材料的类型，将审批过程分为“企业信息注册”“企业核心信息修改”“企业更名”“高新技术企业认定”“企业年报”等 7 种，企业可根据以上 7 种类型快速查询、筛选出自己想获知的审批进度，页面显示审批结果和处理部门等信息。具体查询方式：点击左侧“查询审批进度”栏目即可获取查询结果，再点击右侧“查看进度”栏目即可查看详细审批信息。

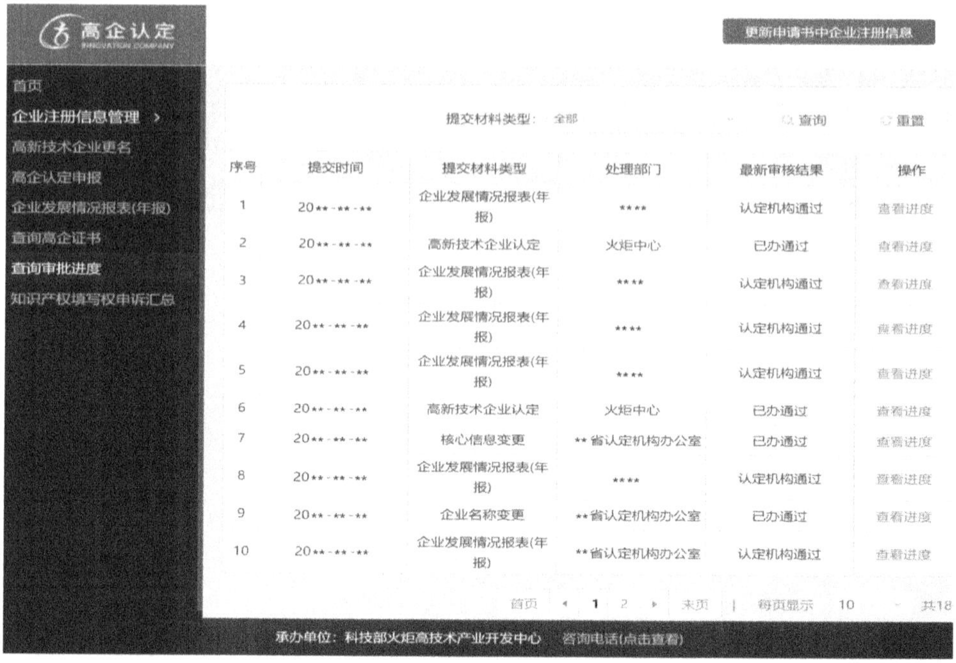

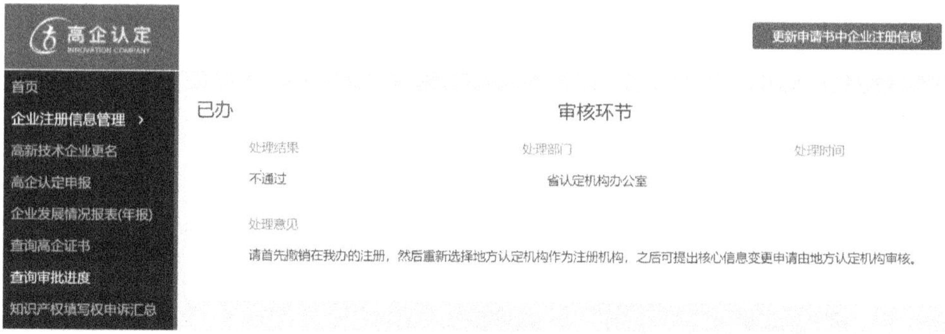

八、浙江省政务服务网操作流程

（1）进入浙江政务服务网（www.zjzwfw.gov.cn），点击右上方“登录”按钮，选择“法人登录”，然后输入账号、密码后点击“登录”。

（2）登录账号后点击上方菜单栏中的“部门服务”选择“省科技厅”，即可在下方找到“高新技术企业认定”业务，点击“在线办理”按钮进入。

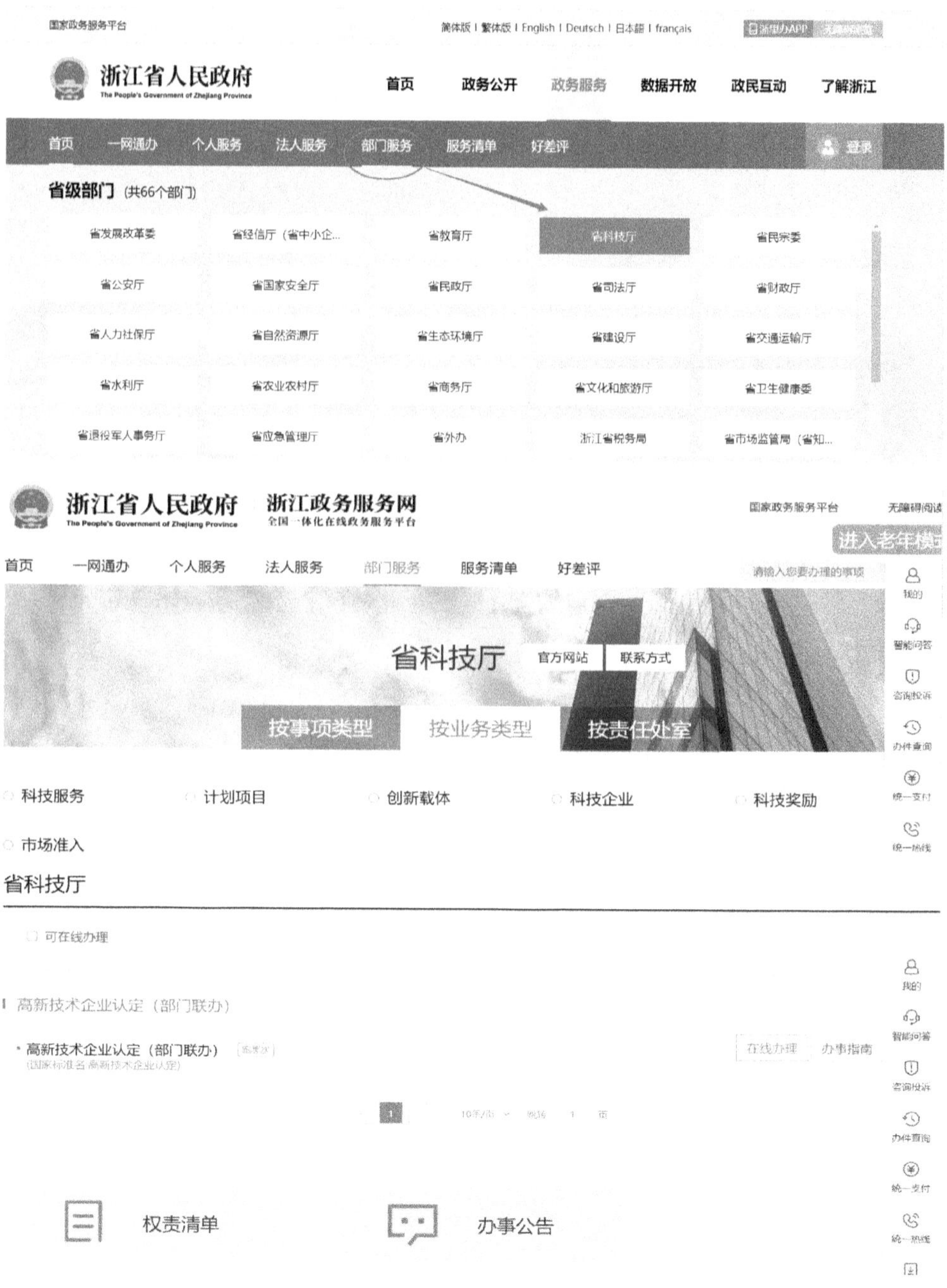

（3）进入“高新技术企业认定”页面后，点击页面中的“在线办理”按钮。

（4）进入页面后阅读用户须知，核实企业情况符合高新技术认定条件后，点击页面下方的“进入办事”。

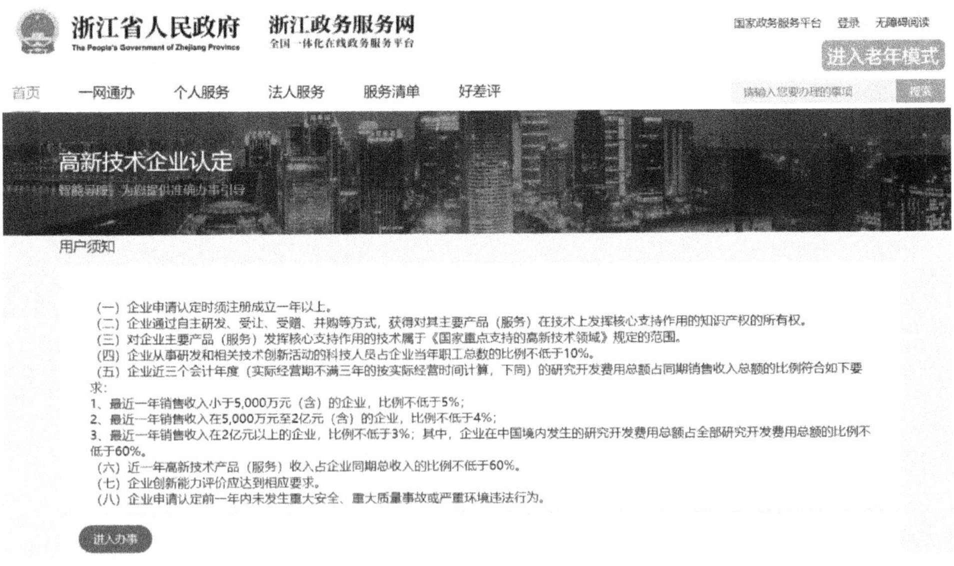

（5）进入高新技术企业认定填报页面，按要求实际、准确地填写企业相关信息。注意要点：①按实际情况选择认定类型；②依据当年认定批次选择对应批次；③根据专项审计报告如实填写专项审计会计事务所；④根据企业所在地选择所属认定办；⑤依据主要核心技术，选择主要技术领域，涉及多领域的以主领域为准；⑥企业所得税征收方式选择“查账征收”。

（6）根据企业实际情况准确填写企业创新能力评价得分（知识产权、科技成果转化能力、技术创新组织管理水平及成长性）。

* 单项研发项目的其他费用合计超过研究开发总费用的20%

是　　否

* 最近一年的总收入（万元）

* 最近一年的高新技术产品（服务）销售收入（万元）

* 最近一年核心技术拥有自主知识产权的高新技术产品（服务）销售收入（万元）

* 最近一年高新技术产品收入占收入总额比例（%）

* 最近一年核心技术拥有自主知识产权的高新技术产品（服务）收入占全部高新技术产品（服务）收入比例（%）

* 1、知识产权（≤30分）得分

* 技术的先进程度选项

A. 高（7-8分）　B. 较高（5-6分）　C. 一般（3-4分）　D. 较低（1-2分）　E. 无（0分）

* 对企业产品服务在技术上发挥核心支持作用选项

A. 强（7-8分）　B. 较强（5-6分）　C. 一般（3-4分）　D. 较弱（1-2分）　E. 无（0分）

* 知识产权数量选项

A. 1项及以上（Ⅰ类）（7-8分）

B. 5项及以上（Ⅱ类）（5-6分）

C. 3～4项（Ⅱ类）（3-4分）

D. 1～2项（Ⅱ类）（1-2分）　E. 无（0分）

* 知识产权获得方式选项

A. 有自主研发（1-6分）

B. 仅有受让、受赠和并购等（1-3分）

* 企业是否参与编制国家标准行业标准检测方法技术规范的情况选项

A. 是（1-2分）　B. 否（0分）

* 科技成果转化能力选项

A.转化能力强，≥5项（25-30分）

B.转化能力较强，≥4项（19-24分）

C.转化能力一般，≥3项（13-18分）

D.转化能力较弱，≥2项（7-12分）

E.转化能力弱，≥1项（1-6分）　F.转化能力无，0项（0分）

* 3、技术创新组织管理水平（≤20分）得分

* 制定了企业研究开发的组织管理制度，建立了研发投入核算体系，编制了研发费用辅助账（≤6分）

* 设立了内部科学技术研究开发机构并具备相应的科研条件，与国内外研究开发机构开展多种形式的产学研合作（≤6分）

* 建立了科技成果转化的组织实施与激励奖励制度，建立开放式的创新创业平台（≤4分）

* 建立了科技人员的培养进修、职工技能培训、优秀人才引进，以及人才绩效评价奖励制度（≤4分）

* 技术的先进程度（≤8分）

* 对企业产品（服务）在技术上发挥核心支持作用（≤8分）

* 知识产权数量（≤8分）

* 知识产权获得方式（≤6分）

*（加分项，≤2分）企业是否参与编制国家标准、行业标准、检测方法、技术规范的情况）

* 2、科技成果转化能力（≤30分）（≤30分）（年平均）得分

（7）依据《高新技术企业认定管理工作指引》中规定的净资产和销售额成长性指标测算公式计算、填写企业成长性指标及得分。最终根据知识产权得分、科技成果转化能力得分、技术创新组织管理水平得分及成长性得分计算出企业总得分。

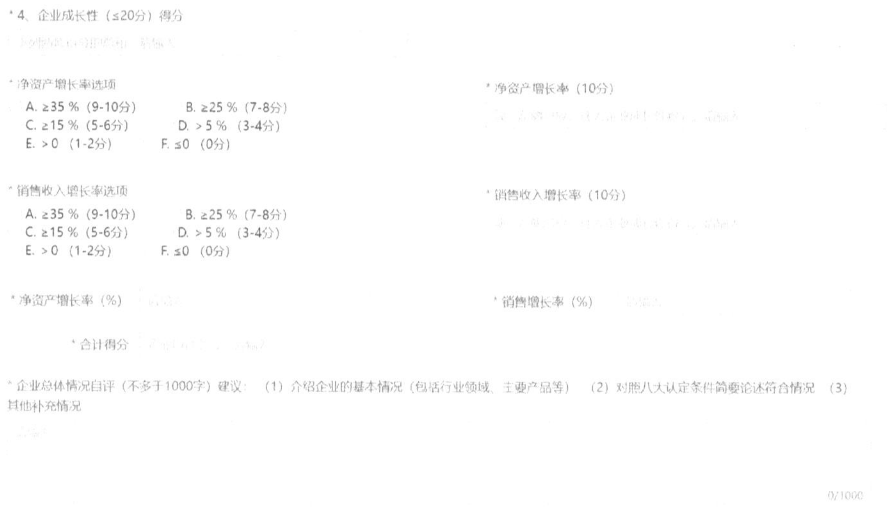

（8）在企业总体情况自评中填写企业基本情况，并简要论述“企业高新技术企业八大认定条件符合情况”（1000字以内），填写完后点击“下一步”保存提交。

九、浙江省“省网管理系统”操作流程

（1）进入浙江省高新技术企业认定管理系统（http://115.238.84.46:8612/），在页面右侧选择“企业登录”，然后点击“点击登录”。

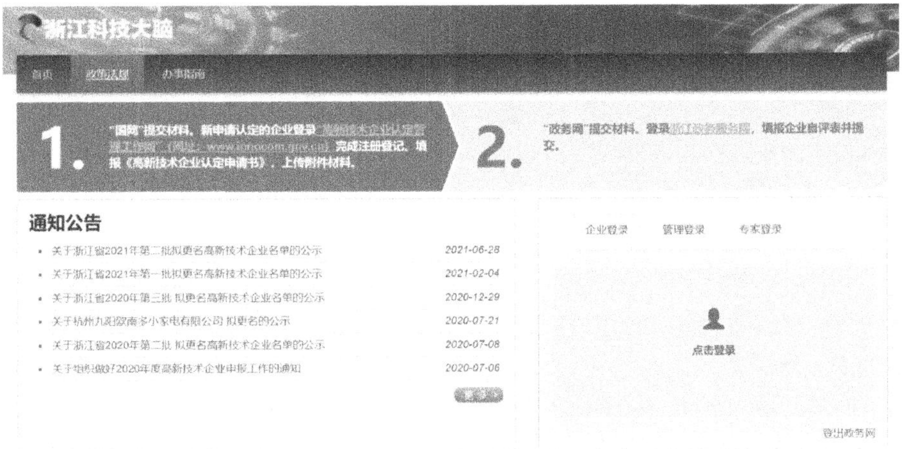

（2）页面自动跳转至浙江政务服务网登录界面，在页面右侧选择“法人登录”，然后输入账号、密码后点击“登录”。

（3）进入省网操作系统后核实企业信息，待自评表及国家网附件信息同步后，点击右上方“提交材料”。注意：省网仅同步一次，后续政务网、国家网变动省网将不再同步，如有更改，在省网调整后再点击提交材料。

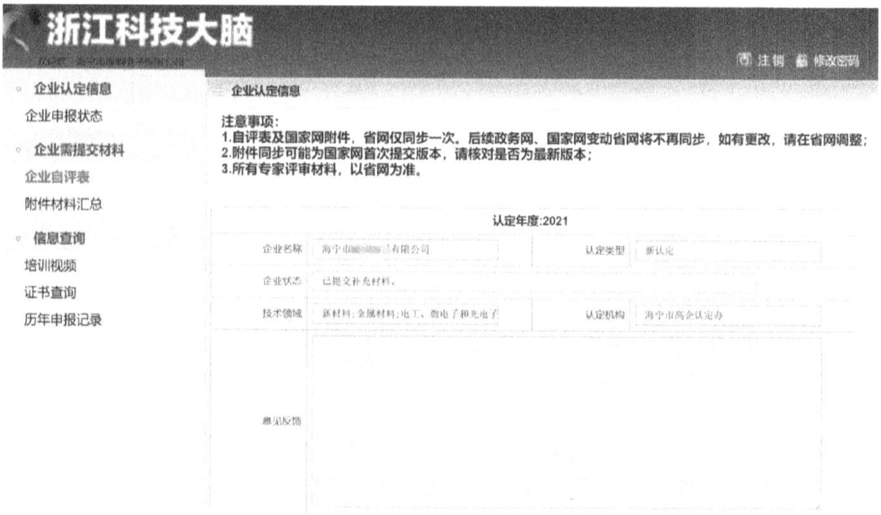

（4）企业国家网、政务网材料提交同步后，在省网核对自评表、附件材料，在未提交状态时可修改自评表、附件材料。若是已提交状态需退回修改的，可点击右上角“申请撤回修改材料”按钮，由地方认定办批准退回，或联系地方认定办直接退回。

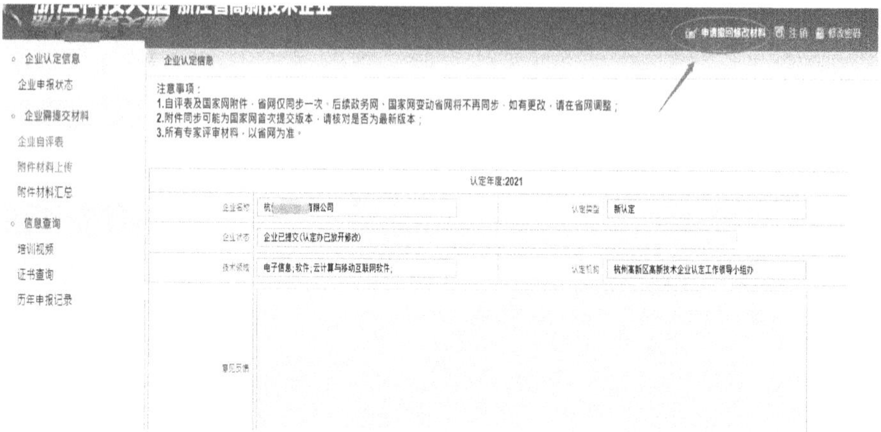

（5）点击左侧菜单栏“附件材料汇总”，可查看国家网同步过来的附件，若发现附件不清楚，可以自行替换，点击“附件材料上传”菜单，选择对应的附件清单，上传补充附件材料（注意：每个附件不大于 8 M，上传附件数量无限制）。

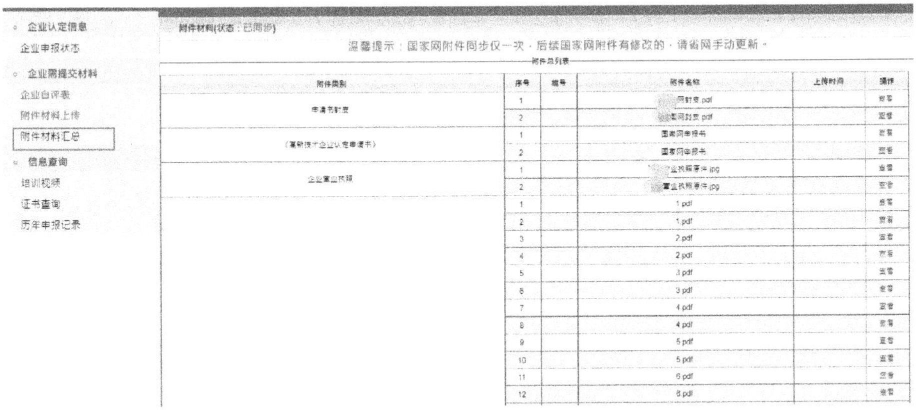

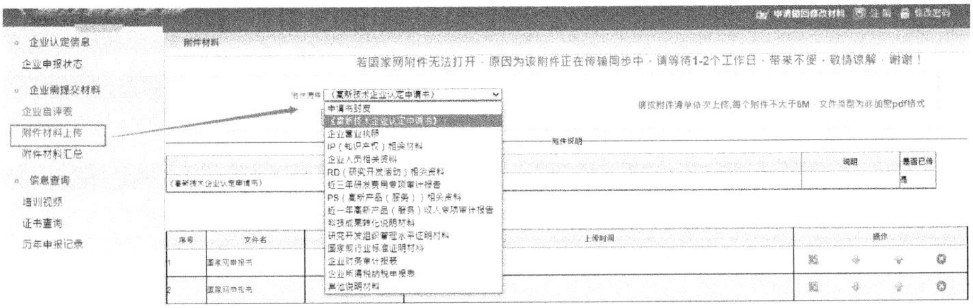

（6）评审开始后，请实时查询企业状态。第一轮未通过专家评审的抓紧按照“专家评审综合意见”补充材料，补充完成后，请务必“提交材料”。

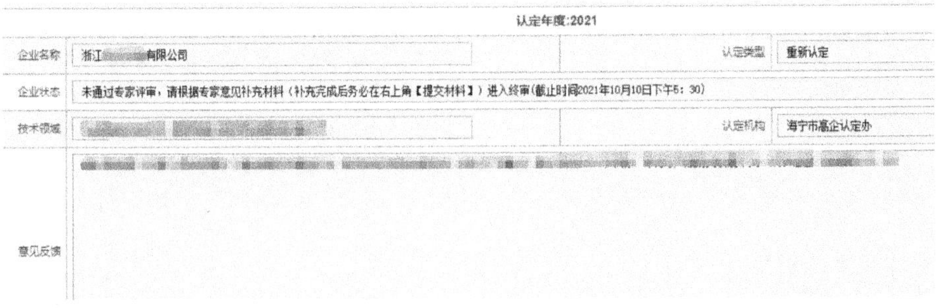

（7）根据科技部火炬中心印发的《关于推动高新技术企业认定管理与服务便利化的通知》（国科火字〔2020〕82 号）文件，落实《国务院关于加快推进全国一体化在线政务服务平台建设的指导意见》要求，制定高新技术企业电子证照规范，按照“互联网＋政务服务”理念，有序推进高新技术企业证书电子化，满足全国一体化在线政务服务平台“一网通办”的要求，浙江省已推出高新技术企业证书电子版，通过认定的高新技术企业可通过登录该系统查询、下载或打印高新技术企业证书。进入登陆页面后点击左侧“证书查询”即可查看当前有效期内的高企证书编号，点击“点击查看”后可以看到高新技术企业电子证书，点击右上角下载“ ”或打印“ ”按钮即可下载或打印高新技术企业证书。

第5章 高新技术企业税收优惠政策应用指引

税收优惠政策是指国家运用税收政策在税收法律、行政法规、规章中对某一部分特定纳税人和征税对象给予减轻或免除税收负担的一种特殊规定。随着新一轮科技革命和产业变革的深入推进，税收优惠政策，特别是高新技术企业税收优惠政策，在激励企业科技创新方面的作用不断凸显，充分发挥了高新技术企业在实施创新驱动发展战略、构建新发展格局、推动我国经济高质量发展等方面的核心主体力量与关键作用。

一、企业所得税税率优惠政策应用指引

（一）政策内容

（1）国家需要重点扶持的高新技术企业，减按 15% 的税率征收企业所得税。

（2）高新技术企业来源于境外所得可以按照 15% 的优惠税率缴纳企业所得税，在计算境外抵免限额时，可按照 15% 的优惠税率计算境内外应纳税总额。

（二）政策依据

（1）国家需要重点扶持的高新技术企业，减按 15% 的税率征收企业所得税。

《中华人民共和国企业所得税法》第二十八条第二款 中华人民共和国主席令第 63 号 2007 年 3 月 16 日

（2）《中华人民共和国企业所得税法》第二十八条第二款所称国家需要重点扶持的高新技术企业，是指拥有核心自主知识产权，并同时符合下列条件的企业：

1）产品（服务）属于《国家重点支持的高新技术领域》规定的范围；

2）研究开发费用占销售收入的比例不低于规定比例；

3）高新技术产品（服务）收入占企业总收入的比例不低于规定比例；

4）科技人员占企业职工总数的比例不低于规定比例；

5）高新技术企业认定管理办法规定的其他条件。

《国家重点支持的高新技术领域》和高新技术企业认定管理办法由国务院科技、财政、税务主管部门商国务院有关部门制定，报国务院批准后公布施行。

《中华人民共和国企业所得税法实施条例》第九十三条 中华人民共和国国务院令 第 512 号 2007 年 12 月 6 日 2019 年 4 月 23 日中华人民共和国国务院令第 714 号修订

（3）来源于境外所得可以按照 15% 的优惠税率缴纳企业所得税，在计算境外抵免限额时，可按照 15% 的优惠税率计算境内外应纳税总额。

根据《中华人民共和国企业所得税法》及其实施条例，以及《财政部 国家税务总局关于企业境外所得税收抵免有关问题的通知》（财税〔2009〕125 号）的有关规定，现就高新技术企业境外所得适用税率及税收抵免有关问题补充明确如下：

1）以境内、境外全部生产经营活动有关的研究开发费用总额、总收入、销售收入总额、高新技术产品（服务）收入等指标申请并经认定的高新技术企业，其来源于境外的所得可以享受高新技术企业所得税优惠政策，即对其来源于境外所得可以按照 15% 的优惠税率缴纳企业所得税，在计算境外抵免限额时，可按照 15% 的优惠税率计算境内外应纳税总额。

2）上述高新技术企业境外所得税收抵免的其他事项，仍按照财税〔2009〕125 号文件的有关规定执行。

3）本通知所称高新技术企业，是指依照《中华人民共和国企业所得税法》及其实施条例规定，经认定机构按照《高新技术企业认定管理办法》（国科发火〔2008〕172号）和《高新技术企业认定管理工作指引》（国科发火〔2008〕362号）认定取得高新技术企业证书并正在享受企业所得税15%税率优惠的企业。

《财政部 国家税务总局关于高新技术企业境外所得适用税率及税收抵免问题的通知》财税〔2011〕47号 2011年5月31日

（4）我国企业境外所得税收抵免政策问题。根据《中华人民共和国企业所得税法》及其实施条例和《财政部 国家税务总局关于企业境外所得税收抵免有关问题的通知》（财税〔2009〕125号）的有关规定，现就完善我国企业境外所得税收抵免政策问题通知如下：

1）企业可以选择按国（地区）别分别计算［即“分国（地区）不分项”］，或者不按国（地区）别汇总计算［即“不分国（地区）不分项”］其来源于境外的应纳税所得额，并按照财税〔2009〕125号文件第八条规定的税率，分别计算其可抵免境外所得税税额和抵免限额。上述方式一经选择，5年内不得改变。

企业选择采用不同于以前年度的方式（以下简称新方式）计算可抵免境外所得税税额和抵免限额时，对该企业以前年度按照财税〔2009〕125号文件规定没有抵免完的余额，可在税法规定结转的剩余年限内，按新方式计算的抵免限额中继续结转抵免。

2）企业在境外取得的股息所得，在按规定计算该企业境外股息所得的可抵免所得税额和抵免限额时，由该企业直接或者间接持有20%以上股份的外国企业，限于按照财税〔2009〕125号文件第六条规定的持股方式确定的五层外国企业，即：

第一层：企业直接持有20%以上股份的外国企业；

第二层至第五层：单一上一层外国企业直接持有20%以上股份，且由该企业直接持有或通过一个或多个符合财税〔2009〕125号文件第六条规定持股方式的外国企业间接持有总和达到20%以上股份的外国企业。

3）企业境外所得税收抵免的其他事项，按照财税〔2009〕125号文件的有关规定执行。

《财政部　税务总局关于完善企业境外所得税收抵免政策问题的通知》财税〔2017〕84 号 2017 年 12 月 28 日

（三）享受优惠时间

企业所得税预缴时享受。

（四）办理流程

1. 企业所得税缴纳方式

企业获得高新技术企业资格后，自高新技术企业证书注明的发证时间所在年度起，采取“自行判别、申报享受、相关资料留存备查”的办理方式，自行计算减免税额，并通过填报企业所得税纳税申报表享受税收优惠。

企业的高新技术企业资格期满当年，在通过重新认定前，其企业所得税暂按 15% 的税率预缴，在年底前仍未取得高新技术企业资格的，应按规定补缴相应期间的税款。

根据企业所得税法的规定，企业所得税按纳税年度计算，因此高新技术企业也是按年享受税收优惠。而高新技术企业证书上注明的发证时间是具体日期，不一定是一个完整纳税年度，且有效期为 3 年。这就导致了企业享受优惠期间和高新技术企业认定证书的有效期不完全一致。为此，国家税务总局明确，企业获得高新技术企业资格后，自其高新技术企业证书注明的发证时间所在年度起申报享受税收优惠,并按规定向主管税务机关办理备案手续。

例如，A 企业取得的高新技术企业证书上注明的发证时间为 2018 年 11 月 25 日，A 企业可自 2018 年度 1 月 1 日起连续 3 年享受高新技术企业税收优惠政策，即享受高新技术企业税收优惠政策的年度为 2018 年、2019 年和 2020 年。

按照上述原则，高新技术企业认定证书发放当年已开始享受税收优惠，则在期满当年应停止享受税收优惠。但鉴于其高新技术企业证书仍有可能处于有效期内，且继续取得高新技术企业资格的可能性非常大，为保障高新技术企业的利益，实现优惠政策的无缝衔接，公告明确高新技术企业资格期满当年内，在通过重新认定前，其企业所得税可暂按 15% 的税率预缴，在年底前仍未取得高新技术企业资格的，则应按规定补缴税款。

例如，A 企业的高新技术企业证书在 2021 年 2 月 20 日到期，在 2021 年季度预缴时企业仍可按高新技术企业 15% 税率预缴。如果 A 企业在 2021 年年底前重新获得高新技术企业证书，其 2021 年度可继续享受税收优惠。如未重新获得高新技术企业证书，则应按 25% 的税率补缴少缴的税款。

2. 申报表的填报

（1）预缴申报

《中华人民共和国企业所得税月（季）度预缴纳税申报表（A 类，2018 年版）》（2021 年修订）主表 A200000 第 12 行“减免所得税额”的“本年累计金额”，对应附表 A201030《减免所得税优惠明细表》第 2 行“二、国家需要重点扶持的高新技术企业减按 15% 的税率征收企业所得税”的“本年累计金额”,填报享受国家重点扶持的高新技术企业优惠的本年累计减免税额。

（2）年度申报

《中华人民共和国企业所得税年度纳税申报表（A 类，2017 年版）》（2019 年修订）主表 A100000 第 26 行“减免所得税额”的“金额”，对应附表 A107040《减免所得税优惠明细表》第 2 行“二、国家需要重点扶持的高新技术企业减按 15% 的税率征收企业所得税”的“金额”栏及附表 A107041《高新技术企业优惠情况及明细表》第 31 行“十、国家需要重点扶持的高新技术企业减征企业所得税”栏，根据税收法律、法规和《国家税务总局关于实施高新技术企业所得税优惠政策有关问题的公告》（国家税务总局公告 2017 年第 24 号）等的规定，国家需要重点扶持的高新技术企业减按 15% 的税率征收企业所得税，填报本年发生的高新技术企业优惠情况。

具有高新技术企业资格的纳税人均需填报 A107041《高新技术企业优惠情况及明细表》（附件 5-1）。

（3）复核

对取得高新技术企业资格且享受税收优惠的高新技术企业，税务部门如在日常管理过程中发现其在高新技术企业认定过程中或享受优惠期间不符合《认定办法》第十一条规定的认定条件的，应提请认定机构复核。复核后确认不符合认定条件的，由认定机构取消其高新技术企业资格，并通知税务机关追缴其证书有效期内自不符合认定条件年度起已享受的税收优惠。

附件5-1

高新技术企业优惠情况及明细表

A107041　高新技术企业优惠情况及明细表

税收优惠基本信息						
1	企业主要产品（服务）发挥核心支持作用的技术所属范围	国家重点支持的高新技术领域	一级领域			
2			二级领域			
3			三级领域			
税收优惠有关情况						
4	收入指标	一、本年高新技术产品（服务）收入第（5+6）行				
5		其中：产品（服务）收入				
6		技术性收入				
7		二、本年企业总收入第（8–9）行				
8		其中：收入总额				
9		不征税收入				
10		三、本年高新技术产品（服务）收入占企业总收入的比例（4 ÷ 7）				
11	人员指标	四、本年科技人员数				
12		五、本年职工总数				
13		六、本年科技人员占企业当年职工总数的比例（11 ÷ 12）				
14	研发费用指标	高新研发费用归集年度	本年度	前一年度	前二年度	合计
		1	2	3	4	
15		七、归集的高新研发费用金额第（16+25）行				
16		（一）内部研究开发投入第（17+…+22+24）行				
17		1. 人员人工费用				
18		2. 直接投入费用				
19		3. 折旧费用与长期待摊费用				
20		4. 无形资产摊销费用				
21		5. 设计费用				
22		6. 装备调试费与实验费用				
23		7. 其他费用				
24		其中：可计入研发费用的其他费用				
25		（二）委托外部研发费用［第（26+28）行 ×80%］				
26		1. 境内的外部研发费				
27		2. 境外的外部研发费				
28		其中：可计入研发费用的境外的外部研发费用				
29		八、销售（营业）收入				
30		九、三年研发费用占销售（营业）收入的比例（15 行 4 列 ÷ 29 行 4 列）				
31	减免税额	十、国家需要重点扶持的高新技术企业减征企业所得税				
32		十一、经济特区和上海浦东新区新设立的高新技术企业定期减免税额				

A107041 《高新技术企业优惠情况及明细表》填报说明

本表适用于具备高新技术企业资格的纳税人填报。纳税人根据税法、《科技部　财政部　国家税务总局关于修订印发〈高新技术企业认定管理办法〉的通知》（国科发火〔2016〕32号）、《科学技术部　财政部　国家税务总局关于修订印发〈高新技术企业认定管理工作指引〉的通知》（国科发火〔2016〕195号）、《国家税务总局关于实施高新技术企业所得税优惠政策有关问题的公告》（国家税务总局公告2017年第24号）等相关　税收政策规定，填报高新技术企业基本信息和本年优惠情况。不论是否享受优惠政策，高新技术企业资格在有效期内的纳税人均需填报本表。

注：有关项目填报说明

（1）第1～3行："企业主要产品（服务）发挥核心支持作用的技术所属范围"：填报对企业主要产品（服务）发挥核心支持作用的技术属于《国家重点支持的高新技术领域》规定的具体范围，填报至三级明细领域，如"一、电子信息技术（一）软件1.系统软件"。

（2）第4行"一、本年高新技术产品（服务）收入"：填报第5+6行金额。

（3）第5行"产品（服务）收入"：填报纳税人本年发挥核心支持作用的技术属于《国家重点支持的高新技术领域》规定范围的产品（服务）收入。

（4）第6行"技术性收入"：包括技术转让收入、技术服务收入和接受委托研究开发收入。

（5）第7行"二、本年企业总收入"：填报第8～9行金额。

（6）第8行"（一）收入总额"：填报纳税人本年以货币形式和非货币形式从各种来源取得的收入总额。包括：销售货物收入，提供劳务收入，转让财产收入，股息、红利等权益性投资收益，利息收入，租金收入，特许权使用费收入，接受捐赠收入，其他收入。

（7）第9行"不征税收入"：填报纳税人本年符合相关政策规定的不征税收入。

（8）第10行"三、本年高新技术产品（服务）收入占企业总收入的比例"：

填报第 4 ÷ 7 行计算后的比例。

（9）第 11 行“四、本年科技人员数”：填报纳税人直接从事研发和相关技术创新活动，以及专门从事上述活动的管理和提供直接技术服务的，累计实际工作时间在 183 天以上的人员，包括在职、兼职和临时聘用人员。

（10）第 12 行“五、本年职工总数”：填报纳税人本年在职、兼职和临时聘用人员。在职人员可以通过企业是否签订劳动合同或缴纳社会保险费来判断。兼职、临时聘用人员全年须在企业累计工作 183 天以上。

（11）第 13 行“六、本年科技人员占企业当年职工总数的比例”：填报第（11 ÷ 12）行的比例。

（12）第 14 行“高新研发费用归集年度”：本行无填报事项。

与计算研发费比例相关的第 15 ~ 29 行需填报三年数据，实际经营不满三年的按实际经营时间填报。

（13）第 15 行“七、归集的高新研发费用金额”：填报第（16+25）行金额。

（14）第 16 行“（一）内部研究开发投入”：填报第（17+18+19+20+21+22+24）行金额。

（15）第 17 行“1. 人员人工费用”：填报纳税人科技人员的工资薪金、基本养老保险费、基本医疗保险费、失业保险费、工伤保险费、生育保险费和住房公积金，以及外聘科技人员的劳务费用。

（16）第 18 行“2. 直接投入费用”：填报纳税人为实施研究开发活动而实际发生的相关支出。包括：直接消耗的材料、燃料和动力费用；用于中间试验和产品试制的模具、工艺装备开发及制造费，不构成固定资产的样品、样机及一般测试手段购置费，试制产品的检验费；用于研究开发活动的仪器、设备的运行维护、调整、检验、检测、维修等费用，以及通过经营租赁方式租入的用于研发活动的固定资产租赁费。

（17）第 19 行“3. 折旧费用与长期待摊费用”：填报纳税人用于研究开发活动的仪器、设备和在用建筑物的折旧费；研发设施的改建、改装、装修和修理过程中发生的长期待摊费用。

（18）第 20 行“4. 无形资产摊销费用”：填报纳税人用于研究开发活动的软件、知识产权、非专利技术（专有技术、许可证、设计和计算方法等）

的摊销费用。

（19）第21行“5. 设计费用”：填报纳税人为新产品和新工艺进行构思、开发和制造，进行工序、技术规范、规程制定、操作特性方面的设计等发生的费用，包括为获得创新性、创意性、突破性产品进行的创意设计活动发生的相关费用。

（20）第22行“6. 装备调试费与实验费用”：填报纳税人工装准备过程中研究开发活动所发生的费用，包括研制特殊、专用的生产机器，改变生产和质量控制程序，或制定新方法及标准等活动所发生的费用。

（21）第23行“7. 其他费用”：填报纳税人与研究开发活动直接相关的其他费用，包括技术图书资料费、资料翻译费、专家咨询费、高新科技研发保险费，研发成果的检索、论证、评审、鉴定、验收费用，知识产权的申请费、注册费、代理费，会议费、差旅费、通讯费等。

（22）第24行“可计入研发费用的其他费用”：填报纳税人为研究开发活动所发生的其他费用中不超过研究开发总费用的20%的金额，按第（17+…+22）行 ×20%÷（1–20%）与第23行的孰小值填报。

（23）第25行“（二）委托外部研发费用”：填报纳税人委托境内外其他机构或个人进行研究开发活动所发生的费用（研究开发活动成果为委托方企业拥有，且与该企业的主要经营业务紧密相关）。委托外部研发费用的实际发生额应按照独立交易原则确定，实际发生额的80%可计入委托方研发费用总额。本行填报第（26+28）行 ×80%的金额。

（24）第26行“1. 境内的外部研发费用”：填报纳税人委托境内其他机构或个人进行的研究开发活动所支出的费用。本行填报实际发生境内的外部研发费用。

（25）第27行“2. 境外的外部研发费用”：填报纳税人委托境外机构或个人完成的研究开发活动所发生的费用。受托研发的境外机构是指依照外国（地区）及港澳台法律成立的企业和其他取得收入的组织；受托研发的境外个人是指外籍及港澳台个人。本行填报实际发生境外的外部研发费用。

（26）第28行“可计入研发费用的境外的外部研发费用”：根据《高

新技术企业认定管理办法》等规定，纳税人在中国境内发生的研发费用总额占全部研发费用总额的比例不低于60%，即境外发生的研发费用总额占全部研发费用总额的比例不超过40%。本行填报第（17+18+…+22+23+26）行 × 40% ÷（1–40%）与第27行的孰小值。

（27）第29行“八、销售（营业）收入”：填报纳税人主营业务收入与其他业务收入之和。

（28）第30行“九、三年研发费用占销售（营业）收入的比例”：填报第15行4列 ÷ 第29行4列的比例。

（29）第31行“十、国家需要重点扶持的高新技术企业减征企业所得税”：本行填报经济特区和上海浦东新区外的高新技术企业或虽是经济特区和上海浦东新区新设的高新技术企业但取得区外所得的减免税金额。经济特区和上海浦东新区新设的高新技术企业定期减免政策期满后，只享受15%税率优惠政策的，减免税金额也在本行填报。

（30）第32行“十一、经济特区和上海浦东新区新设立的高新技术企业定期减免税额”：本行填报在经济特区和上海浦东新区新设的高新技术企业区内所得的减免税金额。

（五）留存备查资料

享受税收优惠的高新技术企业享受税收优惠，应当妥善保管以下资料留存备查：

（1）高新技术企业资格证书；

（2）高新技术企业认定资料；

（3）知识产权相关材料；

（4）年度主要产品（服务）发挥核心支持作用的技术属于《国家重点支持的高新技术领域》规定范围的说明，高新技术产品（服务）及对应收入资料；

（5）年度职工和科技人员情况证明材料；

（6）当年和前两个会计年度研发费用总额及占同期销售收入比例、研发费用管理资料，以及研发费用辅助账，研发费用结构明细表（具体格式见《工作指引》附件 2）；

（7）省税务机关规定的其他资料。

（六）企业境外所得税收抵免

根据《中华人民共和国企业所得税法》、《中华人民共和国企业所得税法实施条例》及《财政部　国家税务总局关于企业境外所得税收抵免有关问题的通知》（财税〔2009〕125 号）的有关规定，国家税务总局发布了《企业境外所得税收抵免操作指南》（国家税务总局公告 2010 年第 1 号），于 2010 年 1 月 1 日起施行。高新技术企业取得境外所得的纳税人应当填报《境外所得税收抵免明细表》（A108000）办理企业境外所得税收抵免。

A108000　《境外所得税收抵免明细表》填报说明

本表适用于取得境外所得的纳税人填报。纳税人应根据税法、《财政部　国家税务总局关于企业境外所得税收抵免有关问题的通知》（财税〔2009〕125 号）、《国家税务总局关于发布〈企业境外所得税收抵免操作指南〉的公告》（2010 年第 1 号）、《财政部　国家税务总局关于我国石油企业从事油（气）资源开采所得税收抵免有关问题的通知》（财税〔2011〕23 号）、《财政部　税务总局关于完善企业境外所得税收抵免政策问题的通知》（财税〔2017〕84 号）、《财政部　税务总局关于海南自由贸易港企业所得税优惠政策的通知》（财税〔2020〕31 号）等规定，填报本年来源于或发生于其他国家、地区的所得按照税收规定计算应缴纳和应抵免的企业所得税。

1.有关项目填报说明

（1）行次填报

纳税人若选择“分国（地区）不分项”的境外所得抵免方式，应根据《境外所得纳税调整后所得明细表》（A108010）、《境外分支机构弥补亏损明细表》（A108020）、《跨年度结转抵免境外所得税明细表》（A108030）分国（地区）别逐行填报本表；纳税人若选择“不分国（地区）不分项”的境外所得抵免方式，应按照税收规定计算可抵免境外所得税税额和抵免限额，并根据表 A108010、表 A108020、表 A108030 的合计金额填报本表第 1 行。

（2）列次填报

1）第 1 列“国家（地区）”：纳税人若选择“分国（地区）不分项”的境外所得抵免方式，填报纳税人境外所得来源的国家（地区）名称，来源于同一国家（地区）的境外所得合并到一行填报；纳税人若选择“不分国（地区）不分项”的境外所得抵免方式，无须填报。

2）第 2 列“境外税前所得”：填报表 A108010 第（14–19–24）列的金额。

3）第 3 列“境外所得纳税调整后所得”：填报表 A108010 第（18–26）列的金额。

4）第 4 列“弥补境外以前年度亏损”：填报表 A108020 第（4+8）列的合计金额。

5）第 5 列“境外应纳税所得额”：填报第（3–4）列的余额。当第（3–4）列＜ 0 时，本列填报 0。

6）第 6 列“递减境内亏损”：当纳税人选择用境外所得抵减弥补境内亏损时，填纳税人境外所得按照税收规定抵减境内的亏损额（包括抵减的当年度境内亏损额和弥补的以前年度境内亏损额）；当纳税人选择不用境外所得抵减弥补境内亏损时，填报 0。

7）第 7 列“抵减境内亏损后的境外应纳税所得额”：填报第（5–6）列金额。

8）第 8 列“税率”：填报法定税率 25%。符合《财政部　国家税务总局关于高新技术企业境外所得适用税率及税收抵免问题的通知》（财税〔2011〕47 号）第一条规定的高新技术企业填报 15%。

9）第 9 列“境外所得应纳税额”：填报第（7×8）列金额。

10）第 10 列“境外所得可抵免税额”：填报表 A108010 第（13–23–25）列金额。

11）第 11 列“境外所得抵免限额”：境外所得抵免限额按以下公式计算：抵免限额 = 中国境内、境外所得依照企业所得税法和条例的规定计算的应纳

税总额 × 来源于某国（地区）的应纳税所得额 ÷ 中国境内、境外应纳税所得总额。

12）第 12 列“本年可抵免境外所得税额”：填报纳税人本年来源于境外的所得已缴纳所得税在本年度允许抵免的金额。按第 10 列、第 11 列孰小值填报。

13）第 13 列“未超过境外所得税抵免限额的余额”：填报纳税人本年在抵免限额内抵免完境外所得税后有余额的，可用于抵免以前年度结转的待抵免的所得税额。按第（11–12）列金额填报。

14）第 14 列“本年可抵免以前年度未抵免境外所得税额”：填报纳税人本年可抵免以前年度未抵免、结转到本年度抵免的境外所得税额，按表 A108030 第 13 列金额填报。

15）第 15 ～ 18 列由选择简易办法计算抵免额的纳税人填报。

①第 15 列“按低于 12.5% 的实际税率计算的抵免额”：纳税人从境外取得营业利润所得以及符合境外税额间接抵免条件的股息所得，所得来源国（地区）的实际有效税率低于 12.5% 的，填报按照实际有效税率计算的抵免额。

②第 16 列“按 12.5% 计算的抵免额”：纳税人从境外取得营业利润所得以及符合境外税额间接抵免条件的股息所得，除第 15 列情形外，填报按照 12.5% 计算的抵免额。

③第 17 列“按 25% 计算的抵免额”：纳税人从境外取得营业利润所得及符合境外税额间接抵免条件的股息所得，所得来源国（地区）的实际有效税率高于 25% 的，填报按照 25% 计算的抵免额。

16）第 19 列“境外所得抵免所得税额合计”：填报第（12+14+18）列金额。

2.表内、表间关系

（1）表内关系

1）第 5 列 = 第（3–4）列，当第（3–4）列＜ 0 时，本列 =0；

2）第 6 列≤第 5 列；

3）第 7 列 = 第 5 列 – 第 6 列；

4）第 9 列 = 第 7 列 × 第 8 列；

5）第 12 列 = 第 10 列、第 11 列孰小值；

6）第 13 列 = 第（11–12）列；

7）第 14 列≤第 13 列；

8）第 18 列 = 第（15+16+17）列；

9）第 19 列 = 第（12+14+18）列。

（2）表间关系

1）若选择“分国（地区）不分项”的境外所得抵免方式，第 2 列各行 = 表 A108010 第 14 列相应行次 – 第 19 列相应行次 – 第 24 列相应行次；若选择“不分国（地区）不分项”的境外所得抵免方式，第 1 行第 2 列 = 表 A108010 第 14 列合计 – 第 19 列合计 – 第 24 列合计。

2）若选择“分国（地区）不分项”的境外所得抵免方式，第 3 列各行 = 表 A108010 第 18 列相应行次 – 第 26 列相应行次；若选择“不分国（地区）不分项”的境外所得抵免方式，第 1 行第 3 列 = 表 A108010 第 18 合计 – 第 26 列合计。

3）若选择“分国（地区）不分项”的境外所得抵免方式，第 4 列各行 = 表 A108020 第 4 列相应行次 + 第 8 列相应行次；若选择“不分国（地区）不分项”的境外所得抵免方式，第 1 行第 4 列 = 表 A108020 第 4 列合计 + 第 8 列合计。

4）若选择“分国（地区）不分项”的境外所得抵免方式，第 6 列合计≤第 5 列合计、表 A106000 第 9 列第 1 行至第 10 行合计 + 表 A100000 第 18 行的孰小值；若选择“不分国（地区）不分项”的境外所得抵免方式，第 1 行第 6 列≤第 1 行第 5 列、表 A106000 第 9 列第 1 行至第 10 行合计 + 表 A100000 第 18 行的孰小值。

5）第 9 列合计 = 表 A100000 第 29 行。

6）若选择“分国（地区）不分项”的境外所得抵免方式，第 10 列各行 = 表 A108010 第 13 列相应行次 – 第 23 列相应行次 – 第 25 列相应行次；若选择“不分国（地区）不分项”的境外所得抵免方式，第 1 行第 10 列 = 表

A108010 第 13 列合计－第 23 列合计－第 25 列合计。

7）若选择“分国（地区）不分项”的境外所得抵免方式，第 14 列各行＝表 A108030 第 13 列相应行次；若选择“不分国（地区）不分项”的境外所得抵免方式，第 1 行第 14 列＝表 A108030 第 13 列合计。

8）第 19 列合计＝表 A100000 第 30 行。

二、研发费用加计扣除政策应用指引

（一）政策内容

除房地产、烟草、住宿餐饮、批发零售、娱乐业等行业外，其他企业为开发新技术、新产品、新工艺发生的研究开发费用，为获得创新性、创意性、突破性的产品进行创意设计活动而发生的相关费用，未形成无形资产计入当期损益的，在据实扣除的基础上，都可以按 75% 的比例在税前加计扣除；形成无形资产的，按照无形资产成本 175% 摊销。按照国务院部署，财政部、税务总局发文将这项优惠政策延长到 2023 年年底。

同时，在此项优惠政策基础上，加大了对制造业企业的研发费用优惠力度，从 2021 年 1 月 1 日起，制造业企业研发费用加计扣除比例由 75% 提高到 100%，形成无形资产的，按照无形资产成本，在以后年度按照无形资产成本的 200% 在税前摊销。这对制造业企业是一个重大减税利好，以此将引导制造业企业更多地投入研发活动。

（二）政策依据

（1）开发新技术、新产品、新工艺发生的研究开发费用，可以在计算应纳税所得额时加计扣除。

《中华人民共和国企业所得税法》第三十条第（一）款

中华人民共和国主席令第 63 号 2007 年 3 月 16 日

（2）企业所得税法第三十条第（一）项所称研究开发费用的加计扣除，是指企业为开发新技术、新产品、新工艺发生的研究开发费用，未形成无形资产计入当期损益的，在按照规定据实扣除的基础上，按照研究开发费用的

50%加计扣除；形成无形资产的，按照无形资产成本的150%摊销。

《中华人民共和国企业所得税法实施条例》第九十五条

中华人民共和国国务院令第512号 2007年12月6日

（3）企业为获得创新性、创意性、突破性的产品进行创意设计活动而发生的相关费用，可按本通知规定进行税前加计扣除。

创意设计活动是指多媒体软件、动漫游戏软件开发，数字动漫、游戏设计制作；房屋建筑工程设计（绿色建筑评价标准为三星）、风景园林工程专项设计；工业设计、多媒体设计、动漫及衍生产品设计、模型设计等。

《财政部 国家税务总局关于完善研究开发费用税前加计扣除政策的通知》财税[2015]119号 2015年11月2日

（4）委托境外进行研发活动所发生的费用，按照费用实际发生额的80%计入委托方的委托境外研发费用。委托境外研发费用不超过境内符合条件的研发费用2/3的部分，可以按规定在企业所得税前加计扣除。

上述费用实际发生额应按照独立交易原则确定。委托方与受托方存在关联关系的，受托方应向委托方提供研发项目费用支出明细情况。

《财政部 税务总局 科技部关于企业委托境外研究开发费用税前加计扣除有关政策问题的通知》财税〔2018〕64号 2018年6月25日

（5）为进一步激励企业加大研发投入，支持科技创新，现就提高企业研究开发费用（以下简称研发费用）税前加计扣除比例有关问题通知如下：

①企业开展研发活动中实际发生的研发费用，未形成无形资产计入当期损益的，在按规定据实扣除的基础上，在2018年1月1日至2020年12月31日期间，再按照实际发生额的75%在税前加计扣除；形成无形资产的，在上述期间按照无形资产成本的175%在税前摊销。

②企业享受研发费用税前加计扣除政策的其他政策口径和管理要求按照《财政部 国家税务总局 科技部关于完善研究开发费用税前加计扣除政策的通知》（财税〔2015〕119号）、《财政部 税务总局 科技部关于企业委托境外研究开发费用税前加计扣除有关政策问题的通知》（财税〔2018〕64号）、《国家税务总局关于企业研究开发费用税前加计扣除政策有关问

题的公告》（国家税务总局公告2015年第97号）等文件规定执行。

《财政部　税务总局　科技部关于提高研究开发费用税前加计扣除比例的通知》财税〔2018〕99号 2018年9月20日

（6）制造业企业开展研发活动中实际发生的研发费用，未形成无形资产计入当期损益的，在按规定据实扣除的基础上，自2021年1月1日起，再按照实际发生额的100%在税前加计扣除；形成无形资产的，自2021年1月1日起，按照无形资产成本的200%在税前摊销。

本条所称制造业企业，是指以制造业业务为主营业务，享受优惠当年主营业务收入占收入总额的比例达到50%以上的企业。制造业的范围按照《国民经济行业分类》（GB/T 4754—2017）确定，如国家有关部门更新《国民经济行业分类》，从其规定。收入总额按照企业所得税法第六条规定执行。

企业享受研发费用加计扣除政策的其他政策口径和管理要求，按照《财政部　国家税务总局　科技部关于完善研究开发费用税前加计扣除政策的通知》（财税〔2015〕119号）、《财政部　税务总局　科技部关于企业委托境外研究开发费用税前加计扣除有关政策问题的通知》（财税〔2018〕64号）等文件相关规定执行。

本公告自2021年1月1日起执行。

《财政部　税务总局关于进一步完善研发费用税前加计扣除政策的公告》

财政部 税务总局公告2021年第13号 2021年3月31日

（7）关于2021年度享受研发费用加计扣除政策问题

①企业10月份预缴申报第3季度（按季预缴）或9月份（按月预缴）企业所得税时，可以自主选择就前三季度研发费用享受加计扣除优惠政策。

对10月份预缴申报期未选择享受优惠的，可以在2022年办理2021年度企业所得税汇算清缴时统一享受。

②企业享受研发费用加计扣除政策采取“真实发生、自行判别、申报享受、相关资料留存备查”的办理方式，由企业依据实际发生的研发费用支出，自行计算加计扣除金额，填报《中华人民共和国企业所得税月（季）度预缴纳税申报表（A类）》享受税收优惠，并根据享受加计扣除优惠的

研发费用情况（前三季度）填写《研发费用加计扣除优惠明细表》（A107012）。《研发费用加计扣除优惠明细表》（A107012）与政策规定的其他资料一并留存备查。

《国家税务总局关于进一步落实研发费用加计扣除政策有关问题的公告》国家税务总局公告 2021 年第 28 号 2021 年 9 月 13 日

（三）研发活动与研发活动方式

研发活动是指企业为获得科学与技术新知识，创造性运用科学技术新知识，或实质性改进技术、产品（服务）、工艺而持续进行的具有明确目标的系统性活动。

企业研发活动一般分为自主研发、委托研发、合作研发、集中研发及以上方式的组合。

（1）自主研发。是指企业主要依靠自己的资源，独立进行研发，并在研 发项目的主要方面拥有完全独立的知识产权。

（2）委托研发。是指被委托单位或机构基于企业委托而开发的项目。企 业以支付报酬的形式获得被委托单位或机构的成果。委托项目的特点是研发经费受委托人支配，项目成果必须体现委托人的意志和实现委托人的使用目的。委托合同除了委托指向的具体技术指标、研发时间和合同的常规条款外，还有一条关于知识产权的归属问题，或规定双方共有，或规定一方拥有。只有委托方部分或全部拥有时，才可按照委托研发享受加计扣除政策。若知识产权最后属于受托方，则不能按照委托研发享受加计扣除政策。

（3）合作研发。是指研发立项企业通过契约的形式与其他企业共同对项目的某一个关键领域分别投入资金、技术、人力，共同参与产生智力成果的创作活动，共同完成研发项目。合作研发共同完成的知识产权，其归属由合同约定，如果合同没有约定的，由合作各方共同所有。可以享受研发费用加计扣除优惠政策的合作方应该拥有合作研发项目成果的所有权。合作各方应直接参与研发活动，而非仅提供咨询、物质条件或其他辅助性活动。合作开发在合同中应注明，双方分别投入、各自承担费用、知识产权双方共有或各自拥有自己的研究成果的知识产权。

有些大型的研究开发项目，往往不是企业自身独立完成，需要与其他单位进行合作。由于委托研发和合作研发适用的加计扣除不一致，为了准确享受政策，科技研发人员和财务人员需要明确研发项目是委托研发，还是合作研发。

（4）集中研发。是指企业集团根据生产经营和科技开发的实际情况，对技术要求高、投资数额大、单个企业难以独立承担，或者研发力量集中在企业集团，由企业集团统筹管理研发的项目进行集中开发。

不同类型的研发活动对研发费用归集的要求不尽相同，企业在享受加计扣除优惠时要注意区分。

（四）研发费用与研发费用的归集

研发费用是指在开展研发活动中所发生的费用。企业的研发费用以是否形成无形资产为标准，划分为费用化和资本化两种方式加计扣除，两种方式准予税前扣除的总额是一样的。

企业需要注意的是，研发费用的核算无论是计入当期损益还是形成无形资产，可加计扣除的研发费用都应属于财税〔2015〕119 号文件及 97 号公告、40 号公告规定的范围，同时应符合法律、行政法规和财税部门税前扣除的相关规定，即不得税前扣除的项目也不得加计扣除。对于研发支出形成无形资产的，其摊销年限应符合企业所得税法实施条例规定，除法律法规另有规定或合同约定外，摊销年限不得低于 10 年。

（1）研发费用税前加计扣除归集范围

①人员人工费用。指直接从事研发活动人员的工资薪金、基本养老保险费、基本医疗保险费、失业保险费、工伤保险费、生育保险费和住房公积金，以及外聘研发人员的劳务费。

直接从事研发活动人员包括研究人员、技术人员、辅助人员。研究人员是指主要从事研究开发项目的专业人员；技术人员是指具有工程技术、自然科学和生命科学中一个或一个以上领域的技术知识和经验，在研究人员指导下参与研发工作的人员；辅助人员是指参与研究开发活动的技工。外聘研发人员是指与本企业或劳务派遣企业签订劳务用工协议（合同）和临时聘用的研究人员、技术人员、辅助人员。

a. 接受劳务派遣的企业按照协议（合同）约定支付给劳务派遣企业，且由劳务派遣企业实际支付给外聘研发人员的工资薪金等费用，属于外聘研发人员的劳务费用。

b. 工资薪金包括按规定可以在税前扣除的对研发人员股权激励的支出。

c. 直接从事研发活动的人员、外聘研发人员同时从事非研发活动的，企业应对其人员活动情况做必要记录，并将其实际发生的相关费用按实际工时占比等合理方法在研发费用和生产经营费用间分配，未分配的不得加计扣除。

②直接投入费用。指研发活动直接消耗的材料、燃料和动力费用；用于中间试验和产品试制的模具、工艺装备开发及制造费，不构成固定资产的样品、样机及一般测试手段购置费，试制产品的检验费；用于研发活动的仪器、设备的运行维护、调整、检验、维修等费用，以及通过经营租赁方式租入的用于研发活动的仪器、设备租赁费。

a. 以经营租赁方式租入的用于研发活动的仪器、设备，同时用于非研发活动的，企业应对其仪器设备使用情况做必要记录，并将其实际发生的租赁费按实际工时占比等合理方法在研发费用和生产经营费用间分配，未分配的不得加计扣除。

b. 企业研发活动直接形成产品或作为组成部分形成的产品对外销售的，研发费用中对应的材料费用不得加计扣除。

产品销售与对应的材料费用发生在不同纳税年度且材料费用已计入研发费用的，可在销售当年以对应的材料费用发生额直接冲减当年的研发费用，不足冲减的，结转以后年度继续冲减。

③折旧费用。指用于研发活动的仪器、设备的折旧费。

a. 用于研发活动的仪器、设备，同时用于非研发活动的，企业应对其仪器设备使用情况做必要记录，并将其实际发生的折旧费按实际工时占比等合理方法在研发费用和生产经营费用间分配，未分配的不得加计扣除。

b. 企业用于研发活动的仪器、设备，符合税法规定且选择加速折旧优惠政策的，在享受研发费用税前加计扣除政策时，就税前扣除的折旧部分计算加计扣除。

④无形资产摊销费用。指用于研发活动的软件、专利权、非专利技术（包括许可证、专有技术、设计和计算方法等）的摊销费用。

a. 用于研发活动的无形资产，同时用于非研发活动的，企业应对其无形资产使用情况做必要记录，并将其实际发生的摊销费按实际工时占比等合理方法在研发费用和生产经营费用间分配，未分配的不得加计扣除。

b. 用于研发活动的无形资产，符合税法规定且选择缩短摊销年限的，在享受研发费用税前加计扣除政策时，就税前扣除的摊销部分计算加计扣除。

⑤新产品设计费、新工艺规程制定费、新药研制的临床试验费、勘探开发技术的现场试验费。指企业在新产品设计、新工艺规程制定、新药研制的临床试验、勘探开发技术的现场试验过程中发生的与开展该项活动有关的各类费用。

⑥其他相关费用。指与研发活动直接相关的其他费用，如技术图书资料费、资料翻译费、专家咨询费、高新科技研发保险费，研发成果的检索、分析、评议、论证、鉴定、评审、评估、验收费用，知识产权的申请费、注册费、代理费，差旅费、会议费，职工福利费、补充养老保险费、补充医疗保险费。

此类费用总额不得超过可加计扣除研发费用总额的 10%。

⑦其他事项。

a. 企业取得的政府补助，会计处理时采用直接冲减研发费用方法且税务处理时未将其确认为应税收入的，应按冲减后的余额计算加计扣除金额。

b. 企业取得研发过程中形成的下脚料、残次品、中间试制品等特殊收入，在计算确认收入当年的加计扣除研发费用时，应从已归集研发费用中扣减该特殊收入，不足扣减的，加计扣除研发费用按零计算。

c. 企业开展研发活动中实际发生的研发费用形成无形资产的，其资本化的时点与会计处理保持一致。

（2）研发费用归集的 3 个口径

目前研发费用归集有 3 个口径，一是会计核算口径，由《财政部关于企业加强研发费用财务管理的若干意见》（财企〔2007〕194 号）规范；二是高新技术企业认定口径，由《科技部　财政部　国家税务总局关于修订印发〈高新技术企业认定管理工作指引〉的通知》（国科发火〔2016〕195 号）规范；三是研发费用加计扣除税收规定口径，由财税〔2015〕119 号文件和 97 号公告、40 号公告规范。3 个研发费用归集口径相比较，存在一定差异（详见：研发费用归集口径比较表）。形成差异的主要原因如下：

①会计口径的研发费用，其主要目的是为了准确核算研发活动支出，而企业研发活动是企业根据自身生产经营情况自行判断的，除该项活动应属于研发活动外，并无过多限制条件。

②高新技术企业认定口径的研发费用，其主要目的是为了判断企业研发投入强度、科技实力是否达到高新技术企业标准，因此对人员费用、其他费用等方面有一定的限制。

③研发费用加计扣除政策口径的研发费用，是指企业为开发新技术、新产品、新工艺发生的研究开发费用，为获得创新性、创意性、突破性的产品进行创意设计活动而发生的相关费用。其主要目的是为了细化哪些研发费用可以享受加计扣除政策，引导企业加大核心研发投入，因此政策口径最小。可加计范围针对企业核心研发投入，主要包括研发直接投入和相关性较高的费用，对其他费用有一定的比例限制。应关注的是，允许扣除的研发费用范围采取的是正列举方式，即政策规定中没有列举的加计扣除项目，不可以享受加计扣除优惠。

研发费用归集口径比较表

费用项目	研发费用加计扣除	高新技术企业认定	会计规定	备注
人员人工费用	直接从事研发活动人员的工资薪金、基本养老保险费、基本医疗保险费、失业保险费、工伤保险费、生育保险费和住房公积金，以及外聘研发人员的劳务费用	企业科技人员的工资薪金、基本养老保险费、基本医疗保险费、失业保险费、工伤保险费、生育保险费和住房公积金，以及外聘科技人员的劳务费用	企业在职研发人员的工资、奖金、津贴、补贴、社会保险费、住房公积金等人工费用及外聘研发人员的劳务费用	会计核算范围大于税收范围。高新技术企业人员人工费用归集对象是科技人员

续表

费用项目	研发费用加计扣除	高新技术企业认定	会计规定	备注
直接投入费用	（1）研发活动直接消耗的材料、燃料和动力费用	（1）直接消耗的材料、燃料和动力费用	（1）研发活动直接消耗的材料、燃料和动力费用	
	（2）用于中间试验和产品试制的模具、工艺装备开发及制造费，不构成固定资产的样品、样机及一般测试手段购置费，试制产品的检验费	（2）用于中间试验和产品试制的模具、工艺装备开发及制造费，不构成固定资产的样品、样机及一般测试手段购置费，试制产品的检验费	（2）用于中间试验和产品试制的模具、工艺装备开发及制造费，样品、样机及一般测试手段购置费，试制产品的检验费等	
	（3）用于研发活动的仪器、设备的运行维护、调整、检验、维修等费用，以及通过经营租赁方式租入的用于研发活动的仪器、设备租赁费	（3）用于研究开发活动的仪器、设备的运行维护、调整、检验、检测、维修等费用，以及通过经营租赁方式租入的用于研发活动的固定资产租赁费	（3）用于研发活动的仪器、设备、房屋等固定资产的租赁费，设备调整及检验费，以及相关固定资 产的运行维护、维修等费用	房屋租赁费不计入加计扣除范围
固定资产折旧费用与无形资产摊销费用	用于研发活动的仪器、设备的折旧费	用于研究开发活动的仪器、设备和在用建筑物的折旧费。研发设施的改建、改装、装修和修理过程中发生的长期待摊费用	用于研发活动的仪器、设备、房屋等固定资产的折旧费	房屋折旧费不计入加计扣除范围
	用于研发活动的软件、专利权、非专利技术（包括许可证、专有技术、设计和计算方法等）的摊销费用	用于研究开发活动的软件、知识产权、非专利技术（专有技术、许可证、设计和计算方法等）的摊销费用	用于研发活动的软件、专利权、非专利技术等无形资产的摊销费用	

续表

费用项目	研发费用加计扣除	高新技术企业认定	会计规定	备注
设计试验等费用	新产品设计费、新工艺规程制定费、新药研制的临床试验费、勘探开发技术的现场试验费	符合条件的设计费用、装备调试费用、试验费用（包括新药研制的临床试验费、勘探开发技术的现场试验费、田间试验费等）		
其他相关费用	与研发活动直接相关的其他费用，如技术图书资料费、资料翻译费、专家咨询费、高新科技研发保险费，研发成果的检索、分析、评议、论证、鉴定、评审、评估、验收费用，知识产权的申请费、注册费、代理费，差旅费、会议费，职工福利费、补充养老保险费、补充医疗保险费。此项费用总额不得超过可加计扣除研发费用总额的10%	与研究开发活动直接相关的其他费用，包括技术图书资料费、资料翻译费、专家咨询费、高新科技研发保险费，研发成果的检索、论证、评审、鉴定、验收费用，知识产权的申请费、注册费、代理费，会议费、差旅费、通讯费等。此项费用一般不得超过研究开发总费用的20%，另有规定的除外	与研发活动直接相关的其他费用，包括技术图书资料费、资料翻译费、会议费、差旅费、办公费、外事费、研发人员培训费、培养费、专家咨询费、高新科技研发保险费用等。研发成果的论证、评审、验收、评估以及知识产权的申请费、注册费、代理费等费用	加计扣除政策及高新研发费用范围中对其他相关费用总额有比例限制

（3）特别事项处理

①失败的研发活动所发生的研发费用也可加计扣除。失败的研发活动所发生的研发费用也可享受加计扣除的原由如下：一是企业的研发活动具有一定的风险和不可预测性，既可能成功也可能失败，政策是对研发活动予以鼓励，并非单纯强调结果；二是失败的研发活动也并不是毫无价值的，在一般情况下的“失败”是指没有取得预期的结果，但可以取得其他有价值的成果；三是许多研发项目的执行是跨年度的，在研发项目执行当年，其发生的研发费用就可以享受加计扣除，不是在项目执行完成并取得最终

结果以后才申请加计扣除，在享受加计扣除时实际无法预知研发成果，如强调研发成功才能加计扣除，将极大地增加企业享受优惠的成本，降低政策激励的有效性。

②盈利企业和亏损企业都可以享受加计扣除政策。《企业所得税法》第五条明确企业每一纳税年度的收入总额，减除不征税收入、免税收入、各项扣除及允许弥补的以前年度亏损后的余额，为应纳税所得额，因此，企业发生的研发费用，不论企业当年是盈利还是亏损，都可以加计扣除。

③研发费用加计扣除可以与其他企业所得税优惠事项叠加享受。根据《国家税务总局关于发布〈企业所得税优惠政策事项办理办法〉的公告》（国家税务总局公告2015年第76号，以下简称“76号公告”）的规定，所称税收优惠，是指企业所得税法规定的优惠事项，以及税法授权国务院和民族自治地方制定的优惠事项。包括免税收入、减计收入、加计扣除、加速折旧、所得减免、抵扣应纳税所得额、减低税率、税额抵免、民族自治地方分享部分减免等。

按照《财政部　国家税务总局关于执行企业所得税优惠政策若干问题的通知》（财税〔2009〕69号）的规定，企业所得税法及其实施条例中规定的各项税收优惠，凡企业符合规定条件的，可以同时享受。因此，企业既符合享受研发费用加计扣除政策条件，又符合享受其他优惠政策条件的，可以同时享受有关优惠政策。

（五）享受优惠时间

企业可以选择所得税预缴或次年办理汇算清缴时享受。

（六）办理流程

企业享受研发费加计扣除政策采取“自行判别、申报享受、相关资料留存备查”的办理方式，自行计算减免税额，并通过填报企业所得税纳税申报表享受税收优惠。

企业可以选择在10月份预缴申报当年第3季度（按季预缴）或9月份（按月预缴）企业所得税时，就当年上半年研发费用享受加计扣除优惠政策，也可以统一在次年办理汇算清缴时享受。

选择预缴享受的，可以自行计算加计扣除金额，企业只需填写《中华人民共和国企业所得税月（季）度预缴纳税申报表（A 类）》有关栏次即可享受。同时应根据享受加计扣除优惠的研发费用情况（上半年）填写《研发费用加计扣除优惠明细表》（A107012），但该表在预缴时不需报送税务机关，只需与相关政策规定的其他资料一并留存备查。

汇算清缴享受时，填报《中华人民共和国企业所得税年度纳税申报表（A 类，2017 年版）》、《免税、减计收入及加计扣除优惠明细表》（A107010）、《研发费用加计扣除优惠明细表》（A107012）有关栏次。

中华人民共和国企业所得税年度纳税申报表（A类）

A100000

行次	类别	项　　目	金 额
1	利润总额计算	一、营业收入（填写 A101010\101020\103000）	
2		减：营业成本（填写 A102010\102020\103000）	
3		减：税金及附加	
4		减：销售费用（填写 A104000）	
5		减：管理费用（填写 A104000）	
6		减：财务费用（填写 A104000）	
7		减：资产减值损失	
8		加：公允价值变动收益	
9		加：投资收益	
10		二、营业利润（1-2-3-4-5-6-7+8+9）	
11		加：营业外收入（填写 A101010\101020\103000）	
12		减：营业外支出（填写 A102010\102020\103000）	
13		三、利润总额（10+11-12）	

续表

行次	类别	项　　目	金 额
14	应纳税所得额计算	减：境外所得（填写 A108010）	
15		加：纳税调整增加额（填写 A105000）	
16		减：纳税调整减少额（填写 A105000）	
17		减：免税、减计收入及加计扣除（填写 A107010）	***
18		加：境外应税所得抵减境内亏损（填写 A108000）	
19		四、纳税调整后所得（13-14+15-16-17+18）	
20		减：所得减免（填写 A107020）	
21		减：弥补以前年度亏损（填写 A106000）	
22		减：抵扣应纳税所得额（填写 A107030）	
23		五、应纳税所得额（19-20-21-22）	
24	应纳税额计算	税率（25%）	
25		六、应纳所得税额（23×24）	
26		减：减免所得税额（填写 A107040）	
27		减：抵免所得税额（填写 A107050）	
28		七、应纳税额（25-26-27）	
29		加：境外所得应纳所得税额（填写 A108000）	
30		减：境外所得抵免所得税额（填写 A108000）	
31		八、实际应纳所得税额（28+29-30）	
32		减：本年累计实际已缴纳的所得税额	
33		九、本年应补（退）所得税额（31-32）	
34		其中：总机构分摊本年应补（退）所得税额（填写 A109000）	
35		财政集中分配本年应补（退）所得税额（填写 A109000）	
36		总机构主体生产经营部门分摊本年应补（退）所得税额（填写 A109000）	

A100000 《中华人民共和国企业所得税年度纳税申报表（A类）》填报说明

本表为企业所得税年度纳税申报表的主表，纳税人应当根据《中华人民共和国企业所得税法》及其实施条例（以下简称“税法”）、相关税收政策，以及国家统一会计制度（企业会计准则、小企业会计准则、企业会计制度、事业单位会计准则和民间非营利组织会计制度等）的规定，计算填报利润总额、应纳税所得额和应纳税额等有关项目。

纳税人在计算企业所得税应纳税所得额及应纳税额时，会计处理与税收规定不一致的，应当按照税收规定计算。税收规定不明确的，在没有明确规定之前，暂按国家统一会计制度计算。

其中：第 17 行“免税、减计收入及加计扣除”：填报属于税收规定免税收入、减计收入、加计扣除金额。本行根据《免税、减计收入及加计扣除优惠明细表》（A107010）填报。

A107010　免税、减计收入及加计扣除优惠明细表

行次	项　目	金额
1	**一、免税收入　第（2+3+6+7+8+9+10+11+12+13+14+15+16）行**	
2	（一）国债利息收入免征企业所得税	
3	（二）符合条件的居民企业之间的股息、红利等权益性投资收益免征企业所得税（填写 A107011）	
4	其中：内地居民企业通过沪港通投资且连续持有 H 股满 12 个月取得的股息红利所得免征企业所得税（填写 A107011）	
5	内地居民企业通过深港通投资且连续持有 H 股满 12 个月取得的股息红利所得免征企业所得税（填写 A107011）	
6	（三）符合条件的非营利组织的收入免征企业所得税	
7	（四）符合条件的非营利组织（科技企业孵化器）的收入免征企业所得税	
8	（五）符合条件的非营利组织（国家大学科技园）的收入免征企业所得税	

续表

行次	项　目	金额
9	（六）中国清洁发展机制基金取得的收入免征企业所得税	
10	（七）投资者从证券投资基金分配中取得的收入免征企业所得税	
11	（八）取得的地方政府债券利息收入免征企业所得税	
12	（九）中国保险保障基金有限责任公司取得的保险保障基金等收入免征企业所得税	
13	（十）中国奥委会取得北京冬奥组委支付的收入免征企业所得税	
14	（十一）中国残奥委会取得北京冬奥组委分期支付的收入免征企业所得税	
15	（十二）其他 1	
16	（十三）其他 2	
17	**二、减计收入　第（18+19+23+24）行**	
18	（一）综合利用资源生产产品取得的收入在计算应纳税所得额时减计收入	
19	（二）金融、保险等机构取得的涉农利息、保费减计收入（20+21+22）	
20	1. 金融机构取得的涉农贷款利息收入在计算应纳税所得额时减计收入	
21	2. 保险机构取得的涉农保费收入在计算应纳税所得额时减计收入	
22	3. 小额贷款公司取得的农户小额贷款利息收入在计算应纳税所得额时减计收入	
23	（三）取得铁路债券利息收入减半征收企业所得税	
24	（四）其他	
25	**三、加计扣除　第（26+27+28+29+30）行**	
26	（一）开发新技术、新产品、新工艺发生的研究开发费用加计扣除（填写 A107012）	
27	（二）科技型中小企业开发新技术、新产品、新工艺发生的研究开发费用加计扣除（填写 A107012）	
28	（三）企业为获得创新性、创意性、突破性的产品进行创意设计活动而发生的相关费用加计扣除	
29	（四）安置残疾人员所支付的工资加计扣除	

续表

行次	项　目	金额
30	（五）其他	
31	合计（1+17+25）	

A107010　《免税、减计收入及加计扣除优惠明细表》中关于研究开发费用加计扣除填报说明

第 25 行“三、加计扣除”：填报第（26+27+28+29+30）行的合计金额。

第 26 行“（一）开发新技术、新产品、新工艺发生的研究开发费用加计扣除”：当表 A000000“210–3”项目未填有入库编号时，填报表 A107012 第 51 行金额。本行与第 27 行不可同时填报。

第 27 行“（二）科技型中小企业开发新技术、新产品、新工艺发生的研究开发费用加计扣除”：当表 A000000“210–3”项目填有入库编号时，填报表 A107012 第 51 行金额。本行与第 26 行不可同时填报。

第 28 行“（三）企业为获得创新性、创意性、突破性的产品进行创意设计活动而发生的相关费用加计扣除”：填报纳税人根据《财政部 国家税务总局 科技部关于完善研究开发费用税前加计扣除政策的通知》（财税〔2015〕119 号）第二条第四项规定，为获得创新性、创意性、突破性的产品进行创意设计活动而发生的相关费用按照规定进行税前加计扣除的金额。

A107012　研发费用加计扣除优惠明细表

行次	项　目	金额（数量）
1	本年可享受研发费用加计扣除项目数量	
2	**一、自主研发、合作研发、集中研发　第（3+7+16+19+23+34）行**	
3	（一）人员人工费用第（4+5+6）行	
4	1. 直接从事研发活动人员工资薪金	
5	2. 直接从事研发活动人员五险一金	

续表

行次	项　目	金额（数量）
6	3. 外聘研发人员的劳务费用	
7	（二）直接投入费用　第（8+9+10+11+12+13+14+15）行	
8	1. 研发活动直接消耗材料费用	
9	2. 研发活动直接消耗燃料费用	
10	3. 研发活动直接消耗动力费用	
11	4. 用于中间试验和产品试制的模具、工艺装备开发及制造费	
12	5. 用于不构成固定资产的样品、样机及一般测试手段购置费	
13	6. 用于试制产品的检验费	
14	7. 用于研发活动的仪器、设备的运行维护、调整、检验、维修等费用	
15	8. 通过经营租赁方式租入的用于研发活动的仪器、设备租赁费	
16	（三）折旧费用　第（17+18）行	
17	1. 用于研发活动的仪器的折旧费	
18	2. 用于研发活动的设备的折旧费	
19	（四）无形资产摊销　第（20+21+22）行	
20	1. 用于研发活动的软件的摊销费用	
21	2. 用于研发活动的专利权的摊销费用	
22	3. 用于研发活动的非专利技术（包括许可证、专有技术、设计和计算方法等）的摊销费用	
23	（五）新产品设计费等　第（24+25+26+27）行	
24	1. 新产品设计费	
25	2. 新工艺规程制定费	
26	3. 新药研制的临床试验费	

续表

行次	项 目	金额（数量）
27	4. 勘探开发技术的现场试验费	
28	（六）其他相关费用 第（29+30+31+32+33）行	
29	1. 技术图书资料费、资料翻译费、专家咨询费、高新科技研发保险费	
30	2. 研发成果的检索、分析、评议、论证、鉴定、评审、评估、验收费用	
31	3. 知识产权的申请费、注册费、代理费	
32	4. 职工福利费、补充养老保险费、补充医疗保险费	
33	5. 差旅费、会议费	
34	（七）经限额调整后的其他相关费用	
35	**二、委托研发 第（36+37+39）行**	
36	（一）委托境内机构或个人进行研发活动所发生的费用	
37	（二）委托境外机构进行研发活动发生的费用	
38	其中：允许加计扣除的委托境外机构进行研发活动发生的费用	
39	（三）委托境外个人进行研发活动发生的费用	
40	**三、年度研发费用小计［第（2+36）行 ×80%+ 第 38 行］**	
41	（一）本年费用化金额	
42	（二）本年资本化金额	
43	**四、本年形成无形资产摊销额**	
44	**五、以前年度形成无形资产本年摊销额**	
45	**六、允许扣除的研发费用合计 第（41+43+44）行**	
46	减：特殊收入部分	
47	**七、允许扣除的研发费用抵减特殊收入后的金额 第（45–46）行**	
48	减：当年销售研发活动直接形成产品（包括组成部分）对应的材料部分	

续表

行次	项　目	金额（数量）
49	减：以前年度销售研发活动直接形成产品（包括组成部分）对应材料部分结转金额	
50	**八、加计扣除比例（%）**	
51	**九、本年研发费用加计扣除总额　第（47-48-49）行 ×50**	
52	**十、销售研发活动直接形成产品（包括组成部分）对应材料部分结转以后年度扣减金额［当第（47-48-49）行≥0，本行=0；当第（47-48-49）行＜0，本行=第（47-48-49）行的绝对值］**	

A107012　《研发费用加计扣除优惠明细表》填报说明

本表适用于享受研发费用加计扣除优惠（含结转）政策的纳税人填报。纳税人根据税法、《财政部　国家税务总局　科技部关于完善研究开发费用税前加计扣除政策的通知》（财税〔2015〕119号）、《国家税务总局关于企业研究开发费用税前加计扣除政策有关问题的公告》（国家税务总局公告2015年第97号）、《财政部　税务总局　科技部关于提高科技型中小企业研究开发费用税前加计扣除比例的通知》（财税〔2017〕34号）、《科技部　财政部　国家税务总局关于印发〈科技型中小企业评价办法〉的通知》（国科发政〔2017〕115号）、《国家税务总局关于提高科技型中小企业研究开发费用税前加计扣除比例有关问题的公告》（国家税务总局公告2017年第18号）、《国家税务总局关于研发费用税前加计扣除归集范围有关问题的公告》（国家税务总局公告2017年第40号）、《财政部　税务总局关于企业委托境外研究开发费用税前加计扣除有关政策问题的通知》（财税〔2018〕64号）、《财政部　税务总局　科技部关于提高研究开发费税前加计扣除比例的通知》（财税〔2018〕99号）等相关税收政策规定，填报本年发生的研发费用加计扣除优惠情况及结转情况。

有关项目填报说明

（1）第 1 行“本年可享受研发费用加计扣除项目数量”：填报纳税人本年研发项目中可享受研发费用加计扣除优惠政策的项目数量。

（2）第 2 行“一、自主研发、合作研发、集中研发”：填报第（3+7+16+19+23+34）行金额。

（3）第 3 行“（一）人员人工费用”：填报第 4+5+6 行金额。

直接从事研发活动的人员、外聘研发人员同时从事非研发活动的，填报按实际工时占比等合理方法分配的用于研发活动的相关费用。

（4）第 4 行“1. 直接从事研发活动人员工资薪金”：填报纳税人直接从事研发活动人员，包括研究人员、技术人员、辅助人员的工资、薪金、奖金、津贴、补贴及按规定可以在税前扣除的对研发人员股权激励的支出。

（5）第 5 行“2. 直接从事研发活动人员五险一金”：填报纳税人直接从事研发活动人员，包括研究人员、技术人员、辅助人员的基本养老保险费、基本医疗保险费、失业保险费、工伤保险费、生育保险费和住房公积金。

（6）第 6 行“3. 外聘研发人员的劳务费用”：填报与纳税人或劳务派遣企业签订劳务用工协议（合同）的外聘研发人员的劳务费用，以及临时聘用的研究人员、技术人员、辅助人员的劳务费用。

（7）第 7 行“（二）直接投入费用”：填报第（8+9+10+11+12+13+14+15）行金额。

（8）第 8 行“1. 研发活动直接消耗材料费用”：填报纳税人研发活动直接消耗的材料费用。

（9）第 9 行“2. 研发活动直接消耗燃料费用”：填报纳税人研发活动直接消耗的燃料费用。

（10）第 10 行“3. 研发活动直接消耗动力费用”：填报纳税人研发活动直接消耗的动力费用。

（11）第 11 行“4. 用于中间试验和产品试制的模具、工艺装备开发及制造费”：填报纳税人研发活动中用于中间试验和产品试制的模具、工艺装备开发及制造的费用。

（12）第 12 行“5. 用于不构成固定资产的样品、样机及一般测试手段购置费”：填报纳税人研发活动中用于不构成固定资产的样品、样机及一般测试手段购置费用。

（13）第 13 行“6. 用于试制产品的检验费”：填报纳税人研发活动中用于试制产品的检验费。

（14）第 14 行“7. 用于研发活动的仪器、设备的运行维护、调整、检验、维修等费用”：填报纳税人用于研发活动的仪器、设备的运行维护、调整、检验、维修等费用。

（15）第 15 行“8. 通过经营租赁方式租入的用于研发活动的仪器、设备租赁费”：填报纳税人经营租赁方式租入的用于研发活动的仪器、设备租赁费。以经营租赁方式租入的用于研发活动的仪器、设备，同时用于非研发活动的，填报按实际工时占比等合理方法分配的用于研发活动的相关费用。

（16）第 16 行“（三）折旧费用”：填报第（17+18）行金额。

用于研发活动的仪器、设备，同时用于非研发活动的，填报按实际工时占比等合理方法分配的用于研发活动的相关费用。纳税人用于研发活动的仪器、设备，符合税收规定且选择加速折旧优惠政策的，在享受研发费用税前加计扣除政策时，按照税前扣除的折旧口径填报。

（17）第 17 行“1. 用于研发活动的仪器的折旧费”：填报纳税人用于研发活动的仪器的折旧费。

（18）第 18 行“2. 用于研发活动的设备的折旧费”：填报纳税人用于研发活动的设备的折旧费。

（19）第 19 行“（四）无形资产摊销”：填报第（20+21+22）行金额。用于研发活动的无形资产，同时用于非研发活动的，填报按实际工时占比等合理方法在研发费用和生产经营费用间分配的用于研发活动的相关费用。纳税人用于研发活动的无形资产，符合税收规定且选择加速摊销优惠政策的，在享受研发费用税前加计扣除政策时，按照税前扣除的摊销口径填报。

（20）第 20 行“1. 用于研发活动的软件的摊销费用”：填报纳税人用于研发活动的软件的摊销费用。

（21）第 21 行“2. 用于研发活动的专利权的摊销费用”：填报纳税人用

于研发活动的专利权的摊销费用。

（22）第 22 行“3. 用于研发活动的非专利技术（包括许可证、专有技术、设计和计算方法等）的摊销费用”：填报纳税人用于研发活动的非专利技术（包括许可证、专有技术、设计和计算方法等）的摊销费用。

（23）第 23 行“（五）新产品设计费等”：填报第（24+25+26+27）行金额。新产品设计费、新工艺规程制定费、新药研制的临床试验费、勘探开发技术的现场试验费等由辅助生产部门提供的，填报按照一定的分配标准分配给研发项目的金额。

（24）第 24 行“1. 新产品设计费”：填报纳税人研发活动中发生的新产品设计费。

（25）第 25 行“2. 新工艺规程制定费”：填报纳税人研发活动中发生的新工艺规程制定费。

（26）第 26 行“3. 新药研制的临床试验费”：填报纳税人研发活动中发生的新药研制的临床试验费。

（27）第 27 行“4. 勘探开发技术的现场试验费”：填报纳税人研发活动中发生的勘探开发技术的现场试验费。

（28）第 28 行“（六）其他相关费用”：填报第 29+30+31+32+33 行金额。

（29）第 29 行“1. 技术图书资料费、资料翻译费、专家咨询费、高新科技研发保险费”：填报纳税人研发活动中发生的技术图书资料费、资料翻译费、专家咨询费、高新科技研发保险费。

（30）第 30 行“2. 研发成果的检索、分析、评议、论证、鉴定、评审、评估、验收费用”：填报纳税人研发活动中发生的研发成果的检索、分析、评议、论证、鉴定、评审、评估、验收费用。

（31）第 31 行“3. 知识产权的申请费、注册费、代理费”：填报纳税人研发活动中发生的知识产权的申请费、注册费、代理费。

（32）第 32 行“4. 职工福利费、补充养老保险费、补充医疗保险费”：填报纳税人研发活动人员发生的职工福利费、补充养老保险费、补充医疗保险费。

（33）第 33 行“5. 差旅费、会议费”：填报纳税人研发活动发生的差旅费、会议费。

（34）第 34 行“（七）经限额调整后的其他相关费用”：根据研发活动分析汇总填报。

（35）第 35 行“二、委托研发”：填报第（36+37+39）行金额。

（36）第 36 行“（一）委托境内机构或个人进行研发活动所发生的费用”：填报纳税人研发项目委托境内机构或个人进行研发活动所发生的费用。

（37）第 37 行“（二）委托境外机构进行研发活动发生的费用”：填报纳税人研发项目委托境外机构进行研发活动所发生的费用。

（38）第 38 行“允许加计扣除的委托境外机构进行研发活动发生的费用”：填报纳税人按照税收规定允许加计扣除的委托境外机构进行研发活动发生的研发费用。

（39）第 39 行“（三）委托境外个人进行研发活动发生的费用”：填报纳税人委托境外个人进行研发活动发生的费用。本行不参与加计扣除优惠金额的计算。

（40）第 40 行“三、年度研发费用小计”：填报第（2+36）行 ×80%+第 38 行金额。

（41）第 41 行“（一）本年费用化金额”：填报纳税人研发活动本年费用化部分金额。

（42）第 42 行“（二）本年资本化金额”：填报纳税人研发活动本年结转无形资产的金额。

（43）第 43 行“四、本年形成无形资产摊销额”：填报纳税人研发活动本年形成无形资产的摊销额。

（44）第 44 行“五、以前年度形成无形资产本年摊销额”：填报纳税人研发活动以前年度形成无形资产本年摊销额。

（45）第 45 行“六、允许扣除的研发费用合计”：填报第（41+43+44）行金额。

（46）第 46 行“特殊收入部分”：填报纳税人已归集计入研发费用，但在当期取得的研发过程中形成的下脚料、残次品、中间试制品等特殊收入。

（47）第 47 行“七、允许扣除的研发费用抵减特殊收入后的金额”：填报第（45–46）行金额。

（48）第 48 行“当年销售研发活动直接形成产品（包括组成部分）对应的材料部分”：填报纳税人当年销售研发活动直接形成产品（包括组成部分）对应的材料部分金额。

（49）第 49 行“以前年度销售研发活动直接形成产品（包括组成部分）对应材料部分结转金额”：填报纳税人以前年度销售研发活动直接形成产品（包括组成部分）对应材料部分结转金额。

（50）第 50 行“八、加计扣除比例”：根据有关政策规定填报。

（51）第 51 行“九、本年研发费用加计扣除总额”：填报第（47–48–49）行 × 第 50 行的金额，当第（47–48–49）行＜ 0 时，本行填报 0。

（52）第 52 行“十、销售研发活动直接形成产品（包括组成部分）对应材料部分结转以后年度扣减金额”：当第（47–48–49）行≥ 0 时，填报 0；当第（47–48–49）行＜ 0 时，填报第（47–48–49）行金额的绝对值。

（七）留存备查资料

（1）自主、委托、合作研究开发项目计划书和企业有权部门关于自主、委托、合作研究开发项目立项的决议文件；

（2）自主、委托、合作研究开发专门机构或项目组的编制情况和研发人员名单；

（3）经科技行政主管部门登记的委托、合作研究开发项目的合同；

（4）从事研发活动的人员（包括外聘人员）和用于研发活动的仪器、设备、无形资产的费用分配说明（包括工作使用情况记录及费用分配计算证据材料）；

（5）集中研发项目研发费决算表、集中研发项目费用分摊明细情况表和实际分享收益比例等资料；

（6）“研发支出”辅助账及汇总表；

（7）企业如果已取得地市级（含）以上科技行政主管部门出具的鉴定意见，应作为资料留存备查；

（8）《研发费用加计扣除优惠明细表》（A107012，选择预缴享受的企业留存备查）。

（八）有关问题解答

（1）我们是一家纺织企业，原来享受75%的研发费用加计扣除，听说今年国家对制造业研发费用加计扣除政策又给了新的优惠，新政策与老政策相比，有哪些变化？

答：按照原来的研发费用加计扣除政策，企业实际发生的研发费用，在允许据实扣除的基础上，可以再按实际发生的研发费用的75%在税前加计扣除。此次制造业企业研发费用加计扣除政策将研发费用加计扣除比例由75%提高到100%，进一步加大对制造业企业的政策支持力度，激励企业加大研发投入。

（2）我公司是一家制造业企业，假设2021年发生研发费用100万元，具体应该如何计算加计扣除？

答：制造业企业开展研发活动中实际发生的研发费用，根据是否形成无形资产区分为费用化和资本化两种情况分别计算加计扣除，具体为：未形成无形资产计入当期损益的，在按规定据实扣除的基础上，自2021年1月1日起，再按照实际发生额的100%在税前加计扣除；形成无形资产的，自2021年1月1日起，按照无形资产成本的200%在税前摊销。

就你公司的情况而言，假设你公司2021年发生的研发费用全部费用化，且全部符合加计扣除的条件，则在据实扣除100万元的基础上，允许在税前再加计扣除100万元，即可以税前扣除200万元；如果发生的研发费用全部资本化，100万元将计入无形资产成本，可以按照无形资产成本的200%在税前摊销。

（3）我公司是一家制造业企业，2020年形成了一项计税基础为100万元的无形资产，能否适用制造业企业研发费用加计扣除政策？

答：该项优惠政策对无形资产形成的时间没有具体要求。对于制造业企业2021年以前形成的无形资产，在2020年12月31日以前可以按照无形资产成本的175%进行摊销；2021年1月1日起按照无形资产成本的200%在税前摊销。具体到该案例，假设该无形资产的计税基础均属于可加计扣除的研发费用范围，且分10年摊销，则在2020年按照普惠性研发费用加计扣除政策，每年税前摊销17.5万元，2021年起按照制造业企业研发费用加计扣除政策，每年税前摊销20万元，按25%税率计算，每年多减税6250元。

（4）这次新的研发费用优惠政策受益群体主要是制造业企业，我们想请问一下，制造业的范围如何界定？

答：按照《财政部 税务总局关于进一步完善研发费用税前加计扣除政策的公告》（2021年第13号）规定，制造业按照《国民经济行业分类》（GB/T 4574—2017）确定。如果未来国家有关部门更新《国民经济行业分类》，从其规定。

（5）我公司既生产服装，同时也从事其他类型的业务，发生的研发费用可按100%的比例在税前加计扣除吗？

答：考虑到企业多业经营的情况，在确定企业是否属于制造业企业时，按照收入指标来界定。具体是：享受按100%比例加计扣除的制造业企业是指以制造业业务为主营业务，享受优惠当年主营业务收入占收入总额的比例达到50%以上的企业。如果2021年你公司生产服装取得的主营业务收入占收入总额的比例达到50%以上，则在2021年你公司的研发费用可按100%的比例计算加计扣除；如果你公司生产服装收入占比低于50%，则不能按100%加计扣除，但可以按75%的比例加计扣除，负面清单行业除外。

（6）我公司从事多业经营，在判断是否符合制造业条件时，收入总额的口径如何掌握？

答：收入总额按照《中华人民共和国企业所得税法》第六条规定执行，具体是指企业以货币形式和非货币形式从各种来源取得的收入，包括销售货物收入、提供劳务收入、转让财产收入、股息、红利等权益性投资收益、利息收入、租金收入、特许权使用费收入、接受捐赠收入、其他收入。

（7）我公司是一家制造业企业，假设2021年研发形成了一项无形资产，但2021年主营业务收入占比不到50%，那该项无形资产还能按200%在税前摊销吗？

答：按照现行政策规定，制造业企业是指以制造业业务为主营业务，享受优惠当年的主营业务收入占收入总额的比例达到50%以上的企业。

不论无形资产的形成年度企业是否属于制造业企业，只要企业享受优惠当年制造业收入占比超过 50%，即可对无形资产按照 200% 在税前摊销。根据上述情况，你公司 2021 年度主营业务收入占比不到 50%，2021 年对该项无形资产只能按 175% 的比例在税前摊销；如果 2022 年度主营业务收入占比达到 50% 以上，则在 2022 年可以按 200% 的比例在税前摊销。

（8）原来研发费用加计扣除优惠都是在汇算清缴时才让享受，听说现在预缴时可以享受上半年的优惠，请问具体是怎样规定的？

答：企业在 10 月份预缴申报当年第 3 季度（采取按季预缴方式）或 9 月份（采取按月预缴方式）企业所得税时，可以自由选择是否就当年上半年发生的研发费用享受加计扣除优惠政策。企业如选择享受该政策，可以通过填写《中华人民共和国企业所得税月（季）度预缴纳税申报表（A 类）》享受政策。如选择暂不享受该政策，那么可以统一在次年办理汇算清缴时再行享受。

（9）我公司 2021 年发生了研发费用，想在预缴阶段享受研发费用税前加计扣除政策，需要满足哪些要求？

答：企业预缴享受研发费用加计扣除优惠政策的，应当在当年 10 月份办理第 3 季度（采取按季预缴方式）或 9 月份（采取按月预缴方式）预缴申报前，根据享受加计扣除优惠的研发费用情况（上半年）填写《中华人民共和国企业所得税年度纳税申报表（A 类，2017 年版）》中的《研发费用加计扣除优惠明细表》（A107012），并将该表与其他留存备查规定资料一并归集、整理齐全。税务机关将适时开展后续管理。在后续管理时，企业应当按照要求提供留存备查资料，以证实享受的优惠事项符合条件。企业未能按照税务机关要求提供留存备查资料，或者存在弄虚作假情况的，税务机关将依法追缴其已享受的企业所得税优惠税款,并按照税收征收管理法等相关规定处理。

（10）我公司是非制造业企业，请问是否可以按照财政部、税务总局公告 2021 年第 13 号中第二条规定的在预缴申报时享受上半年研发费用加计扣除优惠政策？

答：根据《财政部　税务总局关于进一步完善研发费用税前加计扣除政策的公告》（2021 年第 13 号）第二条规定，企业预缴申报当年第 3 季度（按季预缴）或 9 月份（按月预缴）企业所得税时，可以自行选择就当年上半年研发费用享受加计扣除优惠政策，采取“自行判别、申报享受、相关资料留存备查”办理方式。该规定适用于除研发费用负面清单以外的所有企业。

你公司属于非制造业企业，只要你公司不属于住宿和餐饮业、批发和零售业、房地产业、租赁和商务服务业、娱乐业等负面清单行业，就可以在每年 10 月份预缴第三季度或 9 月份企业所得税时，对上半年的研发费用选择享受加计扣除优惠。

根据《国家税务总局关于企业研究开发费用税前加计扣除政策有关问题的公告》（2015 年第 97 号）第四条规定，负面清单企业，是指以负面清单行业业务为主营业务，其研发费用发生当年的主营业务收入占企业按企业所得税法第六条规定计算的收入总额减除不征税收入和投资收益的余额 50%（不含）以上的企业。

（11）我单位符合财政部、税务总局公告 2021 年第 13 号关于研发费用税前加计扣除政策的规定，请问在预缴时享受的政策是仅限于 2021 年度还是以后年度均可享受？

答：按照《财政部 税务总局关于进一步完善研发费用税前加计扣除政策的公告》（2021 年第 13 号）规定，企业预缴申报当年第 3 季度或 9 月份企业所得税时，可以自行选择就当年上半年研发费用享受加计扣除优惠政策。这是一项长期性的制度安排，不仅限于 2021 年度，以后年度也可以在 10 月份预缴第三季度或 9 月份企业所得税时选择享受该项优惠。

（12）是不是所有的制造业企业发生的研发费用都可以按照 100% 的比例加计扣除？

答：《财政部　税务总局关于进一步完善研发费用税前加计扣除政策的公告》（2021 年第 13 号）规定，研发费用加计扣除的政策口径按照《财政部 国家税务总局　科技部关于完善研究开发费用税前加计扣除政策的通知》（财税〔2015〕119 号）、《财政部　税务总局　科技部关于企业委托境外研究开发费用税前加计扣除有关政策问题的通知》（财税〔2018〕64 号）等文件规定执行。并不是所有制造业企业都能够享受 100% 加计扣除，如烟草行业属于负面清单行业，就不能适用研发费用加计扣除政策。

（13）制造业企业发生的委托其他单位的研发费用，也可以按照 100%

比例加计扣除吗？

答：对于制造业企业发生的委托研发费用，也属于该企业的研发费用，可以按规定适用 100% 比例加计扣除政策。具体为：企业委托境内外部机构或个人进行研发活动发生的费用，按照费用实际发生额的 80% 计入委托方研发费用并按 100% 的比例计算加计扣除；委托境外进行研发活动所发生的费用，按照费用实际发生额的 80% 计入委托方的委托境外研发费用。委托境外研发费用不超过境内符合条件的研发费用 2/3 的部分，可以按规定在企业所得税前按 100% 比例计算加计扣除。

（14）2021 年 10 月申报期，企业享受研发费用加计扣除优惠需准备哪些资料？

答：企业享受此项优惠实行“真实发生、自行判别、申报享受、相关资料留存备查”方式，依据实际发生的研发费用支出，按税收政策规定在预缴申报表中直接填写前三季度的加计扣除金额，准备前三季度的研发支出辅助账和《研发费用加计扣除优惠明细表》（A107012）等留存备查。

（15）如果企业在 2021 年 10 月份申报期没有享受研发费用加计扣除，以后还可以享受吗？

答：企业在 10 月份预缴申报期没有选择享受优惠的，可以在第二年 5 月底前办理汇算清缴时享受。

（16）与“2015 版研发支出辅助账（样式）”相比，“2021 版研发支出辅助账（样式）”在哪些方面做了优化简化？

答：与“2015 版研发支出辅助账（样式）”相比，“2021 版研发支出辅助账（样式）”主要在以下方面进行了优化简化：

一是简并辅助账样式。“2015 版研发支出辅助账（样式）”包括自主研发、委托研发、合作研发、集中研发等 4 类辅助账和辅助账汇总表样式，共“4 张辅助账 +1 张汇总表”。“2021 版研发支出辅助账（样式）”将 4 类辅助账样式合并为一类，共“1 张辅助账＋ 1 张汇总表”，总体上减少辅助账样式的数量。

二是精简辅助账信息。“2015 版研发支出辅助账（样式）”要求填写人员人工费用等六大类费用的各项明细信息，并要求填报“借方金额”“贷方金额”

等会计信息。“2021版研发支出辅助账（样式）”仅要求企业填写人员人工费用等六大类费用合计，不再填写具体明细费用，同时删除了部分会计信息，减少了企业填写工作量。

三是调整优化操作口径。“2015版研发支出辅助账（样式）”未体现2015年之后的政策变化情况，如未明确委托境外研发费用的填写要求，企业需自行调整样式或分析填报。“2021版研发支出辅助账（样式）”充分考虑了税收政策的调整情况，增加了委托境外研发的相关列次，体现其他相关费用限额的计算方法的调整。《公告》还对填写口径进行了详细说明，便于纳税人准确归集核算。

（17）《关于进一步落实研发费用加计扣除政策有关问题的公告》（2021年第28号）实施以后，“2015版研发支出辅助账（样式）”还可以继续使用吗?

答：研发支出辅助账样式的定位是为企业享受加计扣除政策提供一个参照使用的样本，不强制执行。因此，“2021版研发支出辅助账（样式）”发布后，“2015版研发支出辅助账（样式）”继续有效。纳税人既可以选择使用“2021版研发支出辅助账（样式）”，也可以继续选择“2015版研发支出辅助账（样式）”。

需要说明，企业继续使用“2015版研发支出辅助账（样式）”的，可以参考“2021版研发支出辅助账（样式）”对委托境外研发费用、其他相关费用限额的计算公式等进行相应调整。

（18）企业可以自行设计辅助账样式吗?

答：纳税人可以自行设计辅助账样式。为保证企业准确归集可加计扣除的研发费用，且与《研发费用加计扣除优惠明细表》（A107012）的数据项相匹配，企业自行设计的辅助账样式，应当至少包括“2021版研发支出辅助账（样式）”所列数据项，且逻辑关系一致。

（19）为什么要调整其他相关费用限额计算方法，调整后对企业有哪些好处?

答：按现行政策规定，其他相关费用采取限额管理方式，不得超过可加计扣除研发费用总额的10%。97号公告明确按每一项目分别计算其他相关费用限额，对于有多个研发项目的企业，其有的研发项目其他相关费用占比不到 10%，有的超过 10%，不同研发项目的限额不能调剂使用。为进一步减轻企业负担、方便计算，让企业更多地享受优惠，《公告》将其他相关费用限额的计算方法调整为按全部项目统一计算，不再分项目计算。

举例：假设某公司 2021 年度有 A 和 B 两个研发项目。项目 A 人员人工等五项费用之和为 90 万元，其他相关费用为 12 万元；项目 B 人员人工等五项费用之和为 100 万元，其他相关费用为 8 万元。

a. 按照 97 号公告的计算方法

项目 A 的其他相关费用限额为 10 万元［90×10%/（1−10%）］，按照孰小原则，可加计扣除的其他相关费用为 10 万元；项目 B 的其他相关费用限额为 11.11 万元［100×10%/（1−10%）］，按照孰小原则，可加计扣除的其他相关费用为 8 万元。两个项目可加计扣除的其他相关费用合计为 18 万元。

b. 按照《公告》明确的计算方法

两个项目的其他相关费用限额为 21.11 万元［（90+100）×10%/（1−10%）］，可加计扣除的其他相关费用为 20 万元（即 12+8），大于 18 万元，且仅需计算一次，减轻了工作量。

（20）根据《国家税务总局关于研发费用税前加计扣除归集范围有关问题的公告》（国家税务总局公告〔2017〕40 号）规定：企业研发活动直接形成产品或作为组成部分形成的产品对外销售的，研发费用中对应的材料费用不得加计扣除。产品销售与对应的材料费用发生在不同纳税年度且材料费用已计入研发费用的，可在销售当年以对应的材料费用发生额直接冲减当年的研发费用，不足冲减的，结转以后年度继续冲减。

举例：2018 年 2 月，C 公司与客户甲公司签订合同生产某设备。该设备某项关键技术需要进行研发，C 公司对该研发项目进行自主研发项目立项（X 项目）。假设生产周期为 3 年。2018 年 C 公司发生研发支出 100 万元，其中 X 项目领用材料 30 万元。假设全部费用化，不考虑其他因素。2018 年 C 公司可加计扣除的研发费用为 100 万元，当期实际加计扣除额 75 万元。2019 年 C 公司发生研发支出 80 万元，其中 X 项目领用材料 20 万元（研发成功并交付生产部门）。假设全部费用化，不考虑其他因素。2019 年 C 公司可加计扣除研发费用为 80 万元，当期实际加计扣除额 60 万元。2020 年 10 月完工并按合同约定交付给甲公司，取得设备价款 1000 万元。当年发生研发支出 150 万元。假设全部费用化，不考虑其他因素。2020 年 C 公司可加计研发费用为 100（即 150–30–20）万元，当期实际加计扣除额为 75 万元。

延伸阅读——落实企业研发费用加计扣除普惠政策实例

打造“浙里扣”应用场景
全面精准落实企业研发费用加计扣除普惠政策

——浙江省推进企业研发费用税前加计扣除“一件事”工作实例

研发费用加计扣除是国家以普惠性税收优惠政策激励企业技术创新、产品升级的一项重要举措。2019 年以来，浙江省科学技术厅针对在服务企业过程中集中反映的企业研发项目管理难、企业研发费用归集难、企业研发费用加计扣除核算难等三大共性问题，会同省税务局、省统计局紧扣企业难点需求发力，开发了“浙江企业研究开发项目信息管理系统”，并在全省全面推广应用，发挥了很好的作用、取得了明显的成效，切实推动了企业研发费用加计扣除普惠政策的全面精准落实，全面激发了企业加大研发投入热情。

目前，“浙江企业研究开发项目信息管理系统”已经根据科技创新数字化改革的要求，打造了“浙里扣”应用场景，上线企业 5.54 万家，覆盖全省 100% 高新技术企业、70% 以上的科技型中小企业，帮助企业便捷享受研发费用加计扣除金额 1861 亿元。主要功能和特点如下：

一是实现研发数据“批量导入、一网生成”，解决了企业研发项目管理、企业财务管理、加计扣除核算难题。“系统”通过财务科目匹配，可自动生成“研发费用辅助账”、《企业研发项目情况汇总表》、《研发费用加计扣除优惠明细表》等相关账表，不仅为企业搭建了研发项目管理平台，减轻了企业设置研发费用辅助账、归集核算各项研发费用等工作压力，而且有效提高了研发费用归集核算准确性，确保企业及时充分享受研发费用加计扣除政策。

二是实现了企业研发数据“实时汇总、一网联动”，解决了企业研发全程跟踪管理难题。通过“系统”的应用，不仅完善健全了科技、税务等多部门的信息共享和工作联动机制，实现全面实时动态掌握各种数据、即时高效地进行数据监测分析，而且系统可自动生成区域性管理数据库，自动或任意生成《企业研发费用信息管理汇总表》《研发活动企业所属领域区域分布汇总表》《规上工业企业研发活动率与研发强度情况表》等监测分析表，让企业管理者和科技、税务、人才等政府管理部门可以实时精准掌握企业研发活动实施、研发项目资金投入、税收优惠政策落实、科技创新人才等动态情况，实现企业管理者、政府管理部门对研发项目的全过程、可追溯管理。

三是实现了研发项目异议鉴定“在线传递、一网办结”，解决了企业研发项目异议鉴定难题。“系统”通过线上即可实现科技与税务部门之间的高效联动，可以实时了解、掌握各地、各企业研发费用加计扣除政策落实情况，税务部门认为企业研发项目有异议的，可通过“系统”直接传递至当地科技部门进行项目鉴定，减轻企业多头跑、多头报送资料的负担，实现有异议研发项目鉴定部门在线联动一网快速办结。

四是实现了研发活动“应统企业、一网尽统”，解决了研发企业和研发投入统计上的“跑冒滴漏”问题。通过“系统”的全面推广应用，无论是规上企业、还是规下企业；无论是大企业、效益好的企业，还是小微企业、亏损企业、微利企业都可实现“一网尽统”，研发数据在系统中可自动生成，有效避免了研发投入统计上的“跑冒滴漏”问题。同时，全面规范了小微科技企业财务核算管理，为这些企业申报科技型中小企业、高新技术企业打下了良好的基础，也节省了后续企业申报的费用成本。

三、技术转让所得减免税政策应用指引

（一）政策内容

一个纳税年度内，居民企业技术转让所得不超过500万元的部分，免征企业所得税；超过500万元的部分，减半征收企业所得税。

（二）政策依据

（1）《中华人民共和国企业所得税法》第二十七条第（四）项规定，

企业“符合条件的技术转让所得”可以免征、减征企业所得税。

（2）《中华人民共和国企业所得税法实施条例》第九十条明确，“企业所得税法第二十七条第（四）项所称符合条件的技术转让所得免征、减征企业所得税，是指一个纳税年度内，居民企业技术转让所得不超过500万元的部分，免征企业所得税；超过500万元的部分，减半征收企业所得税。”

技术转让是指转让者将其拥有的专利和非专利技术的所有权或使用权有偿转让他人的行为。

（3）技术转让所得减免企业所得税有关问题。根据《中华人民共和国企业所得税法》（以下简称企业所得税法）及其实施条例和相关规定，现就符合条件的技术转让所得减免企业所得税有关问题通知如下：

1）根据企业所得税法第二十七条第（四）项规定，享受减免企业所得税优惠的技术转让应符合以下条件：

①享受优惠的技术转让主体是企业所得税法规定的居民企业；

②技术转让属于财政部、国家税务总局规定的范围；

③境内技术转让经省级以上科技部门认定；

④向境外转让技术经省级以上商务部门认定；

⑤国务院税务主管部门规定的其他条件。

2）符合条件的技术转让所得应按以下方法计算：

技术转让所得 = 技术转让收入 – 技术转让成本 – 相关税费

技术转让收入是指当事人履行技术转让合同后获得的价款，不包括销售或转让设备、仪器、零部件、原材料等非技术性收入。不属于与技术转让项目密不可分的技术咨询、技术服务、技术培训等收入，不得计入技术转让收入。

技术转让成本是指转让的无形资产的净值，即该无形资产的计税基础减除在资产使用期间按照规定计算的摊销扣除额后的余额。

相关税费是指技术转让过程中实际发生的有关税费，包括除企业所得税和允许抵扣的增值税以外的各项税金及其附加、合同签订费用、律师费等相关费用及其他支出。

3）享受技术转让所得减免企业所得税优惠的企业，应单独计算技术转让所得，并合理分摊企业的期间费用；没有单独计算的，不得享受技术转让所得企业所得税优惠。

《国家税务总局关于技术转让所得减免企业所得税有关问题的通知》（国税函〔2009〕212号）2009年4月24日

（4）关于居民企业技术转让有关企业所得税政策问题

根据《中华人民共和国企业所得税法》及《中华人民共和国企业所得税法实施条例》（国务院令第512号，以下简称实施条例）的有关规定，现就符合条件的技术转让所得减免企业所得税有关问题通知如下：

①技术转让的范围，包括居民企业转让专利技术、计算机软件著作权、集成电路布图设计权、植物新品种、生物医药新品种，以及财政部和国家税务总局确定的其他技术。

其中：专利技术，是指法律授予独占权的发明、实用新型和非简单改变产品图案的外观设计。

②本通知所称技术转让，是指居民企业转让其拥有符合本通知第一条规定技术的所有权或5年以上（含5年）全球独占许可使用权的行为。

③技术转让应签订技术转让合同。其中，境内的技术转让须经省级以上（含省级）科技部门认定登记，跨境的技术转让须经省级以上（含省级）商务部门认定登记，涉及财政经费支持产生技术的转让，需省级以上（含省级）科技部门审批。

居民企业技术出口应由有关部门按照商务部、科技部发布的《中国禁止出口限制出口技术目录》（商务部、科技部令2008年第12号）进行审查。居民企业取得禁止出口和限制出口技术转让所得，不享受技术转让减免企业所得税优惠政策。

④居民企业从直接或间接持有股权之和达到100%的关联方取得的技术转让所得，不享受技术转让减免企业所得税优惠政策。

《财政部　国家税务总局关于居民企业技术转让有关企业所得税政策问题的通知》财税〔2010〕111号2010年12月31日

（5）关于技术转让所得减免企业所得税有关问题。技术转让收入计算的有关问题：可以计入技术转让收入的技术咨询、技术服务、技术培训收入，是指转让方为使受让方掌握所转让的技术投入使用、实现产业化而提供的必要的技术咨询、技术服务、技术培训所产生的收入，并应同时符合以下条件：

①在技术转让合同中约定的与该技术转让相关的技术咨询、技术服务、技术培训；

②是技术咨询、技术服务、技术培训收入与该技术转让项目收入一并收取价款。

《国家税务总局关于技术转让所得减免企业所得税有关问题的公告》

国家税务总局公告 2013 年第 62 号 2013 年 10 月 21 日

（6）使用权技术转让所得企业所得税有关问题。

①全国范围内的居民企业转让 5 年（含，下同）以上非独占许可使用权取得的技术转让所得，纳入享受企业所得税优惠的技术转让所得范围。居民企业的年度技术转让所得不超过 500 万元的部分，免征企业所得税；超过 500 万元的部分，减半征收企业所得税。

所称技术包括专利（含国防专利）、计算机软件著作权、集成电路布图设计专有权、植物新品种权、生物医药新品种，以及财政部和国家税务总局确定的其他技术。其中，专利是指法律授予独占权的发明、实用新型及非简单改变产品图案和形状的外观设计。

②企业转让符合条件的 5 年以上非独占许可使用权的技术，限于其拥有所有权的技术。技术所有权的权属由国务院行政主管部门确定。其中，专利由国家知识产权局确定权属；国防专利由总装备部确定权属；计算机软件著作权由国家版权局确定权属；集成电路布图设计专有权由国家知识产权局确定权属；植物新品种权由农业部确定权属；生物医药新品种由国家食品药品监督管理总局确定权属。

③符合条件的 5 年以上非独占许可使用权技术转让所得应按以下方法计算：

技术转让所得 = 技术转让收入 − 无形资产摊销费用 − 相关税费 − 应分摊期间费用。

技术转让收入是指转让方履行技术转让合同后获得的价款，不包括销售或转让设备、仪器、零部件、原材料等非技术性收入。不属于与技术转让项目密不可分的技术咨询、服务、培训等收入，不得计入技术转让收入。技术许可使用权转让收入，应按转让协议约定的许可使用权人应付许可使用权使用费的日期确认收入的实现。

无形资产摊销费用是指该无形资产按税法规定当年计算摊销的费用。涉及自用和对外许可使用的，应按照受益原则合理划分。

相关税费是指技术转让过程中实际发生的有关税费，包括除企业所得税和允许抵扣的增值税以外的各项税金及其附加、合同签订费用、律师费等相关费用。

应分摊期间费用（不含无形资产摊销费用和相关税费）是指技术转让按照当年销售收入占比分摊的期间费用。

④企业享受技术转让所得企业所得税优惠的其他相关问题，仍按照《国家税务总局关于技术转让所得减免企业所得税有关问题的通知》（国税函〔2009〕212号）、《财政部　国家税务总局关于居民企业技术转让有关企业所得税政策问题的通知》（财税〔2010〕111号）、《国家税务总局关于技术转让所得减免企业所得税有关问题的公告》（国家税务总局公告2013年第62号）规定执行。

《国家税务总局关于许可使用权技术转让所得企业所得税有关问题的公告》国家税务总局公告2015年第82号 2015年11月16日

（三）享受优惠时间

企业所得税预缴时享受。

（四）办理流程

采取“自行判别、申报享受、相关资料留存备查”的办理方式。企业应当根据经营情况及技术转让所得减免税政策的相关税收规定自行判断是否符合优惠事项规定的条件，符合条件的可以按照享受优惠时间的规定自行计算减免税额，并通过填报企业所得税纳税申报表享受税收优惠。同时，按照《企业所得税优惠政策事项办理办法》的规定归集和留存相关资料备查。

1. 预缴申报

《中华人民共和国企业所得税月（季）度预缴纳税申报表（A类，2018

年版）》（2021 年修订）主表 A200000 行 6“免税收入、减计收入、所得减免等优惠金额”的“本年累计金额”，对应附表 A201010《免税收入、减计收入、所得减免等优惠明细表》行 35“（四）符合条件的技术转让所得减免征收企业所得税”，根据《国家税务总局关于技术转让所得减免企业所得税有关问题的通知》（国税函〔2009〕212 号）、《财政部　国家税务总局关于居民企业技术转让有关企业所得税政策问题的通知》（财税〔2010〕111 号）、《国家税务总局关于技术转让所得减免企业所得税有关问题的公告》（国家税务总局公告 2013 年第 62 号）、《财政部　国家税务总局关于将国家自主创新示范区有关税收试点政策推广到全国范围实施的通知》（财税〔2015〕116 号）、《国家税务总局关于许可使用权技术转让所得企业所得税有关问题的公告》（国家税务总局公告 2015 年第 82 号）等相关税收政策规定，填报纳税人转让所得不超过 500 万元且大于 0 的，本行 = 转让所得；转让所得超过 500 万元的，本行 =5 000 000+（转让所得 −5 000 000）× 50%。

2. 年度申报

《中华人民共和国企业所得税年度纳税申报表（A 类，2017 年版）》（2019 年修订）表 A100000 行 20“所得减免”的“金额”，对应附表 A107020《所得减免优惠明细表》行 10 至行 12“四、符合条件的技术转让项目”列 11“减免所得额”；按照不同技术转让项目分别填报，一个项目填报一行，纳税人有多个项目的，可自行增加行次填报。各行相应列次填报金额的合计金额填入“小计”行。根据《国家税务总局关于技术转让所得减免企业所得税有关问题的通知》（国税函〔2009〕212 号）、《财政部　国家税务总局关于居民企业技术转让有关企业所得税政策问题的通知》（财税〔2010〕111 号）、《国家税务总局关于技术转让所得减免企业所得税有关问题的公告》（国家税务总局公告 2013 年第 62 号）、《国家税务总局关于许可使用权技术转让所得企业所得税有关问题的公告》（国家税务总局公告 2015 年第 82 号）等相关税收政策规定，一个纳税年度内，居民企业将其拥有的专利技术、计算机软件著作权、集成电路布图设计权、植物新品种、生物医药新品种，以及财政部和国家税务总局确定的其他技术的所有权或 5 年以上（含 5 年）全球独占许可使用权、5 年以上（含 5 年）非独占许可使用权转让取得的所得，不超过500万元的部分，免征企业所得税；超过500万元的部分，减半征收企业所得税。居民企业从直接或间接持有股权之和达到100%的关联方取得的技术转让所得，不享受技术转让减免企业所得税优惠政策。本行填报本纳税年度发生的减征、免征企业所得税项目的有关情况。

（五）留存备查资料

留存备查资料是指与企业享受优惠事项有关的合同、协议、凭证、证书、文件、账册、说明等资料。留存备查资料分为主要留存备查资料和其他留存备查资料两类。主要留存备查资料：

（1）所转让的技术产权证明；

（2）企业发生境内技术转让：

1）技术转让合同（副本）；

2）技术合同登记证明；

3）技术转让所得归集、分摊、计算的相关资料；

4）实际缴纳相关税费的证明资料。

（3）企业向境外转让技术：

1）技术出口合同（副本）；

2）技术出口合同登记证书或技术出口许可证；

3）技术出口合同数据表；

4）技术转让所得归集、分摊、计算的相关资料；

5）实际缴纳相关税费的证明资料；

6）有关部门按照商务部、科技部发布的《中国禁止出口限制出口技术目录》出具的审查意见。

（4）转让技术所有权的，其成本费用情况；转让使用权的，其无形资产摊销费用情况；

（5）技术转让年度，转让双方股权关联情况。

留存备查资料保存期限：企业留存备查资料应从企业享受优惠事项当年的企业所得税汇算清缴期结束次日起保留10年。

留存备查资料管理规定：

（1）主要留存备查资料由企业按照列示的资料清单准备，其他留存备查资料由企业根据享受优惠事项情况自行补充准备；

（2）企业享受优惠事项的，应当在完成年度汇算清缴后，将留存备查资料归集齐全并整理完成，以备税务机关核查；

（3）企业同时享受多项优惠事项或者享受的优惠事项按照规定分项目进行核算的，应当按照优惠事项或者项目分别归集留存备查资料；

（4）设有非法人分支机构的居民企业及实行汇总纳税的非居民企业机构、场所享受优惠事项的，由居民企业的总机构及汇总纳税的主要机构、场所负责统一归集并留存备查资料。分支机构及被汇总纳税的非居民企业机构、场所按照规定可独立享受优惠事项的，由分支机构及被汇总纳税的非居民企业机构、场所负责归集并留存备查资料，同时分支机构及被汇总纳税的非居民企业机构、场所应当在完成年度汇算清缴后将留存的备查资料清单送总机构及汇总纳税的主要机构、场所汇总；

（5）企业对优惠事项留存备查资料的真实性、合法性承担法律责任。

四、加速折旧与摊销政策应用指引

（一）政策内容

由于技术进步，产品更新换代较快的固定资产及常年处于强震动、高腐蚀状态的固定资产，企业可以采取缩短折旧年限或者采取加速折旧的方法。集成电路生产企业的生产设备，其折旧年限可以适当缩短，最短可为3年(含)。企业外购的软件，凡符合固定资产或无形资产确认条件的，可以按照固定资产或无形资产进行核算，其折旧或摊销年限可以适当缩短，最短可为2年(含)。

（二）政策依据

（1）企业的固定资产由于技术进步等原因，确需加速折旧的，可以缩短折旧年限或者采取加速折旧的方法。

《中华人民共和国企业所得税法》

中华人民共和国主席令 第63号　2007年3月16日

（2）企业所得税法第三十二条所称可以采取缩短折旧年限或者采取加速折旧的方法的固定资产，包括：

①由于技术进步，产品更新换代较快的固定资产；

②常年处于强震动、高腐蚀状态的固定资产。

采取缩短折旧年限方法的，最低折旧年限不得低于本条例第六十条规定折旧年限的60%；采取加速折旧方法的，可以采取双倍余额递减法或者年数总和法。

《中华人民共和国企业所得税法实施条例》

中华人民共和国国务院令 第512号　2007年12月6日

（3）关于企业固定资产加速折旧所得税处理有关问题。

1）企业采取缩短折旧年限方法的，对其购置的新固定资产，最低折旧年限不得低于《实施条例》第六十条规定的折旧年限的60%；若为购置已使用过的固定资产，其最低折旧年限不得低于《实施条例》规定的最低折旧年限减去已使用年限后剩余年限的60%。最低折旧年限一经确定，一般不得变更。

2）企业拥有并使用符合本通知第一条规定条件的固定资产采取加速折旧方法的，可以采用双倍余额递减法或者年数总和法。加速折旧方法一经确定，一般不得变更。

①双倍余额递减法，是指在不考虑固定资产预计净残值的情况下，根据每期期初固定资产原值减去累计折旧后的金额和双倍的直线法折旧率计算固定资产折旧的一种方法。应用这种方法计算折旧额时，由于每年年初固定资产净值没有减去预计净残值，所以在计算固定资产折旧额时，应在其折旧年限到期前的两年期间，将固定资产净值减去预计净残值后的余额平均摊销。计算公式如下：

年折旧率 =2 ÷ 预计使用寿命（年）×100%；

月折旧率 = 年折旧率 ÷12；

月折旧额 = 月初固定资产账面净值 × 月折旧率；

②年数总和法，又称年限合计法，是指将固定资产的原值减去预计净残值后的余额，乘以一个以固定资产尚可使用寿命为分子、以预计使用寿命逐年数字之和为分母的逐年递减的分数计算每年的折旧额。计算公式如下：

年折旧率 = 尚可使用年限 ÷ 预计使用寿命的年数总和 ×100%；

月折旧率 = 年折旧率 ÷12；

月折旧额 =（固定资产原值 – 预计净残值）× 月折旧率；

3）企业确需对固定资产采取缩短折旧年限或者加速折旧方法的，应在取得该固定资产后一个月内，向其企业所得税主管税务机关（以下简称主管税务机关）备案，并报送以下资料：

①固定资产的功能、预计使用年限短于《实施条例》规定计算折旧的最低年限的理由、证明资料及有关情况的说明；

②被替代的旧固定资产的功能、使用及处置等情况的说明；

③固定资产加速折旧拟采用的方法和折旧额的说明；

④主管税务机关要求报送的其他数据。

企业主管税务机关应在企业所得税年度纳税评估时，对企业采取加速折旧的固定资产的使用环境及状况进行实地核查。对不符合加速折旧规定条件的，主管税务机关有权要求企业停止该项固定资产加速折旧。

4）对于采取缩短折旧年限的固定资产，足额计提折旧后继续使用而未进行处置（包括报废等情形）超过 12 个月的，今后对其更新替代、改造改建后形成的功能相同或者类似的固定资产，不得再采取缩短折旧年限的方法。

5）对于企业采取缩短折旧年限或者采取加速折旧方法的，主管税务机关应设立相应的税收管理台账，并加强监督，实施跟踪管理。对发现不符合《实施条例》第九十八条及本通知规定的，主管税务机关要及时责令企业进行纳税调整。

6）适用总、分机构汇总纳税的企业，对其所属分支机构使用的符合《实施条例》第九十八条及本通知规定情形的固定资产采取缩短折旧年限或者采取加速折旧方法的，由其总机构向其所在地主管税务机关备案。分支机构所在地主管税务机关应负责配合总机构所在地主管税务机关实施跟踪管理。

国家税务总局《关于企业固定资产加速折旧所得税处理有关问题的通知》2009 年 4 月 16 日 国税发〔2009〕81 号

（4）进一步鼓励软件产业和集成电路产业发展企业所得税政策。

①企业外购的软件，凡符合固定资产或无形资产确认条件的，可以按照

固定资产或无形资产进行核算，其折旧或摊销年限可以适当缩短，最短可为2年（含）。

②集成电路生产企业的生产设备，其折旧年限可以适当缩短，最短可为3年（含）。

《财政部　国家税务总局关于进一步鼓励软件产业和集成电路产业发展企业所得税政策的通知》2012年4月20日 财税〔2012〕27号

（5）完善固定资产加速折旧企业所得税政策。

①对生物药品制造业，专用设备制造业，铁路、船舶、航空航天和其他运输设备制造业，计算机、通信和其他电子设备制造业，仪器仪表制造业，信息传输、软件和信息技术服务业等6个行业的企业2014年1月1日后新购进的固定资产，可缩短折旧年限或采取加速折旧的方法。

对上述6个行业的小型微利企业2014年1月1日后新购进的研发和生产经营共用的仪器、设备，单位价值不超过100万元的，允许一次性计入当期成本费用在计算应纳税所得额时扣除，不再分年度计算折旧；单位价值超过100万元的，可缩短折旧年限或采取加速折旧的方法。

②对所有行业企业2014年1月1日后新购进的专门用于研发的仪器、设备，单位价值不超过100万元的，允许一次性计入当期成本费用在计算应纳税所得额时扣除，不再分年度计算折旧；单位价值超过100万元的，可缩短折旧年限或采取加速折旧的方法。

③对所有行业企业持有的单位价值不超过5000元的固定资产，允许一次性计入当期成本费用在计算应纳税所得额时扣除，不再分年度计算折旧。

④企业按本通知第一条、第二条规定缩短折旧年限的，最低折旧年限不得低于企业所得税法实施条例第六十条规定折旧年限的60%；采取加速折旧方法的，可采取双倍余额递减法或者年数总和法。本通知第一至三条规定之外的企业固定资产加速折旧所得税处理问题，继续按照企业所得税法及其实施条例和现行税收政策规定执行。

《财政部　国家税务总局关于完善固定资产加速折旧企业所得税政策的通知》

财税〔2014〕75号 2014年10月20日

⑤对轻工、纺织、机械、汽车等四个领域重点行业（具体范围见附件）的企业 2015 年 1 月 1 日后新购进的固定资产，可由企业选择缩短折旧年限或采取加速折旧的方法。

⑥对上述行业的小型微利企业 2015 年 1 月 1 日后新购进的研发和生产经营共用的仪器、设备，单位价值不超过 100 万元的，允许一次性计入当期成本费用在计算应纳税所得额时扣除，不再分年度计算折旧；单位价值超过 100 万元的，可由企业选择缩短折旧年限或采取加速折旧的方法。

⑦企业按本通知第一条、第二条规定缩短折旧年限的，最低折旧年限不得低于企业所得税法实施条例第六十条规定折旧年限的 60%；采取加速折旧方法的，可采取双倍余额递减法或者年数总和法。

按照企业所得税法及其实施条例有关规定，企业根据自身生产经营需要，也可选择不实行加速折旧政策。

《财政部　国家税务总局关于进一步完善固定资产加速折旧企业所得税政策的通知》财税〔2015〕106 号 2015 年 9 月 17 日

⑧企业在 2018 年 1 月 1 日至 2020 年 12 月 31 日期间新购进的设备、器具，单位价值不超过 500 万元的，允许一次性计入当期成本费用在计算应纳税所得额时扣除，不再分年度计算折旧；单位价值超过 500 万元的，仍按企业所得税法实施条例、《财政部　国家税务总局关于完善固定资产加速折旧企业所得税政策的通知》（财税〔2014〕75 号）、《财政部　国家税务总局关于进一步完善固定资产加速折旧企业所得税政策的通知》（财税〔2015〕106 号）等相关规定执行。

本通知所称设备、器具，是指除房屋、建筑物以外的固定资产。

《财政部　税务总局关于设备 器具扣除有关企业所得税政策的通知》财税〔2018〕54 号 2018 年 5 月 7 日

⑨《财政部　税务总局关于设备 器具扣除有关企业所得税政策的通知》（财税〔2018〕54 号）所称设备、器具，是指除房屋、建筑物以外的固定资产（以下简称固定资产）；所称购进，包括以货币形式购进或自行建造，其中以货币形式购进的固定资产包括购进的使用过的固定资产；以货币形式购进的固定资产，以购买价款和支付的相关税费以及直接归属于使该资产达到

预定用途发生的其他支出确定单位价值，自行建造的固定资产，以竣工结算前发生的支出确定单位价值。

⑩为进一步支持小微企业、科技创新和相关社会事业发展，《财政部 税务总局关于设备器具扣除有关企业所得税政策的通知》（财税〔2018〕54号）等16个文件规定的税收优惠政策凡已经到期的，执行期限延长至2023年12月31日。

《财政部　税务总局关于延长部分税收优惠政策执行期限的公告》财政部 税务总局公告2021年第6号2021年3月15日

⑪自2019年1月1日起，适用《财政部　国家税务总局关于完善固定资产加速折旧企业所得税政策的通知》（财税〔2014〕75号）和《财政部　国家税务总局关于进一步完善固定资产加速折旧企业所得税政策的通知》（财税〔2015〕106号）规定固定资产加速折旧优惠的行业范围，扩大至全部制造业领域。

⑫制造业按照国家统计局《国民经济行业分类和代码（GB/T 4754—2017）》确定。今后国家有关部门更新国民经济行业分类和代码，从其规定。

《财政部　税务总局关于扩大固定资产加速折旧优惠政策适用范围的公告》财政部　税务总局公告2019年第66号2019年4月23日

（三）享受优惠时间

固定资产在投入使用月份的次月所属年度一次性税前扣除；企业选择享受一次性税前扣除政策的，其资产的税务处理可与会计处理不一致；企业根据自身生产经营核算需要，可自行选择享受一次性税前扣除政策，未选择享受一次性税前扣除政策的，以后年度不得再变更。

（四）办理流程

采取“自行判别、申报享受、相关资料留存备查”的办理方式。企业应当根据经营情况以及加速折旧与摊销政策的相关税收规定自行判断是否符合优惠事项规定的条件，符合条件的可以按照享受优惠时间的规定自行计算减免税额，并通过填报企业所得税纳税申报表和《资产折旧、摊销及纳税调整明细表》（A105080）享受税收优惠。同时，按照《企业所得税优惠政策事项办理办法》的规定归集和留存相关资料备查。

年度申报办理：《中华人民共和国企业所得税年度纳税申报表（A 类，2017 年版）》（2019 年修订）表 A100000 第 15 行“纳税调整增加额”、第 16 行“纳税调整减少额”，对应附表 A105000《纳税调整项目明细表》第 32 行“（一）资产折旧、摊销”第 3 列“调增金额”、第 4 列“调减金额”，以及附表 A105080《资产折旧、摊销及纳税调整明细表》第 11 行“技术进步、更新换代固定资产”、第 12 行“常年强震动、高腐蚀固定资产”、第 13 行“外购软件折旧”、第 14 行“集成电路企业生产设备”，填报纳税人按照国税发〔2009〕81 号、财税〔2012〕27 号等税收政策规定的固定资产或购入软件等可以加速折旧或摊销额。

（五）留存备查资料

企业按照《国家税务总局关于发布修订后的〈企业所得税优惠政策事项办理办法〉的公告》（国家税务总局公告 2018 年第 23 号）的规定办理享受政策的相关手续，主要留存备查资料如下：

（1）有关固定资产购进时点的资料（如以货币形式购进固定资产的发票，以分期付款或赊销方式购进固定资产的到货时间说明，自行建造固定资产的竣工决算情况说明等）；

（2）固定资产记账凭证；

（3）核算有关资产税务处理与会计处理差异的台账。

A105080 资产折旧、摊销及纳税调整明细表

行次	项目 资产原值 1		账载金额			税收金额					纳税调整金额
			本年折旧、摊销额	累计折旧、摊销额	资产计税基础	税收折旧、摊销额	享受加速折旧政策的资产按税收一般规定计算的折旧、摊销额	加速折旧、摊销统计额	累计折旧、摊销额		
			2	3	4	5	6	7（=5−6）	8	9（2−5）	
1	一、固定资产（2+3+4+5+6+7）							*	*		
2	所有固定资产	（一）房屋、建筑物						*	*		
3		（二）飞机、火车、轮船、机器、机械和其他生产设备						*	*		
4		（三）与生产经营活动有关的器具、工具、家具等						*	*		
5		（四）飞机、火车、轮船以外的运输工具						*	*		
6		（五）电子设备						*	*		
7		（六）其他						*	*		

续表

行次	项目 资产原值 1		账载金额			税收金额					纳税调整金额
			本年折旧、摊销额	累计折旧、摊销额	资产计税基础	税收折旧、摊销额	享受加速折旧政策的资产按税收一般规定计算的折旧、摊销额	加速折旧、摊销统计额	累计折旧、摊销额		
			2	3	4	5	6	7（=5−6）	8	9（2−5）	
8	其中：享受固定资产加速折旧及一次性扣除政策的资产加速折旧额大于一般折旧额的部分	（一）重要行业固定资产加速折旧（不含一次性扣除）									*
9		（二）其他行业研发设备加速折旧									*
10		（三）固定资产一次性扣除									*
11		（四）技术进步、更新换代固定资产									*
12		（五）常年强震动、高腐蚀固定资产									*
13		（六）外购软件折旧									*
14		（七）集成电路企业生产设备									*
15	二、生产性生物资产（16+17）							*	*		
16	（一）林木类							*	*		
17	（二）畜类							*	*		
18	三、无形资产（19+20+21+22+23+24+25+27）							*	*		

续表

行次	项目 资产原值 1	账载金额			税收金额					纳税调整金额
		本年折旧、摊销额	累计折旧、摊销额	资产计税基础	税收折旧、摊销额	享受加速折旧政策的资产按税收一般规定计算的折旧、摊销额	加速折旧、摊销统计额	累计折旧、摊销额		
		2	3	4	5	6	7（=5−6）	8	9（2−5）	
19	（一）专利权						*	*		
20	（二）商标权						*	*		
21	（三）著作权						*	*		
22	（四）土地使用权						*	*		
23	（五）非专利技术						*	*		
24	（六）特许权使用费						*	*		
25	（七）软件						*	*		
26	其中：享受企业外购软件加速摊销政策									*
27	（八）其他						*	*		
28	四、长期待摊费用（29+30+31+32+33）						*	*		
29	（一）已足额提取折旧的固定资产的改建支出						*	*		
30	（二）租入固定资产的改建支出						*	*		

续表

行次	项目 资产原值 1	账载金额			税收金额					纳税调整金额
		本年折旧、摊销额	累计折旧、摊销额	资产计税基础	税收折旧、摊销额	享受加速折旧政策的资产按税收一般规定计算的折旧、摊销额	加速折旧、摊销统计额	累计折旧、摊销额		
		2	3	4	5	6	7（=5-6）	8	9（2-5）	
31	（三）固定资产的大修理支出						*	*		
32	（四）开办费						*	*		
33	（五）其他						*	*		
34	五、油气勘探投资						*	*		
35	六、油气开发投资						*	*		
36	合计（1+15+18+28+34+35）						*	*		
附列资料	全民所有制企业公司制改制资产评估增值政策资产						*	*		

A105080 《资产折旧、摊销及纳税调整明细表》填报说明

本表适用于发生资产折旧、摊销的纳税人填报。纳税人根据税法、《国家税务总局关于企业固定资产加速折旧所得税处理有关问题的通知》（国税发〔2009〕81号）、《国家税务总局关于融资性售后回租业务中承租方出售资产行为有关税收问题的公告》（国家税务总局公告2010年第13号）、《国家税务总局关于企业所得税若干问题的公告》（国家税务总局公告2011年第34号）、《国家税务总局关于发布〈企业政策性搬迁所得税管理办法〉的公告》（国家税务总局公告2012年第40号）、《财政部　国家税务总局关于进一步鼓励软件产业和集成电路产业发展企业所得税政策的通知》（财税〔2012〕27号）、《国家税务总局关于企业所得税应纳税所得额若干问题的公告》（国家税务总局公告2014年第29号）、《财政部　国家税务总局关于完善固定资产加速折旧税收政策有关问题的通知》（财税〔2014〕75号）、《财政部　国家税务总局关于进一步完善固定资产加速折旧企业所得税政策的通知》（财税〔2015〕106号）、《国家税务总局关于全民所有制企业公司制改制企业所得税处理问题的公告》（国家税务总局公告2017年第34号）、《财政部 税务总局关于设备器具扣除有关企业所得税政策的通知》（财税〔2018〕54号）、《国家税务总局关于设备器具扣除有关企业所得税政策执行问题的公告》（国家税务总局公告2018年第46号）等相关规定，以及国家统一企业会计制度，填报资产折旧、摊销的会计处理、税收规定，以及纳税调整情况。纳税人只要发生相关事项，均需填报本表。

1. 有关项目填报说明

（1）列次填报

对于不征税收入形成的资产，其折旧、摊销额不得税前扣除。第4列至第8列税收金额不包含不征税收入所形成资产的折旧、摊销额。

①第1列“项目资产原值”：填报纳税人会计处理计提折旧、摊销的资产原值（或历史成本）的金额。

②第2列“本年折旧、摊销额”：填报纳税人会计核算的本年资产折旧、摊销额。

③第 3 列“累计折旧、摊销额”：填报纳税人会计核算的累计（含本年）资产折旧、摊销额。

④第 4 列“资产计税基础”：填报纳税人按照税收规定据以计算折旧、摊销的资产原值（或历史成本）的金额。

⑤第 5 列“税收折旧、摊销额”：填报纳税人按照税收规定计算的允许税前扣除的本年资产折旧、摊销额。

第 8 ~ 14 行、第 26 行第 5 列“税收折旧、摊销额”：填报享受相关加速折旧、摊销优惠政策的资产，采取税收加速折旧、摊销或一次性扣除方式计算的税收折旧额合计金额、摊销额合计金额。本列仅填报“税收折旧、摊销额”大于“享受加速折旧政策的资产按税收一般规定计算的折旧、摊销额”月份的金额合计。如，享受加速折旧、摊销优惠政策的资产，发生本年度某些月份其“税收折旧、摊销额”大于“享受加速折旧政策的资产按税收一般规定计算的折旧、摊销额”，其余月份其“税收折旧、摊销额”小于“享受加速折旧政策的资产按税收一般规定计算的折旧、摊销额”的情形，仅填报“税收折旧、摊销额”大于“享受加速折旧政策的资产按税收一般规定计算的折旧、摊销额”月份的税收折旧额合计金额、摊销额合计金额。

⑥第 6 列“享受加速折旧政策的资产按税收一般规定计算的折旧、摊销额”：仅适用于第 8 ~ 14 行、第 26 行，填报纳税人享受加速折旧、摊销优惠政策的资产，按照税收一般规定计算的折旧额合计金额、摊销额合计金额。按照税收一般规定计算的折旧、摊销额，是指该资产在不享受加速折旧、摊销优惠政策情况下，按照税收规定的最低折旧年限以直线法计算的折旧额、摊销额。本列仅填报“税收折旧、摊销额”大于“享受加速折旧政策的资产按税收一般规定计算的折旧、摊销额”月份的按税收一般规定计算的折旧额合计金额、摊销额合计金额。

⑦第 7 列“加速折旧、摊销统计额”：用于统计纳税人享受各类固定资产加速折旧政策的优惠金额，按第（5–6）列金额填报。

⑧第 8 列“累计折旧、摊销额”：填报纳税人按照税收规定计算的累计（含本年）资产折旧、摊销额。

⑨第 9 列“纳税调整金额”：填报第（2–5）列金额。

（2）行次填报

①第 2 ~ 7 行、第 16 ~ 17 行、第 19 ~ 25 行、第 27 行、第 29 ~ 35 行：填报各类资产有关情况。

②第 8 行至第 14 行、第 26 行：填报纳税人享受相关加速折旧、摊销优惠政策的资产有关情况及优惠统计情况。

第 8 行“（一）重要行业固定资产加速折旧”：适用于符合财税〔2014〕75 号和财税〔2015〕106 号文件规定的生物药品制造业，专用设备制造业，铁路、船舶、航空航天和其他运输设备制造业，计算机、通信和其他电子设备制造业，仪器仪表制造业，信息传输、软件和信息技术服务业 6 个行业，以及轻工、纺织、机械、汽车四大领域 18 个行业（简称“重要行业”）的企业填报，填报新购进固定资产享受加速折旧政策的有关情况及优惠统计情况。重要行业纳税人按照上述文件规定享受固定资产一次性扣除政策的资产情况在第 10 行“（三）固定资产一次性扣除”中填报。

第 9 行“（二）其他行业研发设备加速折旧”：适用于重要行业以外的其他企业填报，填报单位价值超过 100 万元以上专用研发设备采取缩短折旧年限或加速折旧方法的有关情况及优惠统计情况。

第 10 行“（三）固定资产一次性扣除”：填报新购进单位价值不超过 500 万元的设备、器具等，按照税收规定一次性扣除的有关情况及优惠统计情况。

第 11 行“（四）技术进步、更新换代固定资产”：填报固定资产因技术进步、产品更新换代较快而按税收规定享受固定资产加速折旧政策的有关情况及优惠统计情况。

第 12 行“（五）常年强震动、高腐蚀固定资产”：填报常年处于强震动、高腐蚀状态的固定资产按税收规定享受固定资产加速折旧政策的有关情况及优惠统计情况。

第 13 行“（六）外购软件折旧”：填报企业外购软件作为固定资产处理，按财税〔2012〕27 号文件规定享受加速折旧政策的有关情况及优惠统计情况。

第 14 行“（七）集成电路企业生产设备”：填报集成电路生产企业的

生产设备，按照财税〔2012〕27 号文件规定享受加速折旧政策的有关情况及优惠统计情况。

第 26 行“享受企业外购软件加速摊销政策”：填报企业外购软件作无形资产处理，按财税〔2012〕27 号文件规定享受加速摊销政策的有关情况及优惠统计情况。

附列资料“全民所有制企业公司制改制资产评估增值政策资产”：填报企业按照国家税务总局公告 2017 年第 34 号文件规定，执行“改制中资产评估增值不计入应纳税所得额，资产的计税基础按其原有计税基础确定，资产增值部分的折旧或者摊销不得在税前扣除”政策的有关情况。本行不参与计算，仅用于统计享受全民所有制企业公司制改制资产评估增值政策资产的有关情况，相关资产折旧、摊销情况及调整情况在第 1 ~ 36 行填报。

（六）留存备查资料

留存备查资料是指与企业享受优惠事项有关的合同、协议、凭证、证书、文件、账册、说明等资料。留存备查资料分为主要留存备查资料和其他留存备查资料两类。

（1）主要留存备查资料

1）固定资产的功能、预计使用年限短于规定计算折旧的最低年限的理由、证明资料及有关情况的说明；

2）被替代的旧固定资产的功能、使用及处置等情况的说明；

3）固定资产加速折旧拟采用的方法和折旧额的说明，外购软件拟缩短折旧或摊销年限情况的说明；

4）集成电路生产企业证明材料；

5）购入固定资产或软件的发票、记账凭证。

（2）留存备查资料保存期限

企业留存备查资料应从企业享受优惠事项当年的企业所得税汇算清缴期结束次日起保留 10 年。

（3）留存备查资料管理规定

1）主要留存备查资料由企业按照列示的资料清单准备，其他留存备查资料由企业根据享受优惠事项情况自行补充准备；

2）企业享受优惠事项的，应当在完成年度汇算清缴后，将留存备查资料归集齐全并整理完成，以备税务机关核查；

3）企业同时享受多项优惠事项或者享受的优惠事项按照规定分项目进行核算的，应当按照优惠事项或者项目分别归集留存备查资料；

4）设有非法人分支机构的居民企业及实行汇总纳税的非居民企业机构、场所享受优惠事项的，由居民企业的总机构以及汇总纳税的主要机构、场所负责统一归集并留存备查资料。分支机构及被汇总纳税的非居民企业机构、场所按照规定可独立享受优惠事项的，由分支机构及被汇总纳税的非居民企业机构、场所负责归集并留存备查资料，同时分支机构及被汇总纳税的非居民企业机构、场所应在当完成年度汇算清缴后将留存的备查资料清单送总机构及汇总纳税的主要机构、场所汇总；

5）企业对优惠事项留存备查资料的真实性、合法性承担法律责任。

五、创业投资抵扣政策应用指引

（一）政策内容

采取股权投资方式投资于未上市的中小高新技术企业2年以上的，可以按照其投资额的70%在股权持有满2年的当年抵扣该创业投资企业的应纳税所得额；当年不足抵扣的，可以在以后纳税年度结转抵扣。

有限合伙制创业投资企业采取股权投资方式投资于未上市的中小高新技术企业2年（24个月）以上，该有限合伙制创业投资企业的法人合伙人可按照其对未上市中小高新技术企业投资额的70%抵扣该法人合伙人从该有限合伙制创业投资企业分得的应纳税所得额，当年不足抵扣的，可以在以后纳税年度结转抵扣。

（二）政策依据

（1）创业投资企业从事国家需要重点扶持和鼓励的创业投资，可以按投资额的一定比例抵扣应纳税所得额。

《中华人民共和国企业所得税法》第三十一条

中华人民共和国主席令第 63 号 2007 年 3 月 16 日

（2）企业所得税法第三十一条所称抵扣应纳税所得额，是指创业投资企业采取股权投资方式投资于未上市的中小高新技术企业 2 年以上的，可以按照其投资额的 70% 在股权持有满 2 年的当年抵扣该创业投资企业的应纳税所得额；当年不足抵扣的，可以在以后纳税年度结转抵扣。

《中华人民共和国企业所得税法实施条例》第九十七条

中华人民共和国务院令第 512 号 2007 年 12 月 6 日

（3）实施创业投资企业所得税优惠问题。

1）创业投资企业是指依照《创业投资企业管理暂行办法》（国家发展和改革委等 10 部委令 2005 年第 39 号，以下简称《暂行办法》）和《外商投资创业投资企业管理规定》（商务部等 5 部委令 2003 年第 2 号）在中华人民共和国境内设立的专门从事创业投资活动的企业或其他经济组织。

2）创业投资企业采取股权投资方式投资于未上市的中小高新技术企业 2 年（24 个月）以上，凡符合以下条件的，可以按照其对中小高新技术企业投资额的 70%，在股权持有满 2 年的当年抵扣该创业投资企业的应纳税所得额；当年不足抵扣的，可以在以后纳税年度结转抵扣。

①经营范围符合《暂行办法》规定，且工商登记为“创业投资有限责任公司”“创业投资股份有限公司”等专业性法人创业投资企业。

②按照《暂行办法》规定的条件和程序完成备案，经备案管理部门年度检查核实，投资运作符合《暂行办法》的有关规定。

③创业投资企业投资的中小高新技术企业，除应按照科技部、财政部、国家税务总局《关于印发〈高新技术企业认定管理办法〉的通知》（国科发火〔2008〕172 号）和《关于印发〈高新技术企业认定管理工作指引〉的通知》（国科发火〔2008〕362 号）的规定，通过高新技术企业认定以外，还应符合职工人数不超过 500 人，年销售（营业）额不超过 2 亿元，资产总额不超过 2 亿元的条件。

2007 年年底前按原有规定取得高新技术企业资格的中小高新技术企业，且在 2008 年继续符合新的高新技术企业标准的，向其投资满 24 个月的计算，可自创业投资企业实际向其投资的时间起计算。

④财政部、国家税务总局规定的其他条件。

3）中小企业接受创业投资之后，经认定符合高新技术企业标准的，应自其被认定为高新技术企业的年度起，计算创业投资企业的投资期限。该期限内中小企业接受创业投资后，企业规模超过中小企业标准，但仍符合高新技术企业标准的，不影响创业投资企业享受有关税收优惠。

《国家税务总局关于实施创业投资企业所得税优惠问题的通知》

国税发〔2009〕87 号 2009 年 4 月 30 日

4）有限合伙制创业投资企业的法人合伙人，是指依照《中华人民共和国企业所得税法》及其实施条例以及相关规定，实行查账征收企业所得税的居民企业。

5）有限合伙制创业投资企业采取股权投资方式投资于未上市的中小高新技术企业满 2 年（24 个月，下同）的，其法人合伙人可按照对未上市中小高新技术企业投资额的 70% 抵扣该法人合伙人从该有限合伙制创业投资企业分得的应纳税所得额，当年不足抵扣的，可以在以后纳税年度结转抵扣。

所称满 2 年是指 2015 年 10 月 1 日起，有限合伙制创业投资企业投资于未上市中小高新技术企业的实缴投资满 2 年，同时，法人合伙人对该有限合伙制创业投资企业的实缴出资也应满 2 年。

如果法人合伙人投资于多个符合条件的有限合伙制创业投资企业，可合并计算其可抵扣的投资额和应分得的应纳税所得额。当年不足抵扣的，可结转以后纳税年度继续抵扣；当年抵扣后有结余的，应按照企业所得税法的规定计算缴纳企业所得税。

6）有限合伙制创业投资企业的法人合伙人对未上市中小高新技术企业的投资额，按照有限合伙制创业投资企业对中小高新技术企业的投资额和合伙协议约定的法人合伙人占有限合伙制创业投资企业的出资比例计算确定。其中，有限合伙制创业投资企业对中小高新技术企业的投资额按实缴投资额计算；法人合伙人占有限合伙制创业投资企业的出资比例按法人合伙人对有限合伙制创业投资企业的实缴出资额占该有限合伙制创业投资企业的全部实缴出资额的比例计算。

《国家税务总局关于有限合伙制创业投资企业法人合伙人企业所得税有关问题的公告》国家税务总局公告2015年第81号2015年11月16日

（三）享受优惠时间

企业所得税年度汇算清缴时享受。

（四）申报表填报规定

（1）投资于未上市的中小高新技术企业的创业投资企业年度申报：《中华人民共和国企业所得税年度纳税申报表（A类，2017年版）》（2019年修订）表A100000行22“抵扣应纳税所得额”的“金额”，对应表A107030《抵扣应纳税所得额明细表》“合计金额”列的第1～8行和第15行，以及“投资于未上市中小高新技术企业”第1～8行及第15行，填报创业投资企业（非合伙制）纳税人以股权投资方式直接投资未上市的中小高新技术企业2年以上，按投资额的一定比例抵扣应纳税所得额情况。

（2）投资于未上市的中小高新技术企业的有限合伙制创业投资企业法人合伙人年度申报：《中华人民共和国企业所得税年度纳税申报表（A类，2017年版）》（2019年修订）表A100000第22行“抵扣应纳税所得额”的“金额”，对应附表A107030《抵扣应纳税所得额明细表》“合计金额”列的第9～14行和第15行，以及“投资于未上市中小高新技术企业”列的第9～14行及第15行，填报纳税人作为有限合伙制创业投资企业的合伙人通过合伙企业间接投资未上市中小高新技术企业，按投资额的一定比例抵扣应纳税所得额的情况。

A107030 抵扣应纳税所得额明细表

行次	项目	合计金额	投资于未上市中小高新技术企业	投资于种子期、初创期科技型企业
		1=（2+3）	2	3
一、创业投资企业直接投资按投资额一定比例抵扣应纳税所得额				
1	本年新增的符合条件的股权投资额			
2	税收规定的抵扣率	70%	70%	70%
3	本年新增的可抵扣的股权投资额（1×2）			
4	以前年度结转的尚未抵扣的股权投资余额		*	*
5	本年可抵扣的股权投资额（3+4）		*	*
6	本年可用于抵扣的应纳税所得额		*	*
7	本年实际抵扣应纳税所得额			
8	结转以后年度抵扣的股权投资余额		*	*
二、通过有限合伙制创业投资企业投资按一定比例抵扣分得的应纳税所得额				
9	本年从有限合伙创投企业应分得的应纳税所得额			
10	本年新增的可抵扣投资额			
11	以前年度结转的可抵扣投资额余额		*	*
12	本年可抵扣投资额（10+11）		*	*
13	本年实际抵扣应分得的应纳税所得额			
14	结转以后年度抵扣的投资额余额		*	*
三、抵扣应纳税所得额合计				
15	合计（7+13）			

（五）留存备查资料

留存备查资料是指与企业享受优惠事项有关的合同、协议、凭证、证书、文件、账册、说明等资料。留存备查资料分为主要留存备查资料和其他留存备查资料两类。

1. 主要留存备查资料

（1）发展改革或证监部门出具的符合创业投资企业条件的年度证明材料；

（2）中小高新技术企业投资合同（协议）、章程、实际出资等相关材料；

（3）由省、自治区、直辖市和计划单列市高新技术企业认定管理机构出具的中小高新技术企业有效的高新技术企业证书复印件（注明“与原件一致”，并加盖公章）；

（4）中小高新技术企业基本情况［包括企业职工人数、年销售（营业）额、资产总额、未上市等］说明；

（5）法人合伙人应纳税所得额抵扣情况明细表；

（6）有限合伙制创业投资企业法人合伙人应纳税所得额分配情况明细表。

留存备查资料是指与企业享受优惠事项有关的合同、协议、凭证、证书、文件、账册、说明等资料。留存备查资料分为主要留存备查资料和其他留存备查资料两类。

2. 留存备查资料保存期限

企业留存备查资料应从企业享受优惠事项当年的企业所得税汇算清缴期结束次日起保留 10 年。

3. 留存备查资料管理规定

（1）主要留存备查资料由企业按照列示的资料清单准备，其他留存备查资料由企业根据享受优惠事项情况自行补充准备。

（2）企业享受优惠事项的，应当在完成年度汇算清缴后，将留存备查资料归集齐全并整理完成，以备税务机关核查。

（3）企业同时享受多项优惠事项或者享受的优惠事项按照规定分项目

进行核算的，应当按照优惠事项或者项目分别归集留存备查资料。

（4）设有非法人分支机构的居民企业及实行汇总纳税的非居民企业机构、场所享受优惠事项的，由居民企业的总机构及汇总纳税的主要机构、场所负责统一归集并留存备查资料。分支机构及被汇总纳税的非居民企业机构、场所按照规定可独立享受优惠事项的，由分支机构及被汇总纳税的非居民企业机构、场所负责归集并留存备查资料，同时分支机构及被汇总纳税的非居民企业机构、场所应当在完成年度汇算清缴后将留存的备查资料清单送总机构及汇总纳税的主要机构、场所汇总。

（5）企业对优惠事项留存备查资料的真实性、合法性承担法律责任。

六、亏损结转政策应用指引

（一）政策内容

当年具备高新技术企业或科技型中小企业资格（以下统称资格）的企业，其具备资格年度之前5个年度发生的尚未弥补完的亏损，准予结转以后年度弥补，最长结转年限由5年延长至10年。

（二）政策依据

（1）自2018年1月1日起，当年具备高新技术企业或科技型中小企业资格的企业，其具备资格年度之前5个年度发生的尚未弥补完的亏损，准予结转以后年度弥补，最长结转年限由5年延长至10年。

（2）本通知所称高新技术企业，是指按照《科技部 财政部 国家税务总局关于修订印发〈高新技术企业认定管理办法〉的通知》（国科发火〔2016〕32号）规定认定的高新技术企业；所称科技型中小企业，是指按照《科技部 财政部 国家税务总局关于印发〈科技型中小企业评价办法〉的通知》（国科发政〔2017〕115号）规定取得科技型中小企业登记编号的企业。

《财政部 税务总局关于延长高新技术企业和科技型中小企业亏损结转年限的通知》财税〔2018〕76号 2018年7月11日

（三）享受优惠时间

企业所得税汇算清缴时享受。

（四）申报表的填报

发生弥补亏损、亏损结转等事项的纳税人，应当填报《企业所得税弥补亏损明细表》（A106000）

A106000 企业所得税弥补亏损明细表

行次	项目	年度	当年境内所得额	分立转出的亏损额	合并、分立转入的亏损额		弥补亏损企业类型	当年亏损额	当年待弥补的亏损额	用本年度所得额弥补的以前年度亏损额		当年可结转以后年度弥补的亏损额
					可弥补年限 5 年	可弥补年限 10 年				使用境内所得弥补	使用境外所得弥补	
		1	2	3	4	5	6	7	8	9	10	11
1	前十年度											
2	前九年度											
3	前八年度											
4	前七年度											
5	前六年度											
6	前五年度											
7	前四年度											
8	前三年度											

续表

行次	项目	年度	当年境内所得额	分立转出的亏损额	合并、分立转入的亏损额		弥补亏损企业类型	当年亏损额	当年待弥补的亏损额	用本年度所得额弥补的以前年度亏损额		当年可结转以后年度弥补的亏损额
					可弥补年限5年	可弥补年限10年				使用境内所得弥补	使用境外所得弥补	
		1	2	3	4	5	6	7	8	9	10	11
9	前二年度											
10	前一年度											
11	本年度											
12	可结转以后年度弥补的亏损额合计											

A106000 《企业所得税弥补亏损明细表》填报说明

本表适用于发生弥补亏损、亏损结转等事项的纳税人填报。纳税人应当根据税法、《财政部　税务总局关于延长高新技术企业和科技型中小企业亏损结转年限的通知》（财税〔2018〕76号）、《国家税务总局关于延长高新技术企业和科技型中小企业亏损结转弥补年限有关企业所得税处理问题的公告》（国家税务总局公告2018年第45号）等相关规定，填报本表。

1. 有关项目填报说明

纳税人弥补以前年度亏损时，应按照“先到期亏损先弥补、同时到期亏损先发生的先弥补”的原则处理。

（1）第1列“年度”：填报公历年度。纳税人应首先填报第11行“本年度”对应的公历年度，再依次从第10行往第1行倒推填报以前年度。纳税人发生政策性搬迁事项，如停止生产经营活动年度可以从法定亏损结转弥补年限中减除，则按可弥补亏损年度进行填报。本年度是指申报所属期年度，如：纳税人在2019年5月10日进行2018年度企业所得税年度纳税申时，本年度

（申报所属期年度）为 2018 年。

（2）第 2 列“当年境内所得额”：第 11 行填报表 A100000 第 19 ~ 20 行金额。第 1 ~ 10 行填报以前年度主表第 23 行（2013 年及以前纳税年度）、以前年度表 A106000 第 6 行第 2 列（2014 至 2017 纳税年度）、以前年度表 A106000 第 11 行第 2 列的金额（亏损以“–”号填列）。发生查补以前年度应纳税所得额、追补以前年度未能税前扣除的实际资产损失等情况的，按照相应调整后的金额填报。

（3）第 3 列“分立转出的亏损额”：填报本年度企业分立按照企业重组特殊性税务处理规定转出的符合条件的亏损额。分立转出的亏损额按亏损所属年度填报，转出亏损的亏损额以正数表示。

（4）第 4 列“合并、分立转入的亏损额 – 可弥补年限 5 年”：填报企业符合企业重组特殊性税务处理规定，因合并或分立本年度转入的不超过 5 年亏损弥补年限规定的亏损额。合并、分立转入的亏损额按亏损所属年度填报，转入亏损以负数表示。

（5）第 5 列“合并、分立转入的亏损额 – 可弥补年限 10 年”：填报企业符合企业重组特殊性税务处理规定，因合并或分立本年度转入的不超过 10 年亏损弥补年限规定的亏损额。合并、分立转入的亏损额按亏损所属年度填报，转入亏损以负数表示。

（6）第 6 列“弥补亏损企业类型”：纳税人根据不同年度情况从《弥补亏损企业类型代码表》中选择相应的代码填入本项。不同类型纳税人的亏损结转年限不同，纳税人选择 “一般企业”是指亏损结转年限为 5 年的纳税人；“符合条件的高新技术企业”“符合条件的科技型中小企业”是指符合《财政部　税务总局关于延长高新技术企业和科技型中小企业亏损结转年限的通知》（财税〔2018〕76 号）、《国家税务总局关于延长高新技术企业和科技型中小企业亏损结转弥补年限有关企业所得税处理问题的公告》（国家税务总局公告 2018 年第 45 号）等文件规定的，亏损结转年限为 10 年的纳税人。

弥补亏损企业类型代码表

代码	类型
100	一般企业
200	符合条件的高新技术企业
300	符合条件的科技型中小企业

（7）第7列“当年亏损额”：填报纳税人各年度可弥补亏损额的合计金额。

（8）第8列“当年待弥补的亏损额”：填报在用本年度（申报所属期年度）所得额弥补亏损前，当年度尚未被弥补的亏损额。

（9）第9列“用本年度所得额弥补的以前年度亏损额－使用境内所得弥补”：第1～10行，当第11行第2列本年度（申报所属期年度）的“当年境内所得额”＞0时，填报各年度被本年度（申报所属期年度）境内所得依次弥补的亏损额。本列第11行，填报本列第1～10行的合计金额，表A100000第21行填报本项金额。

（10）第10列“用本年度所得额弥补的以前年度亏损额－使用境外所得弥补”：第1～10行，当纳税人选择用境外所得弥补境内以前年度亏损的，填报各年度被本年度（申报所属期年度）境外所得依次弥补的亏损额。本列第11行，填报本列第1～10行的合计金额。

（11）第11列“当年可结转以后年度弥补的亏损额”：第1～11行，填报各年度尚未弥补完的且准予结转以后年度弥补的亏损额。本列第12行，填报本列第1～11行的合计金额。

第6章 高新技术企业浙江省地方政府激励与奖补政策

为了加快高新技术企业发展，各省、自治区、直辖市都相继出台了以激发企业内生创新动力的激励和奖补政策。以浙江省为例，目前省政府出台了以下激励与奖补政策，下辖各地市、县（市、区）也出台了相应的政策。

一、浙江省激励与奖补政策

（1）量质并举培育高新技术企业。建立科技企业全生命周期培育体系，引导各地每年梳理一批创新基础好、有发展潜力的高成长科技型中小企业，将其纳入高新技术企业培育后备库进行精心扶持，加快培育高新技术企业。把科技型中小企业作为"雏鹰行动"重点培育对象，每年培育50家"隐形冠军""单项冠军"高新技术企业。实行高新技术产业地方税收增量返还奖励政策，高新技术企业的企业所得税地方部分增收上缴省级的当年增量部分，返还奖励给所在市县，可由当地统筹用于支持高新技术产业发展。

（2）凝心聚力壮大创新型领军企业。遴选100家高新技术骨干企业进行重点扶持，推动其成为具有全球竞争力和知名度的创新型领军企业。深入实施科创企业上市行动，推动优质高新技术企业上市融资，有条件的市县可给予适当奖励。把高新技术企业作为"雄鹰行动"重要培育对象，培育5～8家数字经济千亿级企业和一批生命健康、新材料领域创新型领军企业。

（3）支持企业建设技术创新平台。依托高新技术企业建设研发中心、研究院等研发机构，推动企业研发机构提质扩面。支持创新型领军企业牵头建设技术创新中心，推动创新平台提能造峰。到2025年，新建省重点企业研究院100家、省企业研究院1000家。

（4）加大企业研发投入。实施全社会研发投入提升专项行动，建立科技资源配置与研发投入实际紧密挂钩机制，激发企业创新投入内在动力。在全面执行企业研发费用税前加计扣除政策的基础上，鼓励有条件的市县对高新技术企业和科技型中小企业再按25%的研发费用税前加计扣除标准给予奖补。

（5）提升产业协同能力。实施制造业产业基础再造和产业链提升工程，支持高新技术企业牵头实施一批产业链协同创新项目。支持高新技术骨干企业推进全球科技精准合作和产业链招商，加强国际合作，招引一批产业链补链强链项目。深化国家产教融合建设试点，支持高新技术企业完善产学研合作和成果转化机制，科研人员承担企业委托的创新研发、技术攻关所获取的劳务报酬不计入其所在事业单位绩效工资总额。

（6）优化省中小企业发展（竞争力提升工程）专项资金科技奖补绩效挂钩分配因素，市县应将中小微企业高质量培育发展方向的相关专项资金更多用于培育高新技术企业和科技型中小企业。

（7）提升专业服务水平。高水平建设一批产业创新服务综合体，为科技企业提供全方位创新公共服务。鼓励小微企业园完善配套服务功能，培育一批“专精特新”高新技术企业。

（8）实施创业孵化基地建设提升行动，将高新技术企业和科技型中小企业培育数量作为科技企业孵化器（众创空间）绩效评价的重要依据。

（9）支持高新技术企业列入省“放水养鱼”行动计划培育名单，落实“亩均效益”综合评价A类企业享受差别化电价、水价等相应优惠政策。

浙江省人民政府办公厅《浙江省人民政府办公厅关于印发〈浙江省科技企业“双倍增”行动计划（2021—2025年）〉的通知》（浙政办发〔2021〕1号）
2020年12月24日

二、杭州市激励与奖补政策

（1）杭州市市本级。新认定奖励 60 万，重新认定奖励 20 万。

杭州市人民政府《杭州市人民政府办公厅关于印发杭州市高新技术企业培育三年行动计划（2018—2020 年）的通知》（杭政办函〔2018〕64 号）2018 年

中共杭州市委 杭州市人民政府《关于实施“新制造业计划”推进高质量发展的若干意见》（市委〔2019〕17 号）2019 年 12 月 27 日

（2）杭州市西湖区。西湖区科技局新认定奖励 60 万，重新认定奖励 20 万。

杭州市西湖区科技局《关于印发〈西湖区关于加快科技创新推进转型升级的实施意见（试行）〉的通知》（西科〔2019〕18 号）2019 年 6 月 28 日

（3）杭州市余杭区。余杭区人民政府 2020 年新认定奖励 60 万，重新认定奖励 20 万。

杭州市余杭区财政局（国资办）《关于印发〈中共杭州市余杭区委 杭州市余杭区人民政府关于实施“新制造业计划”推动经济高质量可持续快发展的若干意见 具体政策解释说明〉的通知》（余财政〔2020〕5 号）2020 年 3 月 17 日

三、温州市激励与奖补政策

（1）温州市市本级。2020 年 7 月 14 日认定（包含新认定、重新认定）的高新技术企业奖励 20 万元。

温州市人民政府办公室《温州市人民政府关于全面加快科技创新推动工业经济高质量发展的若干政策意见》（温政发〔2020〕13 号）2020 年 7 月 14 日

（2）温州市鹿城区。新认定的（不包括重新认定）高新技术企业，在上级政策补助的基础上区级财政再给予一次性奖励 10 万元。

鹿城区区政府办公室（区外事外、区大数据发展管理局）《温州市鹿城区人民政府印发〈温州市鹿城区关于工业经济高质量发展的若干政策意见〉等文件的通知》（温鹿政发〔2019〕85 号）2019 年 11 月 29 日

（3）温州市龙湾区。认定（包含新认定、重新认定）的高新技术企业奖励20万元。

温州市人民政府办公室《温州市人民政府关于全面加快科技创新推动工业经济高质量发展的若干政策意见》（温政发〔2020〕13号）2020年7月14日

（4）温州市瓯海区。对首次通过瓯海区高新技术企业认定领导小组办公室形式审查上报浙江省高新技术企业认定领导小组办公室的企业，给予一次性5万元补助。对新认定、重新认定的国家高新技术企业，分别给予25万元、20万元的奖励。

中共温州市瓯海区委全面深化改革委员会《关于构建“1+5+16”产业政策体系推动经济高质量发展的意见（修订版）》（瓯委改发〔2021〕3号）2021年4月19日

（5）温州市洞头区。①加大科技型企业培育。根据洞政发〔2020〕11号第2条：对新认定的高新技术企业、省高成长科技型中小企业、省科技型中小企业（含省农业科技企业），分别给予一次性补助20万元、10万元、5万元。对通过国家级高新技术企业重新认定的，给予一次性补助10万元。自政策实施以来高企奖补类政策资金85万。②鼓励科技创新服务。根据洞政发〔2020〕11号第5条：对企业、科研机构和创新创业团队使用创新券购买各类技术创新服务，同一年度内，高新技术企业使用科技创新券额度最高为20万元，其他最高为10万元。自政策实施以来高企奖补类政策资金32万。

温州市洞头区人民政府办公室（外事办，大数据管理局）、《关于进一步加快海洋工业经济高质量发展的若干规定》（洞政发〔2020〕11号）2020年3月18日

（6）温州市永嘉县。新认定高新技术企业奖励20万，重新认定奖励5万元。

永嘉县委办公室　县政府办公室《县委办公室　县政府办公室印发关于〈加快推进科技创新的奖励政策〉的通知》（永委办发〔2019〕57号县委办）2019年9月1日。

（7）温州市平阳县。对首次评定的高新技术企业给予一次性补助20万元，重新认定为高新技术企业的给予一次性补助5万元。

中共平阳县委办公室《关于加大科技 创新助推“两个健康”发展的若干政策意见》（平委办〔2021〕4号）2021年1月18日

（8）温州市苍南县。规模以上和规模以下企业首次被认定为高新技术企业的，分别给予30万元、10万元奖励，重新通过高新技术企业认定的规上和规下企业分别给予10万元、5万元奖励。

苍南县人民政府办公室《苍南县人民政府关于全面加快科技创新推动工业经济高质量发展的若干政策意见》（苍政发〔2020〕29号）2020年9月22日

（9）温州市文成县。新认定为国家级高新技术企业的给予一次性补助20万元，重新认定为国家级高新技术企业的给予一次性补助10万元。

文成县人民政府办公室《文成县人民政府办公室关于印发〈文成县惠企政策“直通车”若干意见〉的通知》（文政办发〔2019〕50号）2019年11月12日

（10）温州市泰顺县。对首次评定的高新技术企业给予一次性补助30万元，重新认定为高新技术企业的给予一次性补助10万元；对于县外引进（迁入）的高新技术企业，经注册地变更后，一次性奖励30万，并享受县内高新技术企业同等待遇。

泰顺县人民政府　泰顺县人民政府办公室《泰顺县人民政府办公室关于印发〈泰顺县创建新时代“两个健康”先行区加快民营经济高质量发展相关政策和具体措施〉的通知》（泰政办〔2019〕64号）2019年10月28日

（11）温州市经开区。认定（包含新认定、重新认定）的高新技术企业奖励20万元。

温州市人民政府办公室《温州市人民政府关于全面加快科技创新推动工业经济高质量发展的若干政策意见》（温政发〔2020〕13号）2020年7月14日

（12）温州市瑞安市。高新技术企业扶持政策。对首次认定的高新技术企业，给予20万元奖励；对重新认定通过的高新技术企业，给予10万元奖励。

中共瑞安市人民政府办公室《瑞安市人民政府关于印发瑞安市产业政策财政奖补资金兑现管理办法（试行）和瑞安市加快推进工业经济高质量发展的若干政策意见等产业政策文本的通知》（瑞政发〔2019〕139号）2019年

11 月 30 日

（13）温州市乐清市。初次认定的高新技术企业奖励 20 万元，重新认定的高新技术企业奖励 5 万元。

乐清市人民政府办公室《乐清市人民政府办公室关于促进高新技术企业发展的通知》（乐政办发〔2019〕8 号）2016 年 8 月 23 日

推荐上报后，被省认定办淘汰，相关审计费、财务和技术人员劳务费等合计 5 万元的补助，代理费补助 2 万元。

乐清市财政局 乐清市科技局《关于促进高新技术企业申请认定的通知》（乐政办发〔2019〕8 号）2019 年 5 月 20 日

研发后补助资金 =（年度研究开发费用 – 年度销售收入总额 × 最低比例）×10%。

乐清市人民政府办公室《乐清市人民政府关于印发〈乐清市高新技术企业研发后补助资金管理办法（试行）〉的通知》（乐政发〔2018〕41 号）2018 年 9 月 16 日

县外引进（迁入）的国家级高新技术企业，优先安排用地，落户 3 年内纳入规模以上企业统计且在高新技术企业有效期内的，一次性补助 20 万。

（14）温州市龙港市。对新认定的高新技术企业和重新认定的高新技术企业分别给予奖励 30 万元、10 万元。

中共龙港市委市政府办公室（市行政审批局）《龙港市人民政府关于全面加快科技创新推动经济高质量发展的若干政策意见》（龙政发〔2021〕20 号）2021 年 2 月 9 日

（15）温州市瓯江口产业集聚区。对首次认定的高新技术企业奖励 30 万元，重新认定的高新技术企业奖励 20 万元。

温州瓯江口产业集聚区管委会党政办公室《温州瓯江口产业集聚区管委会党政办公室关于印发〈关于进一步加快推动瓯江口工业经济高质量发展的若干政策意见（试行）〉的通知》（温瓯集办发〔2021〕47 号）2021 年 6 月 28 日

四、嘉兴市激励与奖补政策

（1）嘉兴市市本级。对首次通过高新技术企业认定的，给予 20 万元财政奖励；对有效期内的高新技术企业，在工业企业绩效综合评价中可给予提档；对市外国家高新技术企业以独立法人在该市设立符合产业发展导向、生产同一高新技术产品的，自注册落地之日起3年内，享受高新技术企业同等优惠待遇。

中共嘉兴市委 嘉兴市人民政府《中共嘉兴市委 嘉兴市人民政府关于深入实施创新驱动发展战略加快建设面向未来的创新活力新城的若干意见》（嘉委发〔2019〕26号）2019年12月19日

（2）嘉兴市南湖区。对首次认定为高新技术企业的给予10万元（规下）、15万元（规上）一次性奖励（此政策已到期，新政策正在起草中，目前对首次认定为高新技术企业的奖补政策按照市本级政策执行）。对区外引进（迁入）的高新技术企业，享受区内高新技术企业同等待遇，优先安排用地，从迁入年度起连续3年按企业缴纳增值税、企业所得税的地方留成部分全额奖励企业。

嘉兴市南湖区科学技术局《关于印发〈关于全面加快科技创新发展的若干意见〉的通知》（南科〔2019〕17号）2020年3月9日

（3）嘉兴市秀洲区。对首次认定的国家高新技术企业给予10万元奖励。

中共嘉兴市秀洲区委办公室 嘉兴市秀洲区人民政府办公室《秀洲区推进经济转型升级加快高质量发展的若干政策意见》（秀洲委办发〔2019〕77号）2019年5月31日

近3年内获评国家高新技术企业的，加2分；高新技术企业原则上不列入D类。

嘉兴市秀洲区人民政府办公室《嘉兴市秀洲区人民政府办公室关于印发〈全面深化工业企业“亩均论英雄”评价实施意见〉的通知》（秀洲政办发〔2021〕23号）2021年5月7日

（4）嘉兴市嘉善县。统筹高新技术产业地方税收收入增量返还奖励资金，对纳入县高新技术企业培育库的企业给予5万元的补助，首次认定为高新技术企业的，一次性给予40万元的补助；再认定为高新技术企业的，一次性给予10万元的补助。对高新技术企业资格有效期内整体迁移的，享受高新技术企业同等待遇。对县外高新技术企业在该县设立的、符合产业发展导向的独立法人企业，自实际经营之日起 3 年内，对企业实缴所得税税负超过 15% 部分给予全额奖励。

嘉善县人民政府办公室《嘉善县人民政府关于加快科技创新推动高质量发展的若干政策意见》（善政发〔2019〕34 号）2019 年 12 月 23 日

（5）嘉兴市平湖市。对首次认定为高新技术企业的，给予 20 万元补助；重新认定为高新技术企业的，给予 5 万元补助。对市外新引进（迁入）的高新技术企业，经认定机构审核，其高新技术企业资格不变的，享受首次认定高新技术企业补助政策。

平湖市人民政府《平湖市人民政府关于全面推进科技创新推动高质量发展的若干政策意见》（平政发〔2020〕126 号）2020 年 12 月 22 日

（6）嘉兴市海盐县。对首次通过高新技术企业认定的给予 10 万元奖励。县外高新技术企业在该县设立符合产业发展导向、生产同类高新技术产品的独立法人企业，自注册落地年度起 3 年内，享受高新技术企业同等优惠待遇。

中共海盐县委、海盐县人民政府《关于加快科技创新推动区域高质量发展的若干政策意见》（盐委发〔2020〕9 号）2020 年 6 月 19 日

（7）嘉兴市海宁市。已被认定为省科技型中小企业且首次获国家高新技术企业认定的人才企业给予 30 万元资金支持。市外国家高新技术企业来该市投资设立的科技型企业，自投产之年起连续 3 年给予享受市内国家高新技术企业同等待遇。市外引进（迁入）的国家高新技术企业，给予享受市内国家高新技术企业同等待遇。

海宁市人民政府办公室《海宁市人民政府办公室印发〈关于全面加快推进科技创新发展的若干政策意见〉的通知》（海政办发〔2019〕124 号）2019 年 12 月 24 日

（8）嘉兴市桐乡市。对首次认定为国家高新技术企业的给予 30 万元奖励，通过重新认定的，给予 5 万元奖励。对市外整体迁入的高新技术企业，优先安排用地，自企业迁入年度起3年内将企业缴纳的增值税、企业所得税（不含查补税款）的地方留成部分全额奖励给企业；对市外国家高新技术企业以独立法人的 形式在该市设立符合产业发展导向、生产同一高新技术产品的，自注册落地年度起 3 年内，享受高新技术企业同等优惠政策。

桐乡市人民政府办公室《桐乡市人民政府关于印发〈关于大力推进科技创新加快打造国际化全域创新之城的若干政策意见〉的通知》（桐政发〔2020〕7 号）2020 年 4 月 17 日

（9）嘉兴市经开区。对首次认定为高新技术企业的，在市区联动补助 20 万的基础上，再给予 10 万元的奖励。首次通过高新技术企业复审的，再给予 10 万元奖励。对区外引进（迁入）的高新技术企业，享受区内高新技术企业（复审）同等待遇。

嘉兴经济技术开发区管理委员会《关于印发〈2021 年度全区工业经济、科技创新、开放型经济三大类若干政策〉的通知》（嘉开管〔2021〕13 号）2021 年 9 月 8 日

（10）嘉兴市港区。①对于当年度认定为高新技术企业的，一次性给予 20 万元补助；高新技术企业复审通过的，一次性给予 10 万元补助。对市外新引进（迁入）的高新技术企业，经认定机构审核，其高新技术企业资格不变的，享受首次认定高新技术企业补助政策。

嘉兴港区开发建设管理委员会办公室《关于印发〈关于嘉兴港区进一步优化营商环境推动实体经济高质量发展的意见〉的通知》（嘉港区办〔2019〕39 号） 2019 年 6 月 11 日

②鼓励高新技术企业在港区新设公司。新设公司母公司属于高新技术企业的，且新设公司进行的技术研发符合高新技术要求的，缴纳企业所得税超过高新技术企业 15% 标准以上的地方留存部分给予奖励补助（自注册之日起奖励补助 3 年，第 4 年仍未获评高新技术企业，需全额退还奖励补助）。

嘉兴港区开发建设管理委员会《嘉兴港区开发建设管理委员会印发〈关于支持稳增长、促转型的若干政策意见〉的通知》（嘉港区〔2019〕144 号）2019 年 12 月 17 日

③高新技术企业专项审计（企业券或载体券）：企业在申报高新技术企业认定（重新认定）过程中，委托具有资质的中介机构出具专项审计或鉴证报告的，在按协议全额支付相应费用后，按每项 3 万元申领企业券，不足 3 万元的按实申领。

④高新技术企业认定咨询（企业券或载体券）：企业在申报高新技术企

业认定（重新认定）过程中，委托中介机构提供咨询服务的，同时企业被市科技局列入高新技术企业培育对象的，在按协议支付相应费用后，按每项1万元申领企业券，不足1万元的按实申领。

嘉兴港区开发建设管理委员会《关于印发〈嘉兴港区科技创新券实施管理办法〉的通知》（嘉港区〔2019〕128号）2019年10月29日

五、湖州市激励与奖补政策

（1）湖州市市本级。对首次认定为国家重点扶持的高新技术企业，每家给予30万元奖励（市、区各按50%比例分担）；对重新通过认定的，每家给予5万元奖励。

湖州市人民政府《湖州市人民政府关于进一步支持企业自主创新的七条意见》（湖政发〔2020〕12号）2020年8月7日

（2）湖州市吴兴区。对首次认定为国家重点扶持的高新技术企业每个奖励30万元（市、区各按50%比例分担），对通过重新认定的国家重点扶持的高新技术企业区财政每个奖励5万元。

中共湖州市吴兴区委、吴兴区人民政府《中共湖州市吴兴区委办公室 湖州市吴兴区人民政府办公室关于进一步促进民营经济高质量发展的实施意见》（吴委办〔2019〕34号）2019年12月9日

（3）湖州市南浔区。对首次认定为国家重点扶持的高新技术企业，给予30万元奖励（市、区各按50%比例分担）；对重新通过认定的，每家给予10万元奖励（市、区各按50%比例分担）。

湖州市南浔区人民政府办公室《湖州市南浔区人民政府办公室关于印发〈南浔区科技创新发展十五条意见〉的通知》（浔政办发〔2020〕38号）2020年10月28日

（4）湖州市德清县。对首次进入全省高新技术企业创新能力百强的，给予40万元奖励。对首次认定的高新技术企业给予30万元奖励。

中共德清县委 德清县人民政府《中共德清县委 德清县人民政府关于德清县制造业高质量发展若干政策意见》（德委发〔2020〕8号）2020年1月23日

（5）湖州市长兴县。对首次认定为国家重点扶持高新技术企业的，给予20万元奖励。

长兴县人民政府《长兴县人民政府印发〈关于加快推进工业经济高质量发展的若干政策意见〉》（长政发〔2020〕2号）2020年1月22日

（6）湖州市安吉县。对首次认定和重新认定的国家高新技术企业的，每家分别奖励20万元、5万元。

安吉县人民政府《安吉县人民政府关于印发〈安吉县加快科技创新十条政策（2021年修订）〉的通知》（安政发〔2021〕6号）2021年4月27日

（7）湖州市南太湖新区。对当年新认定的国家重点扶持的高新技术企业，给予一次性奖励35万元（市15万、区20万）。对当年重新认定成功的高新技术企业，给予一次性奖励5万元。

湖州南太湖新区管理委员会《关于进一步加快推进〈湖州南太湖新区科技创新发展的政策意见（试行）〉的通知》（湖南太湖委〔2020〕7号）2020年1月17日

六、绍兴市激励与奖补政策

（1）绍兴市市本级。对当年新认定的高新技术企业，奖励40万元，重新认定的减半奖励；对有效期内的高新技术企业在年度“亩均效益”综合评价中可提档一级，原则上不列入“亩均效益”D类企业。

绍兴市人民政府办公室《绍兴市人民政府关于印发〈绍兴市加快科技创新若干政策〉的通知》（绍政发〔2019〕10号）2019年4月28日

（2）绍兴市越城区。大力培育创新型领军企业，加大对高新技术企业培育引进力度，对当年新认定的高新技术企业，一次性给予40万元奖励，重新认定的减半奖励。

越城区人民政府《绍兴市越城区人民政府关于印发〈全面加快科技创新推动高质量发展政策意见〉的通知》（越政发〔2019〕10号）2019年9月25日

（3）绍兴市柯桥区。当年新认定为高新技术企业的，每家奖励40万元；重新认定的减半奖励。有效期内的高新技术企业在年度“亩均效益”综合评价中可提档一级，原则上不列入“亩均效益”D类企业。对新认定的高新技术企业上年度获得的银行贷款，按不高于银行同期基准贷款利率的50%给予贴息扶持，每家最高不超过10万元。

中共柯桥区委办公室《柯桥区人民政府办公室　中共柯桥区委办公室 柯桥区人民政府办公室关于进一步助力市场主体纾困促进高质量发展的若干意见》（区委办〔2020〕78号）2020年10月12日

（4）绍兴市上虞区。对当年首次认定的高新技术企业，奖励40万元，重新认定的减半奖励。

上虞区委办公室、人民政府办公室《中共绍兴市上虞区委办公室 绍兴市上虞区人民政府办公室印发〈关于加快工业经济高质量发展的若干政策〉等九个政策的通知》（区委办〔2020〕50号）2020年8月20日

（5）绍兴市新昌县。对当年认定的国家高新技术企业，其中首次认定的企业奖励40万元，连续认定的企业奖励20万元，中断后再次认定的企业奖励10万元。对有效期内的国家高新技术企业在年度“亩均效益”综合评价中可提档一级。

新昌县政府《新昌县人民政府关于印发〈加快推进制造业高质量发展的若干意见〉〈关于加快科技创新推动高质量发展的若干意见〉和〈促进现代服务业高质量发展的若干意见〉等三个政策文件的通知》（新政发〔2020〕8号）2020年3月25日

（6）绍兴市诸暨市。对当年新认定的国家高新技术企业，给予20万元奖励；对有效期满并通过重新认定的国家高新技术企业，给予10万元奖励。

中共诸暨市委　诸暨市人民政府《中共诸暨市委　诸暨市人民政府关于加快推进创新强市工作的政策意见》（市委〔2018〕24号）2018年4月20日

（7）绍兴市嵊州市。对当年新认定为国家高新技术企业的奖励40万元，期满重新认定的奖励20万元。

中共嵊州市委办公室　嵊州市人民政府办公室《中共嵊州市委办公室 嵊州市人民政府办公室关于进一步促进民营经济高质量发展的实施意见》（嵊市委办发〔2020〕67号）2020年11月30日

七、金华市激励与奖补政策

（1）金华市市本级。对新认定的国家高新技术企业，每家奖励40万；重新认定的国家高新技术企业，每家奖励20万元。国家高新技术企业首次升规的，在享受小升规政策基础上，每家再奖励10万元。对整体搬迁落户该市、有效期在1年以上的国家高新技术企业，每家奖励40万元。

金华市人民政府《金华市人民政府关于推动高水平创新型城市建设的若干政策意见》（金政发〔2021〕7号）2021年1月14日

（2）金华市婺城区。对新认定和通过重新认定国家高新技术企业，在市政策奖励标准的基础上，每家分别再给予一次性奖励10万元、5万元；对完成整体搬迁落户该区、有效期1年以上的国家高新技术企业，每家奖励10万元，其中属于省创新型领军企业的，每家再奖励10万元；对首次列入规模以上统计管理的国家高新技术企业，第二年依然在规上统计库，在市政策标准的基础上每家再奖励5万元。

中共金华市婺城区委　金华市人民政府《关于建设“创新名城”的若干意见》（婺区委发〔2021〕18号）2021年6月21日

（3）金华市金东区。新认定奖励40万元，重新认定奖励20万元。

金华市金东区人民政府办公室《金华市金东区人民政府关于印发〈关于深入实施“创新强区”战略的若干意见〉的通知》（金区政〔2019〕47号）2019年7月22日

（4）金华市武义县。首次认定的国家高新技术企业奖励30万元；重新认定的国家高新技术企业奖励15万元。

武义县人民政府《武义县人民政府关于推动工业经济高质量发展的意见》（武政发〔2021〕56号）2021年7月9日

（5）金华市浦江县。对首次认定、重新认定的规上国家高新技术企业分别给予一次性40万元、20万元奖励，规下国家高新技术企业减半奖励。对完成整体搬迁落户该县，并在该县纳税申报，且有效期在1年以上的国家高新技术企业，每家奖励40万元。

浦江县政府办公室《浦江县人民政府关于加快科技创新推动高质量发展

的若干意见》（浦政发〔2021〕6号）2021年7月23日

（6）金华市磐安县。新认定的国家高新技术企业奖励20万元；重新认定的国家高新技术企业，奖励10万元。

磐安县人民政府《磐安县人民政府关于促进工业经济高质量发展的实施意见》（磐政〔2019〕88号）2019年10月1日

（7）金华市兰溪市。对新认定的国家高新技术企业，每家奖励40万元；重新认定的国家高新技术企业，每家奖励20万元。

兰溪市人民政府《兰溪市人民政府关于加快科技创新推动高质量发展的若干意见》（兰政发〔2021〕21号）2021年3月26日

（8）金华市义乌市。首次认定和重新认定为国家高新技术企业的“四上”企业分别给予40万元和20万元奖励，其他企业首次认定和重新认定的减半奖励。

义乌市人民政府《义乌市人民政府关于鼓励工业企业实现倍增推动制造业高质量发展的若干意见》（义政发〔2021〕2号）2021年1月29日

（9）金华市东阳市。对新认定的国家高新技术企业，每家奖励40万元；重新认定的国家高新技术企业，每家奖励20万元。

东阳市人民政府《东阳市人民政府关于高质量推动科技创新高水平建设科创高地的政策意见》（东政发〔2021〕16号）2021年4月16日

（10）金华市永康市。对首次被认定为国家高新技术企业的奖励40万元。

永康市委市政府《中共永康市委 永康市人民政府关于推动工业经济高质量发展的十条意见》（永委发〔2021〕4号）2021年3月2日

（11）金华市金华开发区。对新认定为国家高新技术企业的规上工业企业和限上服务业企业，或新认定为国家高新技术企业后2年内新上规的工业、服务业企业，在市级奖励的基础上每家再给予一次性奖励10万元。

《金华经济技术开发区管委会关于加快推进工业经济转型升级实现高质量发展的若干意见》（金开〔2020〕2号）2020年1月12日

八、衢州市激励与奖补政策

（1）衢州市市本级。对新认定的国家高新技术企业给予30万元的奖励。

衢州市政府《衢州市人民政府办公室印发〈关于推进创新驱动加快经济高质量发展若干政策意见和关于促进大商贸高质量发展若干意见〉的通知》（衢政办发〔2019〕35 号）2019 年 8 月 29 日

（2）衢州市柯城区。对首次认定为市级以上高新技术的企业，其中国家高新技术企业给予 20 万元的一次性奖励。

衢州市柯城区科学技术局　衢州市柯城区财政局《关于推进科技创新生态体系建设若干政策意见的实施细则（试行）》（柯科发〔2018〕35 号）2018 年 12 月 3 日

（3）衢州市衢江区。对新认定的国家高新技术企业给予 30 万元的奖励。

衢州市政府《衢州市人民政府办公室印发〈关于推进创新驱动加快经济高质量发展若干政策意见和关于促进大商贸高质量发展若干意见〉的通知》（衢政办发〔2019〕35 号）2019 年 8 月 29 日

（4）衢州市常山县。对首次认定的国家高新技术企业，奖励 20 万元，通过复评的再奖励 5 万元。

中共常山县委办公室　常山县人民政府办公室《县委办公室 县政府办公室关于加快推进工业经济高质量发展的若干政策意见》（常委办〔2019〕76 号）2019 年 4 月 17 日

（5）衢州市开化县。对当年新认定为国家高新技术企业、省级科技型企业的，分别一次性奖励企业 10 万元、5 万元。

中共开化县委　开化县人民政府《中共开化县委　开化县人民政府关于鼓励创业创新促进生态工业发展的若干意见》（县委〔2016〕23 号）2016 年 5 月 26 日

（6）衢州市江山市。加快科技创新主体培育，对新认定的国家高新技术企业给予 30 万元一次性奖励，重新认定的给予 10 万元补助。

中共江山市委　江山市人民政府《关于推动工业高质量发展的若干意见》（市委发〔2019〕29 号）2019 年 8 月 14 日

九、舟山市激励与奖补政策

（1）舟山市。对新认定的国家高新技术企业，每家给予 20 万元奖励；对有效期内的高新技术企业在工业企业绩效评价中可给予提档。

中共舟山市委办公室《中共舟山市委　舟山市人民政府关于深入实施创新驱动发展战略推动高质量发展的若干意见》（舟委发〔2020〕10号）2020年8月26日

（2）舟山市市本级（集聚区）。对首次认定或新引进的国家高新技术企业给予20万元/家的一次性奖励。

集聚区管委会《关于印发〈关于鼓励科技创新与加快科技型企业发展的若干政策（试行）〉的通知》（舟产聚委〔2019〕9号)2019年1月17日

（3）舟山市市本级（科学城）。对新认定的国家高新技术企业给予5万元/家的一次性奖励，对高新技术企业资格到期后通过重新认定的给予5万元/家的一次性奖励。

中国（舟山）海洋科学城建设管理中心《中国（舟山）海洋科学城建设管理中心关于组织申报2020年海洋科学城创新驱动发展专项资金项目的通知》（海科城〔2020〕33号）（政策实施期限：2020年1月—2021年10月）2020年10月21日

（4）舟山市定海区。对新认定的高新技术企业，一次性给予30万元的专项补助；对有效期内的高新技术企业在工业企业绩效评价中可给予提档。

舟山市定海区人民政府《舟山市定海区人民政府关于实施创新驱动战略推动制造业高质量发展的若干意见》（定政发〔2020〕10号）2020年6月19日

（5）舟山市普陀区。对当年新认定的国家高新技术企业，按照企业当年实际对地方综合贡献大小，给予一次性15 ~ 20万元的奖励；重新认定的每家奖励5万元。对高新技术企业培育入库企业，每家给予10万元的补助，区级科技项目予以优先支持。

舟山市普陀区人民政府办公室《舟山市普陀区人民政府关于加快推进科技创新的若干意见》（舟普政发〔2019〕24号）2019年8月15日

（6）舟山市岱山县。对当年新认定的国家高新技术企业，企业当年实际缴纳税收县级留成部分高于50万元（含50万元）的，一次性奖励30万元；高于25万元（含25万元）低于50万元的，一次性奖励25万元；低于25万元的享受市级政策20万元的奖励。

对当年重新认定的国家高新技术企业，企业当年实际缴纳税收县级留成部分高于 10 万元的，一次性奖励 10 万元；低于 10 万元（含 10 万元）的，一次性奖励 5 万元。

《岱山县科技局　岱山县财政局关于印发岱山县科技企业“双倍增”奖励管理办法的通知》（岱科〔2021〕5 号）2021 年 6 月 8 日

十、台州市激励与奖补政策

（1）台州市市本级（含椒江、黄岩、路桥、台州湾新区）。加大国家高新技术企业培育力度，新认定的每家给予 40 万元奖励，重新认定的每家给予 20 万元奖励。

台州市人民政府办公室《台州市人民政府办公室关于印发〈台州市加大研发投入激发科技创新活力实施办法〉的通知》（台政办发〔2020〕17 号）2020 年 5 月 30 日

（2）台州市三门县。对首次通过国家高新技术企业认定的，根据上一年度亩均效益综合评价结果，对 A 类企业（或县纳税百强企业）、B 类企业、C 类企业分别给予 120 万元、80 万元、50 万元奖励。对通过国家高新技术企业重新认定的，给予 20 万元奖励。对县外新引进的国家高新技术企业，经认定机构审核，其高新技术企业资格不变的，按首次认定奖励。

台州市三门县人民政府办公室《关于印发〈三门县科技新政十条〉的通知》（三政规〔2021〕7 号）2021 年 5 月 19 日

（3）台州市天台县。首次通过国家重点扶持的高新技术企业认定的，给予一次性 20 万元；首次获取国家科技型中小企业入库登记编号的，给予一次性 2 万元补助。

台州市天台县人民政府办公室《天台县人民政府办公室关于加快推进制造业高质量发展的若干意见》（天政办发〔2020〕25 号）2020 年 10 月 30 日

（4）台州市仙居县。新认定 40 万元，重新认定 10 万元。

台州市仙居县人民政府《仙居县人民政府关于加快科技创新推动高质量发展的若干意见》（仙政发〔2021〕4 号）2021 年 3 月 12 日

（5）台州市温岭市。新认定 20 万元，重新认定 10 万元，共奖励 2020

认定高企1790万元。

中共温岭市委办公室，温岭市人民政府办公室《温岭市科技新政三十条》（温市委办〔2020〕14号）2020年8月7日

（6）台州市临海市。鼓励企业申报高企。积极组织全市有条件的企业申报高企，对企业自行组织申报材料并首次通过高企认定的企业（凭批准文件）予以一次性奖励10万元。

切实解决异地高企落户临海的相关政策。加强对异地高企迁入的各项服务，对于整体迁入该市的异地高企给予一次性奖励40万元；同时在享受税收、用地、人才等扶持政策方面做好跟踪服务与落实。

临海市人民政府办公室《临海市人民政府办公室关于印发〈临海市加快培育高新技术企业行动方案（2017—2021年）〉的通知》（临政办发〔2017〕81号）2017年7月14日

（7）台州市玉环市。对首次认定为国家重点扶持的高新技术企业的奖励20万元，对重新认定的奖励10万元，对经市认定办推荐上报但未获认定的给予5万元的申报经费补助。

台州市玉环市人民政府办公室《玉环市人民政府关于促进新时代美丽经济建设的若干意见》（玉政发〔2020〕26号）2020年9月7日

十一、丽水市激励与奖补政策

（1）丽水市市本级。对新认定的国家高新技术企业和重新认定的国家高新技术企业，分别给予40万元、10万元奖励，对市外引进（迁入）的国家高新技术企业，视同新认定的国家高新技术企业。（均限于市本级企业）

中共丽水市委办公室《中共丽水市委办公室　丽水市人民政府办公室关于推进科技创新引领高质量绿色发展的二十六条意见》（丽委办发〔2019〕52号）2019年10月8日

（2）丽水市莲都区。对新认定的国家高新技术企业和重新认定的国家高新技术企业，分别给予40万元、10万元奖励，对市外引进（迁入）的国家高新技术企业，视同新认定的国家高新技术企业（参照市里政策执行）。

中共丽水市委办公室《中共丽水市委办公室　丽水市人民政府办公室关

于推进科技创新引领高质量绿色发展的二十六条意见》（丽委办发〔2019〕52 号）2019 年 10 月 8 日

（3）丽水市青田县。凡首次被认定为高新技术企业的，分别给予国家级 25 万元、省级 20 万元、市级 10 万元、县级 5 万元的一次性奖励；重新认定（含县外引进、迁入）为（国家）高新技术企业的，给予 15 万元的一次性奖励。

中共青田县委 青田县人民政府《中共青田县委　青田县人民政府关于促进科技创新创业的若干意见》（青委发〔2019〕22 号）2019 年 7 月 15 日

（4）丽水市缙云县。对新认定的国家高新技术企业，奖励 25 万元；对通过重新认定的国家高新技术企业，当年奖励 10 万元创新券额度。

缙云县人民政府《缙云县人民政府关于加快推进科技创新实现高质量绿色发展的二十条意见》（缙政发〔2020〕45 号）2020 年 5 月 21 日

（5）丽水市遂昌县。对新认定的国家高新技术企业和重新认定的国家高新技术企业，分别给予 40 万元、10 万元奖励。县外引进（迁入）的高新技术企业，视同新认定的高新技术企业。

中共遂昌县委办公室 遂昌县人民政府办公室《遂昌县推进生态工业高质量绿色发展三十条》（遂委办发〔2019〕108 号）2019 年 12 月 11 日

（6）丽水市松阳县。对新认定的国家高新技术企业和重新认定的国家高新技术企业，分别给予 30 万元、15 万元奖励；对县外引进（迁入）的国家高新技术企业，视同新认定的国家高新技术企业。

中共松阳县委 松阳县人民政府《松阳县推进生态工业高质量绿色发展三十条》（松委发〔2020〕8 号）2020 年 3 月 27 日

（7）丽水市云和县。对新认定的国家高新技术企业和重新认定的国家高新技术企业，分别给予 15 万元、10 万元奖励，对市外引进（迁入）的国家高新技术企业，视同新认定的国家高新技术企业。

云和县人民政府《关于进一步加快科技进步的若干意见》（云政发〔2016〕37 号）2018 年 12 月 25 日

（8）丽水市庆元县。对新认定的国家高新技术企业和重新认定的国家高新技术企业，分别给予 30 万元、15 万元奖励。

中共庆元县委办公室　庆元县人民政府办公室《中共庆元县委办公室 庆元县人民政府办公室关于加快科技创新推动高质量绿色发展的若干意见》（庆委办发〔2020〕5号） 2020年1月21日

（9）丽水市景宁县。对新认定和重新认定的国家高新技术企业，分别给予40万元、10万元奖励。对县外引进（迁入）的国家高新技术企业，视同新认定的国家高新技术企业，并在科技计划项目立项上给予优先支持。

中共景宁县委办公室　景宁县人民政府办公室《景宁畲族自治县人民政府关于推进科技创新引领高质量绿色发展的若干意见》 景委办发〔2020〕6号 2020年6月3日

（10）丽水市龙泉市。对新认定和重新认定的国家高新技术企业，分别给予每家30万元，15万元的奖励，市外引进（迁入）高新技术企业，视同新认定高新技术企业给予奖励。

龙泉市科学技术局　龙泉市财政局《关于全面加快科技创新推动高质量绿色发展的若干意见》（龙科〔2019〕26号）2019年8月29日

（11）丽水市经开区。对新认定的国家高新技术企业给予40万元奖励，连续认定给予10万元奖励，中断后再次认定给予5万元奖励。对规下国家高新技术企业首次上规的，再给予5万元奖励；对市外引进（迁入）的国家高新技术企业，视同新认定的国家高新技术企业。

《丽水经济技术开发区管委会关于加快科技创新推动高质量发展的若干意见》（丽经开〔2021〕85号）2021年7月9日

第7章 高新技术企业后续监督管理

一、企业后续管理主要工作

在高新技术企业认定成功后，必须做好规定的后续管理工作，如果企业后续没做好规定的管理工作，将有可能被取消高新技术企业资格。

（一）发展情况报表的填报

根据《科技部　财政部　国家税务总局关于修订印发《高新技术企业认定管理工作指引》的通知（国科发火〔2016〕195号）规定："企业获得高新技术企业资格后，在其资格有效期内应每年5月31日前通过"高新技术企业认定管理工作网"，报送上一年度知识产权、科技人员、研发费用、经营收入等《年度高新技术企业发展情况报表》，并在报送《年度高新技术企业发展情况报表》时务必要自查相关数据是否符合下列要求：

（1）企业从事研发和相关技术创新活动的科技人员占企业当年职工总数的比例不低于10%；

（2）研究开发费用总额占同期销售收入总额的是否符合规定的比例；且企业在中国境内发生的研究开发费用总额占全部研究开发费用总额的比例不低于60%；

（3）高新技术产品（服务）收入占企业同期总收入的比例不低于60%。

________年度高新技术企业发展情况报表

<table>
<tr><td>企业名称</td><td colspan="5"></td></tr>
<tr><td>组织机构代码 /
统一社会信用代码</td><td colspan="2"></td><td colspan="2">所属地区</td><td></td></tr>
<tr><td>高新技术企业
认定证书编号</td><td colspan="2"></td><td colspan="2">高新技术企业认定时间</td><td></td></tr>
<tr><td>企业联系人</td><td colspan="2"></td><td colspan="2">联系电话</td><td></td></tr>
<tr><td rowspan="5">本年度
获得的
知识产权数
（件）</td><td>发明专利</td><td></td><td colspan="2">其中：国防专利</td><td></td></tr>
<tr><td>植物新品种</td><td></td><td colspan="2">国家级农作物品种</td><td></td></tr>
<tr><td>国家新药</td><td></td><td colspan="2">国家一级中药保护品种</td><td></td></tr>
<tr><td>集成电路布图
设计专有权</td><td></td><td colspan="2">实用新型</td><td></td></tr>
<tr><td>外观设计</td><td></td><td colspan="2">软件著作权</td><td></td></tr>
<tr><td rowspan="2">本年度
人员情况
（人）</td><td>职工总数</td><td></td><td colspan="2">科技人员数</td><td></td></tr>
<tr><td>新增就业人数</td><td></td><td colspan="2">其中：吸纳高校应届
毕业生人数</td><td></td></tr>
<tr><td rowspan="6">企业本年度
财务状况
（万元）</td><td>总收入</td><td></td><td colspan="2">销售收入</td><td></td></tr>
<tr><td>净资产</td><td></td><td colspan="2">高新技术产品（服务）收入</td><td></td></tr>
<tr><td>纳税总额</td><td></td><td colspan="2">企业所得税减免额</td><td></td></tr>
<tr><td>利润总额</td><td></td><td colspan="2">出口创汇总额（万美元）</td><td></td></tr>
<tr><td rowspan="2">研究开发
费用额</td><td rowspan="2"></td><td rowspan="2">其中</td><td>在中国境内
研发费用额</td><td></td></tr>
<tr><td>基础研究投入
费用总额</td><td></td></tr>
<tr><td>企业是否上市</td><td colspan="2">☐是　　☐否</td><td colspan="2">上市时间</td><td></td></tr>
<tr><td>股票代码</td><td colspan="2"></td><td colspan="2">上市类型</td><td></td></tr>
</table>

注：《中华人民共和国统计法》第七条的规定："必须依照本法和国家有关规定，真实、准确、完整、及时地提供统计调查所需的资料，不得提供不真实或者不完整的统计资料，不得迟报、拒报统计资料。"高新技术企业应当严格按照规定要求填报、审核和管理统计数据，涉及国家秘密、商业秘密和个人信息，应当予以保密。以上信息应按《高新技术企业认定管理办法》和《高新技术企业认定管理工作指引》的规定填报。

在同一高新技术企业资格有效期内，企业累计两年未按规定时限报送年度发展情况报表的，将由认定机构取消其高新技术企业资格，并在“高新技术企业认定管理工作网”上公告。在案不良记录还将全面影响高新技术企业三年期满后的重新认定，影响企业申报各级科技项目、企业研发机构认定等。

（二）火炬统计报表的填报

根据《国家高新区和高新技术企业统计调查制度》规定：国家高新区内，在各国家高新区范围注册的具有独立核算法人资格的以下几类企业：经省、自治区、直辖市、计划单列市高新技术企业认定管理机构认定，并经全国高新技术企业认定管理工作领导小组备案，获得高新技术企业证书，且证书于报告期年底尚在有效期内的企业；工业企业；应用高技术进行设计、施工以及技术装备的建筑业企业；符合国家统计局高技术服务业、科技服务业、生产性服务业目录的服务业企业；符合国家统计局文化及相关产业目录的企业；全部境内外上市企业及新三板、地方四板挂牌企业；国家高新区外，注册地在国家高新区外，经省、自治区、直辖市、计划单列市高新技术企业认定管理机构认定，并经全国高新技术企业认定管理工作领导小组备案，获得高新技术企业证书，且证书于报告期年底尚在有效期内的企业。应当于次年 3 月 31 日前企业完成网上填报火炬统计报表（https://tyrz.chinatorch.org.cn/hjismp/a#tj）。

注意事项：企业填报火炬统计报表第 10 步为非必填项，只是为企业填报“高企发展情况表”提供一种便利；选填第 10 步并提交数据后，等同于企业在高企认定网的“高企发展情况表”也完成并提交了；不论企业是否选填第 10 步，企业完成统计填报并提交数据后，均自动将与“高企发展情况表”相同的指标数据过录给高企认定网。但如果企业不选填第 10 步，则只会过录 20 个相同指标的数据，其余指标数据还需要企业登录高企认定网完成填报；高企认定网中“高企发展情况表”的截止时间按照惯例到 5 月底，企业如有问题，需要修改的，可以进行调整。如果已经提交数据的，则需要联系高企认定网的管理员予以打回。其他详细事宜，以高企认定网的要求为准。

次年4月15日前，各省级科技管理部门，各国家高新技术产业开发区管委会及苏州工业园区管委会，将对高新技术企业完成网上审核；集中审核时由以上审核单位根据通知时间提交企业报表纸件和其他说明材料。

认定机构应提醒、督促企业及时填报年度发展情况报表，并协助企业处理填报过程中的相关问题。

（三）更名及重大变化事项报告

高新技术企业发生名称变更或与认定条件有关的重大变化（如分立、合并、重组及经营业务发生变化等），应在发生之日起三个月内向认定机构报告，在“高新技术企业认定管理工作网”上提交《高新技术企业名称变更申请表》，并将打印出的《高新技术企业名称变更申请表》与相关证明材料报认定机构，由认定机构负责审核企业是否仍符合高新技术企业条件。

高新技术企业名称变更申请表

<table>
<tr><td rowspan="2">企业名称</td><td>变更前</td><td colspan="3"></td></tr>
<tr><td>变更后</td><td colspan="3"></td></tr>
<tr><td colspan="2">高新技术企业证书编号</td><td></td><td>发证日期</td><td></td></tr>
<tr><td colspan="2">联系人</td><td></td><td>联系电话</td><td></td></tr>
<tr><td colspan="5">企业名称历史变更情况（认定高新技术企业后）</td></tr>
<tr><td>序号</td><td>变更时间</td><td colspan="3">变更内容</td></tr>
<tr><td></td><td></td><td colspan="3"></td></tr>
<tr><td></td><td></td><td colspan="3"></td></tr>
<tr><td></td><td></td><td colspan="3"></td></tr>
<tr><td colspan="5">企业更名原因（限 100 字内）</td></tr>
<tr><td colspan="5">承诺：
以上填报内容及附件信息属实。

法人签字：
申请企业（盖章）：
年　　月　　日</td></tr>
</table>

企业仅发生名称变更，不涉及重大变化，符合高新技术企业认定条件的，由认定机构在本地区公示 10 个工作日，无异议的，由认定机构重新核发认定证书，编号与有效期不变，并在“高新技术企业认定管理工作网”上公告；有异议的或有重大变化的（无论名称变更与否），由认定机构按《高新技术企业认定管理办法》第十一条进行核实处理，不符合认定条件的，自更名或条件变化年度起取消其高新技术企业资格，并在“高新技术企业认定管理工作网”上公告。

经认定机构审核符合认定条件的，其高新技术企业资格不变，对于企业更名的，重新核发认定证书，编号与有效期不变；不符合认定条件的，自更名或条件变化年度起取消其高新技术企业资格。

（四）异地搬迁确认

跨认定机构管理区域整体迁移的高新技术企业须向迁入地认定机构提交有效期内的《高新技术企业证书》及迁入地工商等登记管理机关核发的完成迁入的相关证明材料。

跨认定机构管理区域整体迁移的高新技术企业，在其高新技术企业资格有效期内完成迁移的，其高新技术企业资格和《高新技术企业证书》继续有效，编号与有效期不变。由迁入地认定机构给企业出具证明材料，并在“高新技术企业认定管理工作网”上公告。

跨认定机构管理区域部分搬迁的，由迁入地认定机构按照《高新技术企业认定管理办法》重新认定。

二、认定机构监督管理主要工作

（一）开展重点检查

根据《高新技术企业认定管理办法》第十五条规定，科技部、财政部、税务总局建立随机抽查和重点检查机制，加强对各地高新技术企业认定管理工作的监督检查。对存在问题的认定机构提出整改意见并限期改正，问题严重的给予通报批评，逾期不改的暂停其认定管理工作。按照《高新技术企业认定管理办法》上述规定和认定管理工作需要，科技部、财政部、税务总局可组织专家对各地高新技术企业认定管理工作进行重点检查，对存在问题的视情况给予相应处理。

各省、自治区、直辖市、计划单列市高新技术企业认定管理机构应当针对高新技术企业认定管理工作中高新技术企业申报时填报的主要产品(服务)发挥核心支持作用的技术与《国家重点支持的高新技术领域》规定范围是否匹配；高新技术企业申报时提供的知识产权对近一年主要产品（服务）是否有支撑，自主知识产权与企业研发活动是否有关联；高新技术企业申报时填报的高新技术产品（服务）的收入归集是否有依据，能否提供代表性合同和票据等可能存在的重点问题要求高新技术企业开展自查，然后再进行随机抽查和重点检查。

高新技术企业对照检查内容进行认真自查，如实填报《高新技术企业自查表》。

高新技术企业自查表

<table>
<tr><td>企业名称（盖章）</td><td></td><td>证书编号</td><td></td><td>所在区域（市县）</td><td></td></tr>
<tr><td>法人代码</td><td></td><td>联系人</td><td></td><td>联系方式</td><td></td></tr>
<tr><td>居民企业</td><td colspan="5">是否符合居民企业条件 □是 □否</td></tr>
<tr><td rowspan="2">认定后是否发生重大变化或名称变更</td><td colspan="5">是否发生与认定条件有关的重大变化（如分立、合并、重组以及经营业务发生变化等）
□是　□否（重大变化简要说明：＿＿＿＿＿＿＿＿＿＿＿＿）</td></tr>
<tr><td colspan="5">企业名称是否发生了变更
□是　□否（变更前名称：＿＿＿＿＿＿＿＿＿＿＿＿）</td></tr>
<tr><td colspan="5">企业自查情况</td><td>与高企申请材料一致</td></tr>
<tr><td rowspan="2">核心自主知识产权</td><td colspan="2">申请高企认定时获得的授权知识产权数量（项）</td><td>申请高企认定时知识产权对近一年主要产品（服务）在技术上发挥核心支撑作用</td><td>知识产权符合规定要求（知识产权类型、获得方式、有效期、权属证明等）</td><td rowspan="2">□是 □否</td></tr>
<tr><td colspan="2"></td><td>□是 □否</td><td>□是 □否</td></tr>
</table>

续表

<table>
<tr><td rowspan="4">研发费用归集</td><td>申请高企认定时近三年研发开发费用合计（万元）</td><td>申请高企认定时近三年研发费用总额占销售收入总额的比例（%）</td><td>设置了研究开发费用辅助核算账目</td><td rowspan="2">□是 □否</td></tr>
<tr><td></td><td></td><td>□是 □否</td></tr>
<tr><td>申请高企认定时近三年委托外部研发费用总额（万元）</td><td>企业在中国境内发生的研究开发费用总额占全部研究开发费用总额的比例（%）</td><td>研发费用归集及占比符合规定要求</td><td rowspan="2">□是 □否</td></tr>
<tr><td></td><td></td><td>□是 □否</td></tr>
<tr><td rowspan="4">高新技术产品(服务)及收入</td><td>申请高企认定时近一年高新技术产品(服务)收入（万元）</td><td>申请高企认定时近一年高新技术产品(服务)收入占企业当年总收入比例（%）</td><td>高新技术产品（服务）收入归集及占比符合规定要求</td><td rowspan="4">□是 □否</td></tr>
<tr><td></td><td></td><td>□是 □否</td></tr>
<tr><td>主要产品（服务）发挥核心支持作用的技术与《国家重点支持的高新技术领域》规定范围是否匹配</td><td></td><td></td></tr>
<tr><td>□是 □否</td><td></td><td></td></tr>
<tr><td rowspan="4">人员</td><td>申请高企认定时职工总数（人）</td><td>申请高企认定时科技人员数（人）</td><td>申请高企认定时职工总数统计口径符合规定要求</td><td rowspan="4">□是 □否</td></tr>
<tr><td></td><td></td><td>□是 □否</td></tr>
<tr><td>申请高企认定时职工参加社保比例（%）</td><td>科技人员的统计符合规定，未将非本企业人员（不满183天）、非科技岗位的人员计入</td><td>科技人员占比符合规定</td></tr>
<tr><td></td><td>□是 □否</td><td>□是 □否</td></tr>
</table>